高等院校经济管理类主干课程教材
浙江省一流本科课程（线上线下混合式）配套教材

金融资产评估
方法与案例

高 鋆◎主 编　钱　烈◎副主编

立信会计 出版社
LIXIN ACCOUNTING PUBLISHING HOUSE

图书在版编目(CIP)数据

金融资产评估：方法与案例 / 高鋆主编. --上海：立信会计出版社，2025.6. --(高等院校经济管理类主干课程教材). -- ISBN 978-7-5429-7878-3

Ⅰ. F830

中国国家版本馆 CIP 数据核字第 2025YG6799 号

策划编辑　　孙　勇
责任编辑　　孙　勇
美术编辑　　北京任燕飞工作室

金融资产评估：方法与案例
JINRONG ZICHAN PINGGU

出版发行	立信会计出版社			
地　　址	上海市中山西路 2230 号	邮政编码	200235	
电　　话	(021)64411389	传　　真	(021)64411325	
网　　址	www.lixinaph.com	电子邮箱	lixinaph2019@126.com	
网上书店	http://lixin.jd.com		http://lxkjcbs.tmall.com	
经　　销	各地新华书店			
印　　刷	上海华业装璜印刷有限公司			
开　　本	787 毫米×1092 毫米	1/16		
印　　张	13.5			
字　　数	320 千字			
版　　次	2025 年 6 月第 1 版			
印　　次	2025 年 6 月第 1 次			
书　　号	ISBN 978-7-5429-7878-3/F			
定　　价	55.00 元			

如有印订差错，请与本社联系调换

前 言
FOREWORD

金融资产评估的诞生与发展,受益于金融行业和资本市场的不断创新与壮大。自改革开放以来,越来越多的企业开始参与金融资产投资,一些家庭及个人也开始借由金融资产达成理财目标,金融资产评估为各方主体之间的金融交易、投资决策、资产管理、并购重组等经济活动提供了重要依据。相应地,针对金融资产评估的教学需求也得到了快速显化,本教材由此应运而生。

一、关于内容筛选原则与知识框架

由于金融资产比实物资产出现得更晚,以金融资产评估为核心的课程,在教材建设上显著落后于机器设备评估、房地产评估、企业整体价值评估等其他同类型课程,教学知识点甚至可以说还未形成相对统一的内容框架。同时,金融资产的定价与评估在某些场景下没有差别,一些成熟的定价模型早已被用于评估测算,这导致金融资产评估的知识结构与金融专业的部分课程存在交叠。对此,本教材在筛选内容时突出以下原则:第一,强调金融资产的完整范畴,即在聚焦股票、债券、贷款、应收账款等传统对象的同时,还探讨股权整体价值和金融不良资产的评估操作;第二,紧密围绕与评估直接相关的知识点,即不介绍常见金融资产的概念、类型等基础内容,也不涉及金融资产的相关理论,以避免与金融学、投资学等课程重合。

本教材在概述金融资产评估总体框架的基础上,以具体评估方法及其应用为主线串联教学内容,共设有8大章,27小节。其中,第1章重点介绍与金融资产评估相关的基本概念、要素和报告范式;第2章概括性地简述了金融资产评估的三大基本方法,包括收益法、市场法和期权定价法;第3章至第7章分别围绕不同方法,详细说明它们各自涉及的模型类型、计算公式、参数情况、适用范围、实务应用等;第8章单独针对金融不良资产,介绍其评估流程与实操。

二、关于编排逻辑及其使用说明

每一章的具体编排顺序为该章与相邻章节的逻辑关系、学习目标、导入材料、正文与本章小结、思考题、练习题、拓展材料。读者在使用本教材时,可以先查阅逻辑关系图和学习目标,明确前后知识点的修读顺序与内在逻辑,领会各章的核心诉求,然后根据自身的角色定位,灵活制定学习策略。对于学生,编者建议根据先修基础,个性化地确定阅读重点,如对资产评估方法掌握较为牢固,在学习第3章至第5章时可直接查阅例题与案例,通过检验应用水平来倒查尚未学习到位的理论薄弱点,然后再进行知识补足。对于教师,编者建议围绕教学目标筛选教学内容,如课程对实践能力的要求不高或教学对象不具备实务案例学习的基础,则可以放弃部分较为复杂的案例。对于入职初期的评估从业人员,编者建议直接查看案例、补充材料和拓展材料,在找出对自身有价值的内容后,再针对性地进行学习。如应用于教学,本教材适用于48~54个总学时的教学工作。

三、关于本教材的特色

考虑到各类资产的评估方法在原理上基本相同,但实务操作却可能千差万别,本教材的核心特色是突出金融资产评估的实践应用,具体除了常规例题和练习题,主要还包括三个层面的内容:一是编写基于现实素材的案例,展示实务操作的具体过程;二是增加补充材料,尤其是实务报告、参数测算、证监会反馈处理等方面的示例,有助于读者学会如何准确落实评估工作;三是附有拓展材料,即针对各章提供相应的实务案例或方法论总结等。同时,本教材还具备新形态特征,利用二维码链接嵌入每章的练习题和拓展材料。此外,本教材课程思政特色鲜明。

本教材由浙大城市学院教师高鋆主编,浙商金汇信托股份有限公司副总经济师钱烈参与了整体框架的确定,浙大城市学院特聘教授郭化林进行终稿审核。本教材各章具体分工如下:第1、第2、第7章由高鋆完成,第3、第4、第5章由高鋆和钱烈完成,第6、第8章由钱烈完成。在书稿的编写过程中,硕士研究生桑雨参与了部分资料的收集和整理工作,除了已示参考文献,编者还参阅或引用了国内外同行的观点与材料,对此对这些文献、观点与材料的作者深表感谢。本教材的出版得到了浙大城市学院教材建设项目的资助。

由于编者水平有限,支撑素材与资料也存在不足,加之成稿时间仓促,本教材难免存在不足之处,恳请业内外各界人士批评指正,贡献宝贵意见,以敦促我们进一步完善和提升。

高 鋆

2025年5月

目 录
CONTENTS

第 1 章　金融资产评估概述　001
——与第 2 章的逻辑关系图—— 001
——学习目标—— 001
【导入材料】2023 福布斯中国香港富豪榜 001
1.1　金融资产的概念与内涵 002
1.2　金融资产评估的概念与要素 006
1.3　金融资产评估报告 012
本章小结 014
——思考题—— 014
——练习题—— 015
——拓展材料—— 015

第 2 章　金融资产评估的基本方法　016
——与前后章的逻辑关系—— 016
——学习目标—— 016
【导入材料】A 公司股份期权价值评估 016
2.1　收益法 018
2.2　市场法 023
2.3　期权定价法 027
2.4　评估基本方法的选择 032
本章小结 038
——思考题—— 039
——练习题—— 039

——拓展材料—— 040

第3章 收益法：权益视角 　　041

——与前后章的逻辑关系—— 041
——学习目标—— 041
【导入材料】 TI公司战略转型 041
3.1 参数准备 043
3.2 股利贴现模型 050
3.3 股权自由现金流贴现模型 060
3.4 股利贴现模型与股权现金流贴现模型的比较 069
本章小结 069
——思考题—— 070
——练习题—— 071
——拓展材料—— 071

第4章 收益法：企业视角 　　072

——与前后章的逻辑关系—— 072
——学习目标—— 072
【导入材料】 巴菲特的价值投资实践 072
4.1 企业自由现金流贴现模型 073
4.2 非经营性资产与溢余资产的估算 079
4.3 股权价值调整 083
本章小结 090
——思考题—— 091
——练习题—— 092
——拓展材料—— 092

第5章 市场法 　　093

——与前后章的逻辑关系—— 093
——学习目标—— 093
【导入材料】 罗博特科公司的资产购置案例 093
5.1 上市公司比较法 094
5.2 交易案例比较法 111

5.3	市场法与收益法的比较	123
本章小结		124
——思考题——		125
——练习题——		126
——拓展材料——		126

第 6 章　期权定价法　127

——与前后章的逻辑关系——		127
——学习目标——		127
【导入材料】　中国银行原油宝案例		127
6.1	期权概述	128
6.2	期权的价值	136
6.3	Black-Scholes 期权定价模型	144
6.4	Black-Scholes 期权定价模型的应用	149
本章小结		157
——思考题——		158
——练习题——		158
——拓展材料——		158

第 7 章　其他金融资产评估方法　159

——与前后章的逻辑关系——		159
——学习目标——		159
【导入材料】　2023 年应收账款 ABS 市场运行情况		159
7.1	贷款	161
7.2	应收款项	167
7.3	货币资金	174
本章小结		175
——思考题——		175
——练习题——		176
——拓展材料——		176

第 8 章　金融不良资产评估　177

——与第 7 章的逻辑关系——		177

——学习目标—— ……………………………………………………… 177

【导入材料】 2023年不良债权市场分析 ……………………………… 177

8.1 评估流程 …………………………………………………………… 178

8.2 评估方法 …………………………………………………………… 184

8.3 债务人与保证人可偿还金额评估 ………………………………… 190

本章小结 ………………………………………………………………… 199

——思考题—— ………………………………………………………… 200

——练习题—— ………………………………………………………… 200

——拓展材料—— ……………………………………………………… 201

参考文献　202

索引　204

附录　207

第 1 章
CHAPTER 1

金融资产评估概述

——与第 2 章的逻辑关系图——

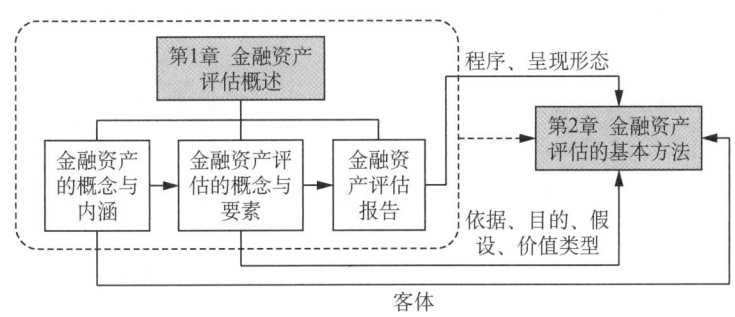

——学习目标——

① 能够针对特定经济主体,识别哪些是金融资产;
② 能够初步认知什么是金融资产评估,理解其特殊之处;
③ 熟悉金融资产评估的六大要素,明确它们在评估实务中的意义;
④ 了解资产评估师应当具备的职业素养。

 导入材料

2023 福布斯中国香港富豪榜

由于出口中断和内需疲软,中国香港的经济在 2022 年收缩了 3.5%。但随着疫情防控措施从 2022 年年底开始放松,以及中断 3 年的免检疫通关在 2023 年 1 月重新开放,中国香港的复苏前景转为积极。尽管基准的恒生指数较 2022 年下跌了 12%,但相比之下,中国香港排名前 50 位富豪的总财富仅从 3 280 亿美元小幅下降至 3 240 亿美元。

榜单顶部的排序依然如旧。李嘉诚仍以 390 亿美元的财富排名第一,较 2022 年增加了 30 亿美元,这在一定程度上得益于有关他名下资产的新信息。虽然他的基础设施旗舰企业长江和记实业的股价因业绩疲软而下跌,但这部分下跌为他对能量饮料制造商燃力士(Celsius Holdings)所持股份的价格上涨所抵消,因为在百事可乐宣布向该公司投资 5.5 亿美元后,燃力士的股价上涨了近一倍。

地产大亨李兆基也仍然位居第二,不过由于房地产市场疲软,他的身家价值下降

> 了 11%,跌至 303 亿美元。展望未来,李兆基的恒基兆业地产正迅速推进在中环海滨建造一座价值 146 亿美元的商业地标的计划。自 2020 年以来一直排名第三的是郑家纯及家族,他与家族共有的财富增长了 25 亿美元,升至 289 亿美元。这是因为市场对黄金珠宝的需求上升,他的周大福珠宝集团的股票上涨了近 20%。
>
> 按百分比计算,身价涨幅最大的是庄佳诚(Jean Salata),他的财富翻了一番,升至 59 亿美元。2022 年 10 月,他将自己的霸菱亚洲投资基金出售给了总部位于斯德哥尔摩的私募股权巨头殷拓集团(EQT)。另一位大赢家是航运大亨苏海文(Helmut Sohmen),他的 BW 集团受益于强劲的货运市场,使他的财富增加了 53%,达到 55 亿美元。
>
> 203 年唯一的新面孔是地产开发商协成行集团的联席主席方文雄,方文雄及家族以 23 亿美元上榜。冯国经和冯国纶兄弟则时隔 4 年重返榜单,因为丹麦航运巨头穆勒-马士基(A. P. Moller-Maersk)在 2022 年 8 月以 36 亿美元收购了他们的供应链巨头利丰集团(Li & Fung)旗下的子公司利丰物流。
>
> 资料来源:福布斯中国,https://www.forbeschina.com/lists/1800。

自人类文明发端以来,私人借贷便已出现,债权成为人类历史上最悠久的金融产品。而存款与贷款作为最基础的金融业务,早期起源于欧洲的圣殿骑士团,并逐渐发展出托管、信贷和汇款三大业务。这三大业务,奠定了几乎所有金融理财产品的基础,也是金融资产乃至整个金融市场获得发展的源头。最初的股票是由荷兰东印度公司为集资做生意而发行的。

金融资产评估伴随着金融交易的产生而不断壮大。和其他资产的交易相同,金融交易也要求买卖双方在等价原则的基础上完成。没有金融资产评估,人们难以顺利地进行金融交易;没有金融交易,金融资产评估同样没有存在的必要性。因此,金融资产评估是金融交易的需要与前提,而金融交易又是金融资产评估的目的和进一步发展的基础。

相较于机器设备、房地产、企业等传统类型的资产,针对金融资产的评估活动兴起较晚。随着资本市场的日益壮大,资产评估在金融领域的相关应用与探索已受到投资、财务、银行等众多行业的关注。如何对不同类别的金融资产进行科学合理估价,已成为金融交易活动的一个核心问题。

1.1 金融资产的概念与内涵

1.1.1 金融资产的概念

为充分理解什么是金融资产,我们应先明确资产的概念。在评估领域,资产通常指经济主体拥有或控制的、能够以货币形式计量,并给经济主体带来经济利益的经济资源。在实际操作中,评估师确认一项资产的关键标准如下。

第一,该项资源能否为经济主体所拥有或控制。例如,向外单位以经营租赁方式租入的资产,就不是本单位的资产。又如,空气、勾股定理等被所有人共同享有的资源、知识,也不是任何经济主体的资产。

第二,该项资源能否为经济主体带来经济利益。例如,已经报废的机器设备,因不能继续使用,无法创造收益,不能被视作资产。又如,已经淘汰的技术,不被任何企业用于生产,也不是资产。

由此引申到金融资产,我们可以简单将它理解为:对于任何经济主体而言,只要某项(金融)合约为其所拥有或控制,并能为其带来经济利益,都可以称为金融资产。金融资产具体包括黄金与特别提款权、通货与存款、贷款、股权和投资基金份额、债务性证券、保险准备金和社会保险基金权益、金融衍生品和雇员股票期权、应收应付账款、国际储备、直接投资等。

值得注意的是,金融资产能带来的经济利益,主要依托于(金融)合约所约定的未来索取权,反映的是经济主体的预期及投资需求。徐丹丹和杨志明(2020)将金融资产界定为基于合约获得未来现金索偿权的非实物资产。他们的观点及视角和本教材一致,但在措辞上更偏向遵循金融市场的逻辑思维,直接突出了经济主体以当前资源投入来获得未来收益的目的,而本教材的定义更侧重评估领域的识别方法。

补充材料 1-1 金融资产的定义汇总(按时间线)

表1-1汇总了金融资产的不同定义。其中,威廉·D.米勒(2001)和杨子江等(2003)都强调了金融资产的权利属性,但前者将金融资产限定在银行这一主体上,定义内涵相对片面。约翰·道恩斯等(2008)、杨大楷(2009)等都以举例的方式进行概括。需要注意的是,《企业会计准则》(2017)中的定义是为企业会计体系对金融资产的确认、计量和分类服务的,与其他定义不同。

表1-1 金融资产的定义汇总

来源	定义内容
威廉·D.米勒(2001)	银行拥有的一切资产
杨子江等(2003)	经济主体所拥有的以价值形态存在的资产,是一种索取实物资产的权利
约翰·道恩斯等(2008)	以股票、债权、权利、凭证、银行余额等形式存在的资产,与有形的实物资产不同
杨大楷(2009)	黄金与特别提款权、通货与存款、非股票类证券、贷款、股票与其他股权、保险技术准备金、金融衍生品、其他应收应付账款等
《中国国民经济核算体系》(2016)	通货、存款、贷款、股权和投资基金份额、债务性证券、保险准备金和社会保险基金权益、金融衍生品和雇员股票期权、国际储备、直接投资等
《企业会计准则》(2017)	现金;持有的其他单位的权益工具;从其他单位收取现金或其他金融资产的合同权利;在潜在有利条件下,与其他单位交换金融资产或金融负债的合同权利;将来须用或可用企业自身权益工具进行结算的非衍生工具的合同权利,但企业以固定金额的现金或其他金融资产换取固定数量的自身权益工具的衍生工具合同权利除外

1.1.2 金融资产与其他概念的辨析

此处我们选取容易与金融资产混淆的概念进行辨析,重点包括金融工具、非实物资产与无形资产。

1) 金融资产与金融工具

金融工具是指资金缺乏部门向资金盈余部门借入资金,或发行方向投资方筹措资金时,依照一定格式做成的书面文件,是确定债务人义务和债权人权利、具有法律效力的契约,也被称为信用工具或交易工具。金融工具是金融市场交易的对象,包括商业票据、银行存款凭证、保险单据、股票、债券、期货、期权和各种衍生品等。《国际会计准则第32号——金融工具:揭示和呈报》明确指出,一项金融工具使一个企业形成金融资产,同时使另一个企业形成相应的金融负债或权益工具。此外,读者也可以参考《企业会计准则第22号——金融工具确认和计量》中的有关表述。

从前面的举例可以看出,金融资产与金融工具在多数情况下对应的是同样的金融合约,但两者在范畴和主体上有本质区别。

第一,部分金融资产不属于金融工具。例如,黄金被作为货币持有时,它是一项金融资产,可以用作国际支付和储备资产,但由于它不代表对其他资产的未来索取权,不属于金融工具。

第二,部分金融工具无法成为金融资产。如未兑现的信贷额度、贷款承诺等是金融工具,它们只有在兑现后才能成为金融资产。

第三,从持有方(投资方)的角度出发,只有金融工具才可以被认定为金融资产。如某企业发行的债券,对该企业而言是一项金融负债,但对购买这些债券的投资方而言,它们属于金融资产。

2) 金融资产与非实物资产

非实物资产是相对于房地产、机器设备等实物资产而言的,指经济主体拥有或控制的、没有实物形态的可辨认资产。虽然从(金融)合约的存在方式来讲,金融资产可以是纸质契约,这种书面文件本身具备可见的实物形态,但金融资产的价值由契约内容所约定的索取权决定,与文件纸张本身完全无关。因此,金融资产是典型的非实物资产。

在评估领域,非实物资产主要包括金融资产与无形资产两大类。需要注意的是,新兴的数据资产也属于非实物资产,目前有观点将其划归为无形资产。但在会计处理上,数据资产被分为无形资产和存货两大类(《企业数据资源相关会计处理暂行规定(征求意见稿)》,2022)。综上,我们认为,金融资产与非实物资产的区别主要在于范畴大小,金融资产隶属于非实物资产,两者是被包含与包含的关系。

3) 金融资产与无形资产

国内评估领域所讨论的无形资产,是指没有实物形态的可辨认的非货币性资产,具体有广义和狭义之分。广义上,无形资产即指非实物资产,此时金融资产隶属于无形资产。狭义上,无形资产的口径与会计处理一致,主要包括土地使用权、商标权、品牌、专利权、有所有权的非专利技术、特许权、著作权(版权)、商誉,还包括新兴的碳资产、排污权、农地承包经营权等。

由于金融资产同样没有实际的物化形态,初学者容易将它与狭义口径的无形资产混淆起来。两者的共同点是价值的判定与估算都建立在某种可获得收益或可变现的权利之上,主要区别如下。

第一,根本而言,金融资产所赋予的索取权的目标对象是现金或货币,它的存在主要用于满足经济主体对社会总收入进行再分配的需求,本身并不能直接生产商品或提供服务。狭义无形资产的权利对象往往是自然资源、知识、信息、专业技术甚至商品等,且这些对象必须具备稀缺性,它可以作为经济主体的生产资料,为社会创造净利润。

第二,金融资产反映的是经济主体对未来的预期,或者说时间差上的收益,通常都与投资行为紧密相关。而狭义无形资产在很多情况下,反映的是经济主体当下或短期内对各种生产资料的需求,经常用于满足现时的生产与服务。当然,从长期发展和战略储备的角度来讲,任何资产都可以意指未来。

需要强调的是,投资领域对金融资产和狭义无形资产的区分与前述理解完全不同。滋维·博迪(2018)在《投资学》一书中,将资产划分为实物资产和金融资产,并把可用于生产产品和提供服务的知识归类为实物资产。也就是说,他将我们定义的狭义无形资产归为实物资产,在资产分类的总框架上与国内评估领域的观点不同。但从书中后续有关实物资产和金融资产的分析解读来看,他对各类资产内涵的认知与国内评估领域是完全一致的。

1.1.3 金融资产的特点

除了资产必备的收益性和风险性,金融资产还具有以下 5 个特点。

(1) 货币性。它指金融资产可以用作货币或容易转换为货币,行使交易媒介或支付功能。例如,现金本身就可以直接购买商品和服务,活期存款或活期存款账户的银行卡也可以随时用于消费,上市公司的普通股股票的持有者可以通过在股市上售出股票,将其转换为现金使用。

(2) 流通性。它指金融资产在必要时以合理价格变现而不遭受损失的能力。通常,金融资产的流通性是相对于实物资产变现较慢的特点而言的。偿还期越短、发行者信誉越好的金融资产,其流通性也越强。从分类上来看,除了现金和活期存款,其他金融资产的流通性并不完全且程度各有不同。例如,储户提前取出未到期的定期存款,会面临利息损失;投资者急售股票还可能因被套牢而亏损本金。

(3) 偿还期限。金融资产涉及的合约,通常会约定相应资产从发行到最终支付的时间跨度,即所谓的偿还期限,一般以年或月为单位。而实物资产的期限更多地取决于自身的物理属性及其损耗速度,与人为规定无关。在金融资产中,债券是典型的有限期资产,股权往往没有明确的期限,极端情况下还存在零期或无限期的情况。例如,活期存款因可以随时取现,人们可以认定它的期限为零;只要股票发行方未退市或倒闭清算,投资者可以无限期持有它。

(4) 人为可分。它指金融资产的交易单位可以由人划分。例如,银行理财产品通常以 1 万元、5 万元、10 万元等基本金额为起点,以 1 000 元、1 万元等单位累进销售。而实物资产的单位通常由其物理特征决定,不可以进行人为划分。例如,1 台冲床、1 套住宅等通常都不可以划分为更小的交易单位。

(5) 名义价值不变。它指金融资产的名义价值不会随着通货膨胀或通货紧缩而改变,但实际购买力仍然受影响。与此相反,实物资产的名义价值会因通货膨胀或通货紧缩而改变,但基于实际购买力的价值并未改变。简单讲,金融资产的实际价值对货币供需情况更敏感,比实物资产更容易出现价格泡沫。

1.2 金融资产评估的概念与要素

1.2.1 金融资产评估的概念

借鉴《中华人民共和国资产评估法》关于资产评估的定义,我们认为金融资产评估是指,评估机构及其评估专业人员根据委托对基准日特定目的下的金融资产价值进行评定、估算,并出具评估报告的专业服务行为。简而言之,它是专门针对金融资产开展的一种评估活动。

金融资产评估具备资产评估的一般性特征。

(1) 现时性。它指金融资产评估行为都是对资产在评估基准日的实际状况进行评定估算,因此评估结果只对一定期限内(评估基准日附近)的经济活动存在指导意义,对其他跨度较久远的时点不具备参考价值。

(2) 市场性。它指金融资产评估往往根据业务目的及要求,通过模拟市场条件,对评估对象进行价值评定、估算和出具报告,所有评估过程与评估结果都反映了市场在供求关系、内外部环境等方面的实际状况。

(3) 预测性。它指无论从评估前提(假设)的角度来看,还是从评估方法、评估目的等方面来分析,金融资产评估的对象都是具有未来潜能的资产,评估结果体现的是金融资产的预期效益。如果一项金融资产明确不具备可获取的未来收益,那它的评估价值也是不存在的。

(4) 公正性。它指资产评估机构及其专业人员在从事金融资产评估业务的过程中,需要遵照国家有关法律、法规及行业准则,客观公正地发表资产评估意见。

(5) 咨询性。它指金融资产评估的相关结论,是为资产业务提供的专业化评估意见,无强制执行的效力,资产评估专业人员仅对结论本身合乎职业规范要求负责,而不对资产业务定价决策负责。

此外,金融资产评估还具有不同于其他资产评估活动的特点。

(1) 投资性。它指金融资产评估与投资行为紧密相关。一方面,投资者针对股票、债券等金融资产的评估活动,多数是为了确定投资者能否按预期获得投资收益,并不一定是为了谋求所投资企业的管理权、经营权和控制权。而在其他评估业务中,相关主体针对房地产、机器设备等生产资料的评估活动,主要诉求的是确定资产本身的价值及其继续用于生产经营的可能性;相关主体针对企业整体的评估活动,则往往涉及兼并购、重组等目的。另一方面,金融资产评估侧重对被投资者的偿债能力和获利能力的分析,因为它们从根本上决定了投资者所面临的风险;而其他资产的评估活动往往围绕资产本身的物理属性、物权等展开。

(2) 多样性。它指由金融资产种类繁多带来的评估活动的复杂性。随着金融衍生品的发展,金融资产之间的类比性明显下降,每项金融资产几乎都是根据不同目的"量身定制"合约条款,在流动性、偿还期限、风险程度等方面都存在明显差异。因此,评估活动需要针对每一项待估的金融资产,分析其种类、特点和收益模式,并根据相应的评估目的、交易方式等,采用相应的评估方法测算评估值。

(3) 金融性。它指金融资产评估行为受金融市场的风险与不确定性影响。由于金融资产未来的预期收益存在相当的不确定性,金融风险的大小决定了它们遭受损失的可能性。因此,金融资产评估首先需要在参数确定、模型选择等评估环节中,充分考虑风险因素,尤其是金融市场特有的管制与调控政策的影响。其次,评估基准日的选取也应该尽可能地靠近评估结论的使用时点,以避免过长的时间差带来的评估环境变化及其对金融资产价值波动的不利影响。

1.2.2 金融资产评估的要素

金融资产评估的基本要素主要包括主体与客体、评估依据、评估目的、评估假设、价值类型和评估程序。

1) 主体与客体

金融资产评估的主体指的是进行金融资产评估的机构或人员,通常为执行相关业务的资产评估机构及其评估专业人员。其中,资产评估专业人员包括资产评估师和其他具有资产评估专业知识及实践经验的资产评估从业人员。法定金融资产评估业务应当由不少于2名资产评估师承办;非法定金融资产评估业务应当由不少于2名其他资产评估专业人员承办。

此外,针对部分特定业务,金融资产评估的主体也可以是会计师、企业管理者及咨询人员等。例如,注册会计师在进行公允价值计量时,往往需要对应收账款、贷款、债权投资、股权投资、基金投资及衍生品等金融资产进行价值评估,此时他们是金融资产评估的主体。又如,企业管理人员也可以成为金融资产评估的主体,有些银行也设有内部估值师。

金融资产评估的客体指的是金融资产评估的对象,具体可以按前文的金融资产类型对客体进行划分,也可以按金融整体企业和金融单项资产进行划分。这里的金融整体企业指的是银行及非银行金融机构,包括商业银行、保险公司、证券公司、信托投资公司、租赁公司、基金管理公司、期货公司、财务公司等;金融单项资产则包括金融企业的金融资产和企业持有的金融资产两大类。

若评估业务涉及金融企业整体或部分改制为有限责任公司或股份有限公司,或者是业务内容为合并、分立、清算、产权转让、债权转股权、债务重组、非上市金融企业国有股东股权比例变动等,金融资产评估的客体为金融整体企业。在其他情况下,客体通常为金融单项资产。金融企业与一般企业的金融单项资产的类别有所不同,不同类型的金融企业所有的金融单项资产也很可能不同。

补充材料 1-2　评估对象(客体)示例

以股权价值评估为例,资产评估报告关于评估对象的描述,通常涉及3个层面。

首先是被评估单位概况。这部分可具体交代企业法定代表人、注册资本、经营范围等登记信息,重点介绍公司股东及持股比例、股权变更情况,以及公司产权结构、近期经营状况等。

> 其次是评估对象与评估范围。在股权价值评估业务中,评估对象通常是××××公司的股东全部/部分权益价值,评估范围通常是××××公司的全部/部分资产及负债。
>
> 最后是资产情况。这部分内容可长可短,具体可划分为实物资产、无形资产、表外资产、引用其他机构报告结论所涉及的相关资产等类别。事实上,评估对象与评估范围的详细情况由资产核实的结论确定,因此,评估报告会撰写专门的章节来介绍资产核实的过程、内容与结论。

2) 评估依据

金融资产评估依据指的是进行金融资产评估工作须遵循的经济行为文件、法律法规、评估准则、权属证明文件等依据。其中,经济行为文件应当为能够有效说明资产评估所服务的经济行为的文件或资料,如主管部门有效的批复文件、可说明经济行为及其所涉及的评估对象与评估范围的其他文件资料等。

法律法规依据包括通用法律法规以及针对金融资产评估的法律法规,前者涉及《中华人民共和国资产评估法》《国有资产评估管理办法》《中华人民共和国公司法》《中华人民共和国证券法》等,后者主要有《金融企业国有资产评估监督管理暂行办法》(财政部第47号令)和《关于金融企业国有资产评估监督管理有关问题的通知》(财金〔2011〕59号令)。

评估准则包括资产评估基本准则、职业道德准则、执业准则等。其中,资产评估执业准则包括具体准则、资产评估指南和指导意见,如《资产评估执业准则——资产评估程序》《资产评估执业准则——资产评估报告》《资产评估执业准则——资产评估档案》等。专门针对金融资产的执业规范主要有《金融企业国有资产评估报告指南》(中评协〔2017〕43号)、《金融不良资产评估指导意见》(中评协〔2017〕52号),以及《资产评估专家指引第1号——金融企业评估中应关注的金融监管指标》《资产评估专家指引第2号——金融企业首次公开发行上市资产评估方法选用》《资产评估专家指引第3号——金融企业收益法评估模型与参数确定》《资产评估专家指引第4号——金融企业市场法评估模型与参数确定》和《资产评估专家指引第5号——寿险公司内部精算报告及价值评估中的利用》。

权属证明文件主要用于体现评估对象的权属关系。在金融资产评估业务中,权属证明文件不仅包括金融资产的权属证明文件,还包括国有资产产权登记证书、基准日股权持有证明、出资证明、信贷合同、保险合同、委托理财合同、抵债合同、抵押登记资料等其他文件。此外,企业提供的财务会计、经营方面的资料,国家有关部门发布的统计资料、技术标准和政策文件,以及评估机构收集的资本市场资料等,也都是金融资产评估活动常用的取价依据。

3) 评估目的

金融资产评估的目的是指,金融资产评估业务对应的经济行为对评估结果的使用要求,或评估结果的具体用途。这里的经济行为指委托方或相关当事方为实现某一特定的经济目的所实施的行为,如企业并购、资产转让、不良资产处置等。通常,金融资产评估一般是为了正确反映金融资产在评估时点的公允价值,为金融资产的交易与投资提供公平的价值尺度。但基于不同评估业务的要求,金融资产评估常见的具体目的包括以下7种。

第一种,以财务报告为目的。当企业委托评估机构承担以财务报告为目的的评估时,就需要对涉及的金融资产进行评估。

第二种,以交易为目的。当委托方需要进行金融资产的转让、出售,或者证券的发行、回购等经济行为时,通常将评估结果作为交易价格的定价基础和参考,以此作出持有、出让等决策。

第三种,以投资为目的。比较常见的是在设立新公司或者对已成立的公司进行增资扩股时,股东以货币资金等金融资产出资,需要对这部分资产的价值进行评估。

第四种,以清算为目的。它具体分为迫售清算和自主清算两种情况:前者包括基于破产、司法或行政强制产生的清算,重在确定被评估金融资产在强制出售条件下可能实现的货币价值,一般适用于快速清算价值;后者指企业自主实施的结业清算,被评估金融资产在展示时间和出售条件上相对宽松,可采用有序清算价值。

第五种,以抵(质)押为目的。它主要针对的是金融资产被作为抵(质)押物,用于满足持有者的融资需求,贷款方通常会以这部分金融资产的评估值的一定比例来确定放贷额度。

第六种,以保险为目的。一方面,保险合同双方当事人设定保险合同时,需要对保险标的进行评估,以确定保险价值;另一方面,确定赔偿金额时,若保险人与被保险人不能达成一致,也需要第三方独立机构对损失进行评估。

第七种,以转让为目的。国有金融资产转让、公众企业金融资产转让、国有经济主体受让非国有金融资产时,相关监管部门会要求对拟交易的金融资产实施评估。同时,其他交易主体在转让不易确定价值的金融资产时,也需要专业评估机构的作价依据。

4)评估假设

金融资产评估假设是对金融资产评估过程中存在的尚未确切认知的事项,根据客观情况或发展趋势作出的合乎情理和逻辑的推理。目前,较受公认的金融资产评估假设主要有5种。

第一种,交易假设。它假定所有待评估金融资产已经处在交易过程中,相关专业人员根据待评估资产的交易条件等模拟市场进行估价,从而可以在资产实际交易之前,辅助委托人确定交易底价。

第二种,公开市场假设。它指在一个充分竞争的市场上,资产交易双方地位平等,彼此都有时间和机会获取足够信息,对资产的功能、用途及其交易价格等作出理智判断,双方在自愿、非强制的条件下进行交易。凡是能在公开市场上交易、用途较为广泛或通用性较强的资产,都可以考虑按公开市场假设进行评估。此时,金融资产的交换价值受市场机制的制约,并由市场行情决定,而不是由个别交易决定。

第三种,未来现金流假设。它主要针对收益法,相关主体使用收益法进行评估时需要假定金融资产投入后可获得连续的现金收益,通过估算这些现金流的折现值来确定评估结果。

第四种,继续使用假设。它表示金融资产将仍然按照目前的状态和用途被继续使用,或者在转换状态和用途后被继续使用。无论是哪种情况,它都强调金融资产仍具备使用价值,并会在未来相关主体的持续经营中被使用。

第五种,清算假设。它基于被评估金融资产面临清算或具有潜在的被清算的事实或可能性,进而处于被迫出售或可以快速变现的状态。清算假设下的评估值往往明显低于继续使用或公开市场假设下的评估值,适用范围相对有限。

补充材料 1-3　假设前提及特殊情况调整说明示例

在资产评估实务中,关于假设前提的表述除了方向性的条目,还会结合具体业务背景、对象特征和评估方法等方面的要求,明确罗列更为具体的所有相关的细项条件。以收益法为例,常见的假设条件可编写如下内容:

(一)本次评估假设评估基准日外部经济环境不变,国家现行的宏观经济不发生重大变化;

(二)企业所处的社会经济环境以及所执行的税负、税率等政策无重大变化;

(三)企业未来的经营管理团队尽职,并继续保持现有的经营管理模式;

(四)本次评估假设委托人及被评估单位提供的基础资料和财务资料真实、准确、完整;

(五)本次评估假设被评估单位能够持续取得高新技术企业认证,并享受15%所得税优惠;

(六)假设评估基准日后被评估单位的现金流入为平均流入,现金流出为平均流出;

(七)评估范围仅以委托人及被评估单位提供的评估申报表为准,未考虑委托人及被评估单位提供清单以外可能存在的或有资产及或有负债;

(八)本次评估测算的各项参数取值不考虑通货膨胀因素的影响。

当上述条件发生变化时,评估结果一般会失效。

特殊地,若现实环境变化,导致原评估报告中的假设条件不能得到满足,此时评估机构可出具调整说明。以下为一则举例:

关于《××有限公司发行股票及支付现金购买资产涉及的××公司股东
全部权益价值资产评估报告》受疫情等原因影响调整评估结论的补充说明

××有限公司:

××资产评估事务所接受贵公司的委托,按照法律、行政法规和资产评估准则的规定,坚持独立、客观和公正的原则,采用收益法和市场法,按照必要的评估程序,对××××有限公司发行股份及支付现金购买资产之行为涉及的××××公司股东全部权益与2022年6月30日的市场价值进行了评估,并于2022年12月7日出具编号为××××号的评估报告。

评估报告日后,受本年度新型冠状病毒疫情持续发酵和俄乌冲突导致的石油类大宗商品价格剧烈波动的影响,××××公司2022年1—11月实际业绩完成情况低于预期。应贵司要求,××资产评估事务所根据××××公司实际业绩与预测值的差异,对评估值的影响进行了测算。现将调整情况报告如下:

(略)

5) 价值类型

金融资产评估的价值类型指评估结果的价值属性及其表现形式。不同的价值类型所代表的评估值不仅在性质上不同，在数量上也往往不同。2017年中国资产评估协会（简称中评协）发布的《资产评估价值类型指导意见》将资产评估价值类型划分为市场价值类型和市场价值以外的价值类型。《国际评估准则（2017）》列举的价值类型，包括市场价值、市场租金、公平价值、投资价值、协同价值和清算价值等。金融资产评估主要存在以下4种价值类型。

第一种，市场价值。它指在自愿买方和自愿卖方各自理性行事且未受任何强迫的情况下，评估对象在基准日正常公平交易的价值估计数额。它是全部市场参与者或绝大多数参与者都能接受的价值，而非针对某个特定市场参与者。

第二种，投资价值。它指评估对象对于具有明确投资目标的特定投资者或某一类投资者，所具有的价值估计数额。它与市场价值相反，是针对特定投资者的价值，不具有一般性。值得注意的是，在以企业并购为目的或其他评估目的下的金融资产评估中，如果涉及的金融资产并购行为或其他经济行为能够使某一特定的购买者产生资产协同效应或经济规模效应从而获得超额收益，就适用投资价值类型。但若产生的超额收益不再只有特定市场参与者可以享有后，投资价值就会转变为市场价值。

第三种，在用价值。它指将评估对象作为企业、资产组的组成部分或要素资产，按其现行使用方式和程度及其对所属企业、资产组的贡献，估计得到的资产价值数额。

第四种，清算价值。它指评估对象处于被迫出售、快速变现等非正常市场条件下的价值估计数额。此外，《资产评估价值类型指导意见》还规定，某些特定评估业务的价值类型会受到法律、行政法规或合同的约束，如以抵（质）押为目的的评估业务、以税收为目的的评估业务、以保险为目的的评估业务、以财务报告为目的的评估业务等。

6) 评估程序

2017年财政部发布的《资产评估基本准则》明确规定，资产评估机构及其资产评估专业人员开展资产评估业务，需要履行八大基本评估程序，即明确业务基本事项、订立业务委托合同、编制资产评估计划、进行评估现场调查、收集整理评估资料、评定估算形成结论、编制出具评估报告、整理归集评估档案。资产评估机构及其资产评估专业人员应当根据资产评估业务的具体情况以及重要性原则，确定所履行各基本程序的繁简程度，但不得随意减少资产评估基本程序。

在金融资产评估流程中，资产评估机构及其资产评估专业人员一方面需要特别注意围绕业务的具体评估目的，确认金融资产的实质内容，包括种类、期限、原始投资额、评估基准日余额、投资收益计算方法、历史收益额等；另一方面需要根据金融资产的特点选择合适的评估方法。通常，对于可上市交易的债券和股票，一般采用现行市价法进行评估，按评估基准日的收盘价确定评估值；而对于非上市交易及不能采用现行市价法的债券和股票，一般采用收益法，综合各因素选择折现率来确定评估值。成本法只适用于极特殊的情况。此外，资产评估机构及其资产评估专业人员要对尽调信息进行必要的职业判断，如原始投资额和预期收益计算的精确性与合理性，应收类债权资产回收的可能性及回收须承担的费用和风险，长期股权投资对象的财务报表真实性等。

1.3　金融资产评估报告

1.3.1　金融资产评估报告的定义

金融资产评估报告是指,资产评估机构及其资产评估专业人员遵守法律、行政法规和资产评估准则,根据委托履行必要的评估程序后,由资产评估机构对金融资产在评估基准日特定目的下的价值出具的专业报告。

金融资产评估报告既是资产评估机构完成对金融资产作价意见后提交给委托方的具有法律效力的公正性的报告,也是评估机构履行合同情况的总结,还是评估机构为评估项目承担相应法律责任的证明文件。

金融资产评估报告陈述的内容应当清晰、准确,不得有误导性的表述;应当提供必要信息,使报告使用人能够正确理解评估结论;报告的详略程度可以根据评估对象的复杂程度、委托人要求合理确定;应当使用中文撰写,同时出具中、外文报告且两者存在不一致的,以中文报告为准;一般以人民币为计量币种,使用其他币种时,应注明该币种在评估基准日与人民币的汇率;应当明确评估结论的使用有效期,通常评估基准日与经济行为实现日相距不超过 1 年。

因法律法规规定、客观条件限制,无法或不能完全履行基本评估程序时,经采取措施弥补程序缺失的不足,且未对评估结论产生重大影响的,可以出具评估报告,但应在报告中说明评估程序受限情况、处理方式及其对评估结论的影响。如果程序受限对评估结果产生重大影响或无法判断其影响程度的,不得出具评估报告。

1.3.2　金融资产评估报告的基本内容

金融资产评估报告的内容一般包括:标题及文号、目录、声明、摘要、正文和附件。目录和摘要本书不再赘述。

1）标题及文号

金融资产评估报告的封面通常需要载明:评估项目名称、资产评估机构出具评估报告的编号、资产评估机构全称及评估报告提交日期等。有服务商标的机构,也可在封面上载明其图形商标。

封面参考样式如图 1-1 所示。

2）声明

金融资产评估报告的声明通常包括以下几部分内容。

第一,本报告依据财政部发布的资产评估基本准则和中国资产评估协会发布的资产评估执业准则和执业道德准则编制。

第二,委托人或其他报告使用人应当按照法律、行政法规规定和报告载明的使用范围使用评估报告;委托人或其他报告使用人违反前述规定使用评估报告的,资产评估机构及其资产评估专业人员不承担责任。

第三,报告仅供委托人、委托合同中约定的其他使用人和法律、行政法规规定的报告使用人使用;除此之外,其他任何机构和个人不能成为报告使用人。

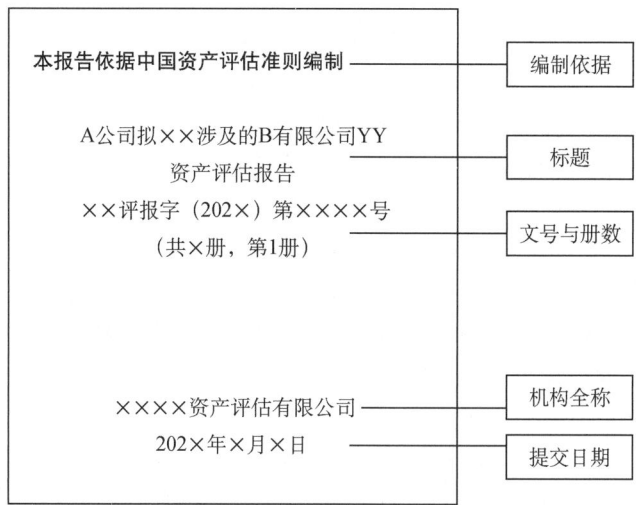

图 1-1 封面参考样式

第四,报告使用人应当正确理解和使用评估结论,评估结论不等同于评估对象可实现价格,评估结论不应当被认为是对评估对象可实现价格的保证。

第五,报告使用人应当关注评估结论成立的假设前提、报告特别事项说明和使用限制。

第六,资产评估机构及其资产评估专业人员遵守法律、行政法规和资产评估准则,坚持独立、客观、公正的原则,并对所出具的评估报告依法承担责任。

第七,其他需要声明的内容。

3)正文

金融资产评估报告的正文通常包括:委托人及其他报告使用人、评估目的、评估对象和评估范围、价值类型、评估基准日、评估依据、评估方法、评估程序实施过程和情况、评估假设、评估结论、特别事项说明、评估报告使用限制说明、评估报告日、资产评估专业人员签名和资产评估机构印章。

其中,评估报告载明的评估目的应当唯一;报告应当说明所选用的评估方法及其理由,因适用性受限或者操作条件受限等原因而选择一种评估方法的,应当在报告中披露并说明原因;应当以文字和数字形式表述评估结论,评估结论通常是确定的数值,经与委托人沟通,评估结论可以是区间值或者其他形式的专业意见;报告日通常为评估结论形成的日期,可以不同于报告的签署日。

评估报告的特别事项说明一般包括:权属等主要资料不完整或存在瑕疵的情形;委托人未提供的其他关键资料情况;未决事项、法律纠纷等不确定因素;重要的利用专家工作及相关报告情况;重大期后事项;评估程序受限的有关情况、评估机构采取的弥补措施及对评估结论影响的情况;其他。评估报告应重点提示报告使用人对特别事项予以关注。

4)附件

金融资产评估报告的附件通常包括:评估对象所涉及的主要权属证明资料、委托人和其他相关当事人的承诺函、资产评估机构及签名资产评估专业人员的备案文件或者资格证明文件、资产评估汇总表或者明细表、资产账面价值与评估结论存在较大差异的说明。

本章小结

金融交易的兴起与发展,促使金融资产评估业务不断扩大。有关金融资产的定义,首先,它强调的是某项为他人所拥有或控制,并能为他人带来经济利益的(金融)合约;其次,考虑到(金融)合约的特性,它明确金融资产能带来的经济利益,主要依托于合约所约定的未来索取权,反映的是经济主体的预期及投资需求。同时,深入理解金融资产概念,需要注意辨析它与金融工具、非实物资产以及无形资产之间的差异。

针对金融资产评估这一行为,可在资产评估概念的基础上进行理解,它指评估机构及其评估专业人员根据委托,对基准日特定目的下的金融资产价值进行评定、估算,并出具评估报告的专业服务行为。除了资产评估的一般性特征,金融资产评估具备三方面不同于其他资产评估活动的特点,即投资性、多样性和金融性。它的基本要素主要包括主体与客体、评估依据、评估目的、评估假设、价值类型和评估程序,这些要素的具体情况都需要在评估报告中有所反映。一般而言,金融资产评估报告的基本内容包括标题及文号、目录、声明、摘要、正文和附件。

课程思政

金融是国民经济的血脉,关系中国式现代化建设全局,金融安全是国家安全的重要组成部分。这一重要论述揭示了我国金融资产的本质属性:一方面,其价值不仅体现在经济效益上,更聚焦于服务国家发展战略、促进社会共同富裕的重大责任中,金融资产的创造、交易与流转必须服务于实体经济发展;另一方面,金融资产作为国家金融主权的表现形式,直接关系到国家经济安全大局。特别是在当前复杂的国际政治格局下,金融制裁手段的深远影响甚至超过了传统意义上的武装冲突,我国持有的外汇储备、主权债券等金融资产的价值评估与风险管理显得尤为关键。因此,金融资产评估必须坚持国家利益至上原则,在涉及国家战略资源、关键基础设施、核心技术企业的评估工作中,必须将国家经济安全置于首位。

思考题

1. 简述金融资产的概念。
2. 金融资产的特点有哪些?请简要说明。
3. 金融资产评估的基本要素有哪些?
4. 金融资产评估的假设有哪几种?它们在资产评估中有什么作用?
5. 金融资产评估的特点有哪些?请简要说明。
6. 请搜集获得"新时代资产评估行业优秀建设者"称号的从业者事迹,从榜样身上提炼并归纳资产评估师应有的职业素养。
7. 请查阅中国裁判文书网,了解资产评估行业现已出现的违法行为,尝试统计分析这些行为的特征,如违法动机的分布、涉及业务的范围等。

 练习题

扫码做题

 拓展材料

【拓展材料1-1】金融资产评估的发展历程

【拓展材料1-2】S评估事务所违规操作案例

第 2 章 CHAPTER 2
金融资产评估的基本方法

—— 与前后章的逻辑关系 ——

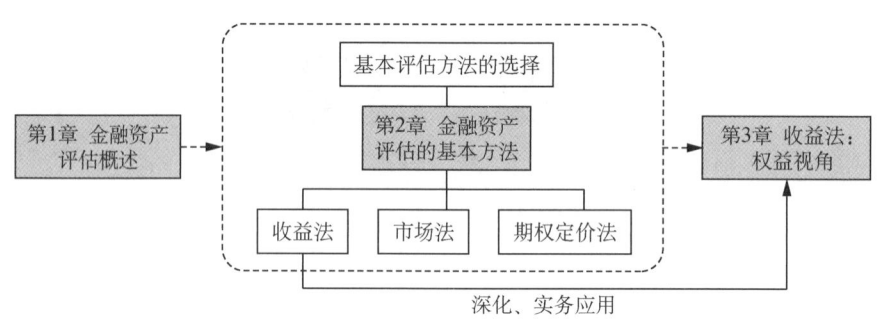

—— 学习目标 ——

① 牢牢掌握金融资产评估的主要方法;
② 熟悉金融资产评估方法各自的适用范围与操作步骤;
③ 初步了解不同应用背景下,每种评估方法的具体计算公式;
④ 理解金融资产评估三大方法的选择思路与依据。

 导入材料

A 公司股份期权价值评估

A 公司是一家成立于 2001 年 12 月的非上市公司,致力于提供电力、轨道交通、石油石化等行业的工业电力安全智能化解决方案。为进一步完善企业高级管理人员以及核心骨干的激励约束机制,A 公司拟以股份增发方式对企业的高级管理人员等实施股权激励计划。现因员工持股计划涉及的股份支付公允价值计量事宜,A 公司需要对公司 2019 年 5 月 31 日的股份期权公允价值进行追溯评估,并将评估值作为相关经济行为的价值参考。

根据《企业会计准则第 22 号——金融工具确认和计量》的相关规定,本案例的评估对象为 A 公司股份期权在评估基准日的公允价值。该评估范围是 A 公司在 2019 年、2020 年和 2021 年三期的股份期权。

该期权的行权安排、行权条件和锁定期介绍(略)。

本案例的评估思路是：首先，确定评估模型方法。根据 A 公司股份期权的特点，确定采用布莱克-斯科尔斯模型(简称 B-S 模型)。其次，评估测算。由于评估对象是非上市公司，本案例通过评估 A 公司每股股东权益价值作为标的资产价值，然后确定行权价格、行权期限、无风险收益率、历史波动率、股息率等参数，运用 B-S 模型测算评估值。

标的资产价值(S)：以基准日的每股股东权益价值为标的资产价值，选择收益法进行计算。评估结果显示，评估基准日 A 公司的股东权益价值为 61 800.00 万元，每股股东权益价值为 5.15 元。

行权价格(X)：在公布的股权激励计划中，公司将会约定未来激励对象行权时所需支付的每股股票价格，该价格被称为行权价格。经确认，评估基准日 A 公司股份期权的行权价格为 5 元/股。

行权期限(T)：将股权激励计划的行权期限确定为自公司股东大会审议通过之日起至激励对象获授的股票期权全部行权或最后一期考核无可行权股票期权之日止，最长不超过 48 个月，则 A 公司行权期限分别为：1 年、2 年、3 年(授予日至每期首个行权日的期限)。

历史波动率(σ)：通过查询 Wind 资讯，选取创业板指数每月最后一天的收盘价作为基数，计算出单位波动的对数值，以月为统计周期，计算对数收益的平均离差，再将月度标准差转化为年标准差，得到资产持有人的最近 1 年、2 年、3 年的波动率。

无风险利率(r)：选用中国人民银行发布的金融机构存款基准利率作为无风险收益率，针对不同行权期限，选取对应的 1 年、2 年、3 年存款基准利率。

股息率(δ)：根据 A 公司的财务报表，以资产持有人前 3 年平均每股股息 0.8 元/股作为每股股息，以每股股息与标的公允价格之间的比率 15.53% 作为股息率。

根据 B-S 模型计算公式及各参数值，计算出 A 公司第一期、第二期、第三期的股份期权公允价值分别为 0.39 元/股、0.23 元/股、0.14 元/股。

资料来源：由编者参考证券之星相关资讯(https://stock.stockstar.com/notice/SN2024042200030370.shtml)编写。

金融资产评估的基本方法源于整个资产评估体系所确立的方法论框架，因此，我们首先需要了解可应用于所有资产类别的通常意义上的资产评估方法。《资产评估执业准则——资产评估方法》(中评协〔2019〕35 号)明文指出，资产评估方法是指评定估算资产价值的途径和手段。根据评估原理与技术路线的不同，目前广为受用的资产评估方法主要包括收益法、市场法和成本法 3 种基本方法及其衍生方法。

在实务操作中，难点往往不仅仅是评估方法的具体应用，还有如何依据业务要求、评估目的与环境条件等因素，选择适宜的评估方法。由于金融资产本身门类繁多，且随着金融业的持续发展，新金融工具不断产生，这直接凸显了金融资产评估方法选择的重要性。《国际评估准则》(International Valution Standards，IVS)明确规定，评估师的经验和培训经历、当地准则、市场的要求、被评估资产的类型、评估的期望用途、已明确的评估工作范围和可用于分析的数据质量和数量等因素综合起来,将决定运用哪种或哪几种评估途径与评估方法。

下面我们将聚焦金融资产评估领域,介绍相关评估方法的评估原理、基本公式、主要参数、适用范围、操作步骤等。

2.1 收益法

2.1.1 评估原理

收益法是资产评估的母法。它遵循资产评估中"将利求本"的思路,认为一个理性的投资者在购置或投资某一项资产时,所愿意支付的数额不会高于该资产在未来能为其带来的回报(即收益额),是以牺牲现时货币的方式来换取未来预期收益。

具体地,收益法是指通过将评估对象的预期收益资本化或折现,来确定其价值的各种评估方法的总称。在金融资产评估领域,收益法包括多种具体方法,如股利贴现法、股权自由现金流贴现法、企业自由现金流贴现法等。

运用收益法须同时满足以下前提条件:第一,被评估资产是经营性资产且具备继续经营的能力,或者说被评估资产与其经营收益之间存在较稳定的联系;同时,被评估资产在未来的预期收益是可预测的,且可以用货币来衡量。第二,在未来收益期限内,被评估资产所具有的行业风险、区域风险、企业主体风险等,都是可以比较和预测的,且同样可以用货币来衡量。第三,被评估资产在未来可获利的期限是可以确定或预测的。

2.1.2 基本公式

根据收益法的评估原理,其计算思路是通过估算被评估资产在未来收益期限内的预期收益,将其按被评估资产风险决定的折现率或资本化率折算成现值,以此确定评估结果。相应的基本公式如式(2-1)所示:

$$PV = \sum_{t=1}^{n} \frac{R_t}{(1+r)^t} \qquad (2\text{-}1)$$

式中,PV——评估值;

t——期限;

n——被评估资产的收益期限;

R——未来预期收益,由于金融资产的收益常为其索偿权决定的现金流(Cash Flow),因此具体模型也可采用 CF 表示 R;

r——折现率。

由公式(2-1)可知,收益法的主要参数包括未来预期收益、折现率(或资本化率)和被评估资产的收益期限。

(1) 关于未来预期收益:它必须是评估基准日之后的收益额,且大概率需要评估师预测得到;同时也必须是资产的客观收益或正常收益,即一般水平的主体经营这项资产可取得的平均收益,而非实际收益或非常规收益。因此,若业务决定的评估基准日设定在过去,评估师也需要对可获得的后续实际收益进行专业判断,不能简单地按"拿来主义"进行评估测算。在评估实践中,金融资产的未来预期收益常涉及股息、利息、股权自由现金流、企业自由现金流等指标,具体应根据评估业务的实际情况,采用科学适宜的指标来衡量预期收益。

(2) 关于折现率(或资本化率):从本质上来讲,无论是折现率还是资本化率,指的都是期望投资报酬率,是投资者在投资风险一定的情况下,对投资所期望的回报率。两者的主要区别在于未来收益期限是否有限。折现率是将未来有限期的收益额转化为现值的比率,而资本化率是将稳定的永续收益通过折现还原为现行的资本价值的指标。理论上,确定折现率需要考量多种因素,包括市场物价水平的变动情况、资本市场的平均利率、行业资金利润率、企业资金利润率的变动趋势等。在具体实践中,评估师应根据评估对象及业务的需求与特征,选择适宜的方法,如资本资产定价模型、多因素模型、加权资本成本法等,对折现率或资本化率进行定值。

(3) 关于被评估资产的收益期限:它指金融资产未来获利能力持续的时间,通常以年为单位,可分为有限期和无限期,具体是由评估人员按照法律、法规、契约、合同等约束,结合待估金融资产的自身特点来确定。通常,在以投资、转让为目的的股权价值评估业务中,都事先假定发行公司永续经营,因此股权的收益期限为无穷期;而常见的附息债的收益期限,则多数为有限期。

【例题 2-1】 上市普通股价值评估

M 公司购买 N 上市公司普通股 300 手(1 手=100 股),每股面值为 1 元。据了解,N 公司融资结构稳定,财务状况良好,当前及未来都会向投资者发放较高比例的股息。预计该股未来 5 年每股股息分别为 10 元、11 元、12 元、13 元、14 元,从第 6 年开始公司进入稳定期,每股股息将稳定在 15 元。假定资本化率按无风险利率与风险报酬之和定,1 年期国库券利率为 4%,N 上市公司风险报酬为 6%。请计算 M 公司持有的 N 上市公司普通股的价值。

解:根据收益法的评估原理,可将股息视作投资者的收益,先计算 N 上市公司普通股每股的价值,再结合股数得出 M 公司所持有的所有股票的价值。

$$r = 4\% + 6\% = 10\%$$

$$PV = \frac{10}{1+10\%} + \frac{11}{(1+10\%)^2} + \frac{12}{(1+10\%)^3} + \frac{13}{(1+10\%)^4} + \frac{14}{(1+10\%)^5} + \sum_{t=6}^{\infty} \frac{15}{(1+10\%)^t} = 137.91(元)$$

$$137.91 \times 100 \times 300 = 4\,137\,300(元)$$

故 M 公司持有的 N 上市公司普通股的价值为 4 137 300 元。

【例题 2-2】 非上市普通股价值评估

M 公司购买 N 公司非上市普通股 300 手(1 手=100 股),每股面值为 1 元,N 公司目前暂未上市。据了解,N 公司融资结构稳定,财务状况良好,当前及未来都会向投资者发放较高比例的股息。历史财务数据显示,去年 N 公司普通股的每股净利润率为 15%,根据其良好发展前景,预计未来 5 年每股净利润率的年增长达到 10%,从第 6 年开始公司进入稳定期,每股净利润将保持不变。假定资本化率按无风险利率与风险报酬之和定,1 年期国库券利率为 4%，N 公司风险报酬为 8%。请计算 M 公司持有的 N 公司非上市普通股的价值。

解：对于非上市普通股而言，投资者能获得的收益只有净利润率决定的股息。同样根据收益法的评估原理，先计算 N 公司非上市普通股每股的价值，再结合股数得出 M 公司所持有的所有股票的价值。

$$r = 4\% + 8\% = 12\%$$

$$PV = \sum_{t=1}^{5} \frac{1 \times 15\% \times (1+10\%)^t}{(1+12\%)^t} + \sum_{t=6}^{\infty} \frac{1 \times 15\% \times (1+10\%)^5}{(1+12\%)^t} = 1.7885(元)$$

$$1.7885 \times 100 \times 300 = 53655(元)$$

故 M 公司持有的 N 上市公司普通股的价值为 53 655 元。

【例题 2-3】 一次性还本付息债券价值评估

某公司计划购入一张期限为 20 年的企业债券，该债券票面价值为 1 000 元，票面利率为 6%，按复利计息。在计划购入时，该债券已发行满 5 年。如果某公司的理想投资收益率是 8%，则最多以多少资金购入该债券？

解：对于按复利计息的一次性还本付息债券，应对到期时的本息之和进行折现，则该债券的估值为：

$$PV = \frac{1\,000 \times (1+6\%)^{20}}{(1+8\%)^{15}} = 1\,011(元)$$

故该公司最多以 1 011 元购入该债券。

【例题 2-4】 分期付息债券价值评估

甲公司计划购入乙公司发行的 50 000 元债券。该债券 8 年后到期，按年利率 8% 付息还本，购买时已付息 3 次（按年付息），且距离下一次付息尚有 200 天。当年的一年期国库债券利率为 5%，乙公司的经营风险可折算为 1.50% 的风险补偿率。请评估该债券在甲公司计划购买时的价值。

解：对于分期付息债券，需要将每期的利息和本金按折现率进行折现。如果在两个利息支付日期间购买债券，则需要计算买方应该向卖方支付的应计利息。因此，该债券的估值为：

$$PV = 50\,000 \times 8\% \times \frac{200}{365} + \sum_{t=1}^{5} \frac{50\,000 \times 8\%}{(1+5\%+1.50\%)^t} + \frac{50\,000}{(1+5\%+1.50\%)^5} = 55\,308.50(元)$$

故该债券的评估值为 55 308.50 元。

2.1.3 适用范围

理论上，为判定收益法是否适用于评估某项金融资产，评估人员需要重点考虑的是金融资产评估所强调的三个前提条件。即金融资产投入使用后是否能连续获利,只有那些以获利为目的,同时能够取得投资收益且收益预期稳定的金融资产,才能使用收益法进行评估。从应用角度来讲,收益法主要适用于评估有收益或潜在收益的金融资产,如典型的股票、债券、期权等,适用范围较广。

由于在原理上收益法能真实准确地反映金融资产的资本化价值,使用收益法评估金融资产的价值易被金融资产交易方接受,但预期收益的估算受评估人员的主观判断和不可预测因素的影响较大,试图运用收益法得到准确的评估值实际是有难度的,需要相当成熟的前人经验以及后期针对突发状况的估值调整作支撑。同时,金融资产本身的价值和其所依附的载体的价值,不一定都能得到科学合理的评定,尤其当"资本游戏"引发的资产泡沫化严重时,金融资产的价值容易被高估,而它所依附的载体价值则易被低估。

特殊地,以下几种情况看似不能采用收益法进行估价,但实际仍然适用。

第一,盈利为负值或极低的公司。由于这类公司的历史盈利增长率为负值,很难根据历史数据直接估算其未来盈利,其甚至在数据层面都无法满足持续经营的假设前提。具体操作时,需要确认盈利为负是不是暂时性的,如产品召回、对公司不利的重大诉讼裁决、产品售价下跌、原材料断档或价格飙升、周期性行业等因素都会引起公司效益的短期下滑,但长期来看公司经营并没有问题。此时,评估人员可以在持续经营假设下,运用收益法进行评估,重点是准确估算公司的正常盈利,可通过标准化处理或经验性调整等方法进行预测。

第二,年轻或初创公司。在评估这类公司时,尤其是处于新兴行业的公司,基础数据与信息的采集往往受到制约。因为这些公司成立时间过短,财务报表披露的信息有限,收益表现也很可能不佳,部分公司还属于行业先行者,市场上缺乏可比对象或可参考资讯。实际操作中,评估人员不仅要对收益的预期增长进行判定,通常也无法直接确定折现率,还需要借可比公司或根据评估对象的财务特征进行估算。考虑到年轻或初创公司的成长性,其参数更容易呈现阶段性变化,而不是一成不变的,如决定折现率的风险水平会随着公司的日趋成熟而接近行业或市场平均。这些特征都表明,对年轻或初创公司的评估既要讲求灵活性,又要注重"顺势而为"。

第三,私营企业。这类企业之所以较难运用收益法,主要在于可获得的有用信息较少,它们不像上市公司受制于一套完整的会计标准和财务信息披露要求,经营标准非常松散,记账条目也各有不同,彼此之间的可比性与参考性都较差。同时,私营企业的所有权与管理权通常未实现分离,所有者会将其所有财富投入公司中,个人支出与业务支出容易混淆,管理者薪酬与股息等报酬难以区分。具体估算时,无法采用常规思路确定折现率,但评估人员可以将私营企业会计盈利的变化对市场股指的收益变化进行回归,得到"会计性"β值。此外,收益的估算需要针对所有者的薪酬与个人支出进行调整,否则私营企业收益容易被高估。

2.1.4 操作步骤

采用收益法进行评估的基本步骤如下:第一,搜集并验证与评估对象未来预期收益有关的数据资料,包括经营前景、财务状况、市场形势以及经营风险等信息资料,重点分析金融资产未来收益的可靠性及可预测性;第二,分析测算被评估对象的未来预期收益,尤其需要关注收益的变动即预期增长情况;第三,确定折现率或资本化率,须综合考虑金融资产获益所承担的风险等因素;第四,用折现率或资本化率将评估对象未来预期收益折算成现值;第五,确定被评估资产的价值,若预测趋势与实际情况明显不同时要予以分析说明。

《资产评估执业准则——资产评估方法》指出,资产评估专业人员选择和使用收益法时应当考虑收益法应用的前提条件;在确定预期收益时应当重点关注收益类型与口径,应当对收益预测所利用的财务信息及其他相关信息、假设及其对评估目的的恰当性进行分析评价;所采用的折现率不仅要反映资金的时间价值,还应当体现与收益类型和评估对象未来经营相关的风险,与所选择的收益类型与口径相匹配;应当关注影响评估测算结果可靠性的因素,如无法获得支持专业判断的必要信息、评估对象没有历史收益记录或尚未开始产生收益、未来经营模式或盈利模式发生重大变化。

补充材料 2-1　不同情况下的收益法公式

收益法的基本公式紧密围绕其评估原理,反映的是收益法在估值测算中的核心逻辑。具体应用时,可按照收益和期限的不同,变换出多种计算公式。

(1) 未来各期收益不变。

若预计待估资产的未来预期收益保持不变,收益期限为无穷期,在其他因素不变的情况下,该资产的评估值为:

$$PV = \frac{A}{r}$$

其中,A 表示不变的单期收益,当未来预期收益不发生变化时,年收益额 A 可称为年金;其他指标的含义与其在收益法基本公式中的含义相同。

(2) 未来各期收益按固定速度 g 变化。

若预计待估资产的未来收益将按固定速度 g 递增,收益期限为无穷期,在其他因素不变的情况下,该资产的评估值为:

$$PV = \frac{R_1}{r - g}$$

其中,R_1 表示第 1 期的收益额;r 大于 g;其他指标含义与其在收益法基本公式中的含义相同。

相反,若预计待估资产的未来预期收益将按固定速度 g 递减,收益期限为无穷期,在其他因素不变的情况下,该资产的评估值为:

$$PV = \frac{R_1}{r + g}$$

(3) 未来各期收益呈阶段性变化(即若干期后保持不变)。

若预计待估资产的未来收益在前 n 期有变化,从第 $n+1$ 期开始保持不变,收益期限为无穷期,在其他因素不变的情况下,该资产的评估值为:

$$PV = \sum_{t=1}^{n} \frac{R_t}{(1+r_1)^t} + \frac{A}{r_2(1+r_1)^n}$$

其中，A 表示第二阶段不变的单期收益，r_1 和 r_2 分别表示第一阶段和第二阶段的折现率，其他指标含义与其在收益法基本公式中的含义相同。

若预计待估资产的未来收益在前 n 期有变化，从第 $n+1$ 期开始按固定速度 g 递增，收益期限为无穷期，在其他因素不变的情况下，该资产的评估值为：

$$PV = \sum_{t=1}^{n} \frac{R_t}{(1+r_1)^t} + \frac{R_t(1+g)}{(r_2-g)(1+r_1)^n}$$

类似地，我们还可以进一步推导三阶段等更多阶段的收益法计算公式。

(4) 未来各期收益按固定额度 c 变化。

若预计待估资产的未来收益将按固定额度 c 递增，收益期限为无穷期，在其他因素不变的情况下，该资产的评估值为：

$$PV = \frac{R_1}{r} + \frac{c}{r^2}$$

其中，R_1 表示第 1 期的收益额；其他指标含义与其在收益法基本公式中的含义相同。

若预计待估资产的未来收益将按固定额度 c 递减，收益期限为无穷期，在其他因素不变的情况下，该资产的评估值为：

$$PV = \frac{R_1}{r} - \frac{c}{r^2}$$

以上主要罗列了无限期情况下的收益法计算公式，有限期情况下的各类公式可以通过类似推导得到，此处不再详述。

2.2 市场法

2.2.1 评估原理

市场法是根据替代原则，采用比较和类比的思路及其方法判断资产价值的评估技术规程。因为任何一个理智的投资者在购置某项资产时，其所愿意支付的价格不会高于市场上具有相同用途的替代品的现行市价。运用市场法要求评估师充分利用类似资产的成交价格信息，运用已被市场检验了的结论来评估资产，显然容易被资产评估业务各当事人接受。因此，市场法是资产评估中最为直接、最具说服力的评估方法之一。

具体地，市场法在不同的评估业务中，也称现行市价法、相对估价法等，它是指在资产交易比较发达的条件下，寻找同种或类似资产的近期交易价格作为价格标准，通过比较被评估资产与最近售出的类似资产的异同，并将类似资产的市场价格进行调整，从而确定被评估资产价值的一种资产评估方法。

运用市场法进行评估必须具备以下前提条件：第一，需要有一个充分活跃的公开资产市场，且不存在市场分割，资产的市场定价较为合理，交易双方对资产信息的掌握程度也充分对等。在这样的市场上,资产交易越频繁,与被评估资产相类似的价格越容易得到,市场法的使用越方便。第二,公开市场存在可比资产及其交易活动,并且可比资产及其交易活动的相关信息可搜集。比如,可比资产与被评估资产的各方面特征相同或相近,两者面临的市场条件具有可比性,并且可比资产的成交时间要尽量接近评估基准日。

2.2.2 基本公式

根据市场法的评估原理,其计算思路是通过比较可比资产与被评估资产的各方面特征及市场环境,确定调整系数,然后在可比资产的成交价格基础上,乘以相应的调整系数,得到被评估资产的价值。基本公式如式(2-2)所示:

$$PV = P_{可比资产} \times k \tag{2-2}$$

式中,PV——评估值;

P——可比资产的成交价格;

k——调整系数。

在不同业务情境下,可选取或需要选取的可比资产的数量并不相同,需要比较的特征及市场环境等因素也有多有少,因此基本公式中的 PV 和 k 很可能不是一个数值。尤其当比较因素众多时,调整系数应该是各个比较因素所对应的修正系数的累乘值。

具体而言,比较因素通常包括 3 类:第一是时间因素,即可比资产成交时间与评估基准日不同所带来的资产价格差异,主要表现为不同时期的资产价格变动指数或时间差异系数。第二是交易情况,即可比资产与被评估资产在交易条件、交易时限、交易方等方面的不同所带来的资产价格差异,通常反映在交易情况差异系数上。第三是比率乘数,常见的包括市盈率、市销率和市净率等,即通过比较可比资产与被评估资产在比率乘数上的差异确定调整系数,这类因素是评估人员运用市场法评估金融资产时需要重点考虑的对象。投资银行或证券分析领域所谓的相对估价法,指的就是以比率乘数为比较因素的市场法。

【例题 2-5】 上市普通股价值评估

M 公司购买 N 上市公司普通股 300 手(1 手=100 股),该股在评估基准日的收盘价为每股 15.60 元。由于受政策扶持,近期 N 公司所在行业股价持续走高,该股价格也同样出现过热现象,与同期企业经营业绩相比明显偏高。经专业判断,评估人员对该股取调整系数 0.91。请计算 M 公司持有的 N 上市公司普通股的价值。

解:根据市场法的评估原理,N 上市公司普通股的价值可参考基准日收盘价得出。

$$PV = 15.60 \times 0.91 \times 100 \times 300 = 425\,880(元)$$

故 M 公司持有的 N 上市公司普通股的价值为 425 880 元。

【例题 2-6】 非上市普通股价值评估

M 公司购买 N 上市公司普通股 300 手(1 手=100 股),每股面值 1 元。该公司虽已上市,但 M 公司持有的股票是国家股,无法上市流通。已知该股在评估基准日的收盘价为每股 15.60 元。由于受政策扶持,近期 N 公司所在行业股价持续走高,该股价格也同样出现过热现象,与同期企业经营业绩相比明显偏高。经专业判断,评估人员建议经营性调整系数取 0.91。同时,国家股不能直接流通,建议流动性调整系数取 0.90。请计算 M

公司持有的 N 上市公司普通股的价值。

解：根据市场法的评估原理，N 公司非上市普通股的价值可参考基准日收盘价来得出。

$$PV = 15.60 \times 0.91 \times 0.90 \times 100 \times 300 = 383\,292(元)$$

故 M 公司持有的 N 上市公司普通股的价值为 383 292 元。

2.2.3 适用范围

目前，市场法在上市交易股票、债券等金融资产的评估业务中都有广泛应用。由于市场法采用的参数及指标都是直接从市场中获得的，评估值能更客观地反映市场中的现实价格，也容易被各方接受和认可，对评估基准日之后的短期交易决策或投资分析的意义更大。同时市场法的评估原理较简单，易于各方理解和掌握，估算过程也相对直观简便，只要前提条件得到满足，市场法的适用范围是非常广阔的。

但考虑到市场法以存在活跃的公开交易市场为前提，这对种类繁多的金融资产而言，是一个较为苛刻的条件。尤其是那些非标准化的金融资产，不仅交易市场多变且不规范，相似的可比资产交易活动也有限，评估人员不容易找到合适的交易案例作参考，也很难全面掌握市场法评估所需要的交易信息。从这个角度来讲，市场法更适用于标准化的金融资产，它们有规范化的交易制度及交易场所作保障，交易信息的一致性、公开性与及时性都更好。此外，市场法不考虑未来因素对资产价值的影响，因此其估值缺乏前瞻性，对长期交易决策或投资分析的指导作用有限。

2.2.4 操作步骤

运用市场法进行评估的基本步骤如下：第一，筛选比较因素，通过收集与被评估资产价值相关的数据资料，明确合理的比较因素有哪些；第二，选择适当的可比资产及其交易案例，可尽量挑选多个与被评估资产相同或相似的可比资产，整理并分析交易案例的成交价格及比较因素的相关数据，确定可比资产与被评估资产之间的内在可比性；第三，采用定性或定量的方法，衡量可比资产与被评估资产在各比较因素上的差异，综合确定调整系数；第四，以可比资产的交易价格为基础，结合调整系数，计算被评估资产的价值。

《资产评估执业准则——资产评估方法》指出，资产评估专业人员选择和使用市场法时应当考虑应用市场法的前提条件；在选择可比参照物时，应当根据评估对象的特点遵循多项原则，如应选择与评估对象在价值影响因素方面相同或相似的参照物、应选择交易类型与评估目的相适合的参照物、应选择交易价格正常或可以修正为正常交易价格的参照物等；应当关注影响评估测算结果可靠性的因素，包括市场的活跃程度、参照物的相似程度、参照物的交易时间与评估基准日的接近程度、参照物的交易目的及条件的可比程度、参照物信息资料的充分程度。

补充材料 2-2　不同情况下的市场法公式

根据待估资产本身的特征及可比交易案例的情况，市场法具体可分为以下几种评估方法。

(1) 现行市价法。

现行市价法亦称直接法,它指在公开市场上,找到与待估资产完全相同的已成交资产或购建时间较短的全新资产的现行市价,并根据该价格得出待估资产的评估值的方法。这种方法比较直观,但完全相同可比的参照物不容易找到,因此具有一定的局限性。

在金融资产领域,现行市价法是评估上市普通股价值的最基本方法,因为上市普通股存在发达的交易市场及规模可观的成交记录。具体而言,通常根据市场有效性决定是否需要对参照物交易的价格进行调整以及如何调整。若市场是有效或强有效的,参照物的交易价格反映了所有信息,此时可直接认定该价格为待估资产的评估值;相反,若市场不完全满足有效市场假设,参照物的交易价格并没有反映所有信息,此时需要引入调整系数,在对该价格进行调整后得出待估资产的评估值。

调整系数的取值理论上可以选取大于等于0的任何数值。但通常来说,价格会在经济过热的情况下过度走高,价格的上升与公司经营业绩并不相符,调整系数取值应在1以下。此外,当经济不景气时,价格过度走低,股价甚至会跌至每股净值以下,此时调整系数取值应在1以上,即通过回调得到资产的正常价值水平。

市场有效时:$PV = N \times P_a$

市场无效时:$PV = N \times P_a \times k$

其中,P_a表示待估资产在评估基准日的市场交易价格;N表示待估资产的数量;k表示调整系数。

(2) 价格乘数法。

评估人员在使用市场法时常常采用价格乘数对待估资产和可比资产之间的差异进行调整,具体主要包括:市盈率(P/E)或价格/收益乘数、市净率(P/B)或价格/账面值乘数、市销率(P/S)或价格/销售收入乘数。在实际操作中,通常以可比资产的价格乘数为倍数,乘以待估资产的收益额/账面价值/销售收入,进而得到待估对象的评估值。具体公式如下所示:

$$PV = E_{待估资产} \times (P/E)_{可比资产}$$
$$PV = B_{待估资产} \times (P/B)_{可比资产}$$
$$PV = S_{待估资产} \times (P/S)_{可比资产}$$

其中,E、B、S分别表示收益额、账面价值和销售收入。

(3) 市场售价类比法。

该方法以参照物的成交价格为基础,考虑参照物与待估资产在功能、市场条件、交易时间等方面的差异,通过对比分析和量化差异,调整估算出待估资产的价值。其计算公式如下:

$$PV = P_b \times k_{功能差异} \times k_{市场条件差异} \times \cdots \times k_{时间差异}$$

其中,k表示调整系数,由待估资产与可比资产之间的差异决定;P_b表示可比资产的交易价格。通常,金融资产的价值评估不会涉及功能差异。

当可比资产与待估资产之间仅有时间因素差异时,可以通过考虑可比资产成交时间与评估基准日之间的时间间隔对资产价值的影响,利用价格指数调整估算评估对象的价值。具体公式如下所示：

$$PV = P_b \times (1+q)$$

其中,q 表示价格变动指数。

当可比资产与待估资产之间只存在销售时限等交易条件差异时,可以参照物成交价格为基础,凭借评估人员的经验或有关部门的规定,设定一个价格折扣率来估算待估资产的价值。具体公式如下所示：

$$PV = P_b \times (1+p)$$

其中,p 表示价格折扣率。

2.3 期权定价法

2.3.1 评估原理

收益法、市场法等传统评估方法主要从静态角度对金融资产的价值进行评定,并不考虑市场的不确定性以及资产的潜在价值能够给所有者带来的收益,实际上是一种规避风险的方法,与金融资产的特性并不相符。事实上,不论是投资者还是管理者,他们都认可增长和机会的价值,如收益法就包含了对增长的考量,但传统评估方法并未解决如何评估机会的价值这一问题。期权定价法很好地弥补了这一缺陷,从动态角度综合考虑环境的不确定性,将不确定性所决定的市场价值纳入金融资产的评定范围。

期权定价法是在期权的概念上发展起来的。所谓期权,即与期限和权利有关,它是一种金融合约,指所有者在规定时间内按双方约定的价格购买或出售一定数量的某种资产的权利。相应地,期权定价法指的是将待评估资产看作特定的期权,运用期权定价模型来计算待评估资产价值的一种评估方法。在实务中,期权定价法的应用面没有收益法、市场法等传统评估方法那样广泛,它常被用作辅助性方法或与传统评估方法相配合以完成评估测算。

通常,期权交易涉及 5 项基本要素：交易双方、未来期限、标的资产、执行价格以及购买或出售标的资产的数量。期权定价法的适用前提包括：第一,从基本要素的角度,确认待评估资产能够被看作特定的期权,如果资产的期权属性也无法明确下来,那么期权定价法显然是不适用的。第二,关于该期权的期限、执行价格、现货价格等参数,是可以被量化或被大致估计得到的,也就是说待评估资产应该具体被看成怎样的期权。

以企业价值为例,评估人员可以将企业的价值划分为资产价值(包括有形资产和无形资产)和期权价值两部分。对于前者,评估人员可以运用市场法、收益法等传统的评估方法进行估算;后者则需要评估人员对企业拥有的投资机会和期权进行识别,结合期权定价模型进行评估。在运用期权定价模型时,可以将股东持有的股票看成一种看涨期权,即股东从债权人那里购得一份行权价格为债权人本金加利息、标的为企业产权的看涨期权合约。由此,股东就拥有了在一定条件下选择是否继续持有股票或出售企业的权利。计算时,评估人员可以将该企业股票的当前价格作为现货价格,企业的债务作为执行价格,债券期限视为期权到期期限。

2.3.2 基本公式

理论上,期权价值包含内在价值和时间价值两部分。其中,内在价值指履行期权合约时所能获得的收益,主要由标的资产价格和执行价格的差距决定。时间价值是期权价值超过内在价值的部分,反映了期权有效时间与潜在风险及收益之间的相互关系。通常,期权的剩余有效时间越长,时间价值也越大,因为随着剩余期限的缩短,买卖双方的获利机会与所承担风险都在减少,导致时间价值也逐渐减少。

实务中,目前常用的期权定价模型主要是 B-S 模型。该模型假定:第一,在期权的寿命期内,标的股票既不发放股利,也不做其他分配;第二,股票或期权的买卖不存在交易成本;第三,短期无风险利率是已知的,而且在期权寿命期内保持不变;第四,任何证券购买者能以短期无风险利率借到任何数量资金;第五,允许卖空,且卖空者将能得到所卖空股票当天价格的资金;第六,看涨期权只能在到期日执行;第七,所有证券交易是连续发生的,股票价格随机游走。具体公式及参数计算式如式(2-3)所示:

$$C_0 = SN(d_1) - Xe^{-r_f t}N(d_2) = SN(d_1) - PV(X)N(d_2) \quad (2-3)$$

$$d_1 = \frac{\ln(S/X) + t(r_f + \sigma^2/2)}{\sigma\sqrt{t}} = \frac{\ln[PV(X)]}{\sigma\sqrt{t}} + \frac{\sigma\sqrt{t}}{2}$$

$$d_2 = d_1 - \sigma\sqrt{t}$$

式中,PV——评估值;

C_0——看涨期权的当前价值;

S——标的资产的当前价格;

$N(d)$——标准正态分布的累积概率;

X——期权的执行价格;

r_f——无风险利率;

t——期权到期期限(年);

σ——股票回报率的年化标准差。

由式(2-3)可知,影响期权价值的因素主要包括:标的资产价格、执行价格、到期期限、标的资产价格的波动率、无风险利率。

(1)关于标的资产价格:由于看涨期权提供了根据执行价格购买标的资产的权利,标的资产在行权时间点的价格大小,会影响投资者回报。标的资产价格的上升会提高看涨期权的价值;相反,看跌期权的价值会随着标的资产价值的上升而降低。一般而言,标的资产价格可以按它的市场价值或账面价值来确定。

(2)关于执行价格:与标的资产价格相反,看涨期权的价值会随着执行价格的上升而降低,但看跌期权的价值会随着执行价格的上升而提高。在实操中,执行价格的确定相对复杂,需要视待评估资产的期权属性而定,不存在统一的取值思路或计算方法。

(3)关于到期期限:欧式期权限制持有人在到期日当天行权,因此到期期限的长短对欧式期权价值的影响是不确定的。但美式期权允许持有人在到期日之前行权,考虑到期限越长,标的资产价格的变化空间越大,它朝着有利于投资者的方向变化的可能性也越大,期权的价值也就越大。不难看出,到期期限对美式看涨期权和看跌期权的影响是一致的。

(4) 关于标的资产价格的波动率:通常,不论是看涨期权还是看跌期权,标的资产价格的方差越大,现货价格朝有利于投资者的方向变化的可能性也越大,待估期权价值也越大。但需要注意的是,对于具有深度实值的看涨期权而言,较大的方差会降低期权的价值,因为此时的期权更类似于标的资产。《实物期权评估指导意见》指出,波动率可以通过类比风险相近资产的波动率确定,也可以根据标的资产以往价格相对变动情况估计出历史波动率,再根据未来风险变化情况进行调整确定。

(5) 关于无风险利率:无风险利率会影响执行价格的现值大小,当利率水平上升时,看涨期权的价值会增加,而看跌期权的价值会降低。在实际操作中,通常采用与期权的到期期限相同或相近的无违约风险的国债到期收益率来表示无风险利率。

【例题 2-7】 不支付股息时的期权价值评估

已知 2×21 年 3 月 6 日 S 公司的股票交易价为 13.62 元,该股 2×20 年的年化回报率的标准差为 81%。该公司 2×21 年 6 月 20 日到期的看涨期权的执行价格为 15 元,当日它在期权交易所的交易价是 2 元。与该期权同样寿命期限的国库券年利率为 4.63%。请计算该期权的价值。

解:针对 B-S 模型的各项参数如下:

股票现价=13.62 元,期权实施价格=15 元,期权寿命=103/365=0.2822 年,年化回报率的标准差=81%,无风险利率=4.63%,代入 B-S 模型可得:

$$d_1 = \frac{\ln\left(\frac{13.62}{15.00}\right) + \left(4.63\% + \frac{81\%^2}{2}\right) \times 0.2822}{81\% \times \sqrt{0.2822}} = 0.0212$$

$$d_2 = 0.0212 - 81\% \times \sqrt{0.2822} = -0.4091$$

根据正态分布表,$N(d_1) = 0.5085$,$N(d_2) = 0.3412$

$$C_0 = SN(d_1) - Xe^{-r_f t} N(d_2) = 13.62 \times 0.5085 - 15 \times e^{-4.63\% \times 0.2822} \times 0.3412 = 1.87(元)$$

故该期权的价值为 1.87 元。根据当时的交易价格(2 元),评估值略低于市场价,可见该期权被市场略微高估了。

【例题 2-8】 支付股息时的短期期权价值评估

已知 2×21 年 3 月 6 日 A 公司股票交易价为 20.50 元,该股价对数的年化标准差(年化回报率的标准差)是 60%,且将在 23 天后支付一次股息,金额为 0.15 元。该公司 2×21 年 6 月 20 日到期的看涨期权的执行价格为 20 元,当日交易价为 2.60 元,无风险利率是 4.63%。请计算该期权的价值。

解:针对 B-S 模型的主要参数如下:

股息现值$=0.15/(1+4.63\%)^{23/365}=0.15(元)$

经股息调整的股价$=20.50-0.15=20.35(元)$

有效时间 = 103/365 = 0.282 2(年)

Ln(股价)的方差 = 0.6^2 = 0.36, 无风险利率 = 4.63%

代入 B-S 模型可得：

$$d_1 \frac{\ln\left(\frac{20.35}{20}\right) + \left(4.63\% + \frac{0.36}{2}\right) \times 0.282\ 2}{60\% \times \sqrt{0.282\ 2}} = 0.255\ 1$$

$$d_2 = 0.255\ 1 - 60\% \times \sqrt{0.282\ 2} = 0.063\ 6$$

$$N(d_1) = 0.600\ 7,\ N(d_2) = 0.474\ 5$$

$$C_0 = 20.35 \times 0.600\ 7 - 20 \times e^{-4.63\% \times 0.282\ 2} \times 0.474\ 5 = 2.86(元)$$

故该期权的价值为 2.86 元。根据当时的交易价格(2.60 元)，评估值略高于市场价，可见该期权被市场略微低估了。

【例题 2-9】 支付股息时的长期期权价值评估

已知 2×21 年 3 月 6 日 A 公司股票交易价为 20.50 元，股价对数的年化标准差是 60%，2×23 年 1 月 17 日到期的 A 公司看涨期权的执行价格为 20 元，当日交易价为 5.80 元。该时期内公司的股息报酬率维持在 2.51%，两年期国库券无风险利率为 4.84%。请计算该期权的价值。

解：针对 B-S 模型的主要参数如下：

资产当期价格 = 20.50 元，执行价格 = 20 元，有效时间 = 1.833 33 年，Ln(股价)标准差 = 60%，无风险利率 = 4.85%，股息报酬率 = 2.51%

代入 B-S 模型可得：

$$d_1 = \frac{\ln\left(\frac{20.50}{20.00}\right) + \left(4.85\% - 2.51\% + \frac{60\%^2}{2}\right) \times 1.833\ 3}{60\% \times \sqrt{1.833\ 3}} = 0.489\ 4$$

$$d_2 = 0.489\ 4 - 60\% \times \sqrt{1.833\ 3} = -0.323\ 0$$

$$N(d_1) = 0.687\ 7,\ N(d_2) = 0.373\ 3$$

$$C_0 = 20.50 \times e^{-2.51\% \times 1.833\ 3} \times 0.687\ 7 - 20 \times e^{-4.85\% \times 1.833\ 3} \times 0.373\ 3 = 6.63(元)$$

故该期权的价值为 6.63 元。根据当时的交易价格(5.80 元)，评估值略高于市场价，可见该期权被市场低估了。

2.3.3 适用范围

期权定价法常用于评估可转换债券、限售股等金融资产的价值。宽泛而言，根据《实物期权评估指导意见》，资产评估专业人员在执行资产评估业务时，可能涉及的实物期权主要包括增长期权和退出期权等。

第一，增长期权是指企业当前投资或战略布局为其未来创造扩张机会的权利，企业在现有基础上增加投资和资产，从而扩大业务规模或者扩展经营范围形成的期权。常见的增长期权包括实业项目进行追加投资的期权，分阶段投资或者战略进入下一个阶段的期权,利用原有有形和无形资产扩大经营规模或者增加新产品、新业务的期权,文化艺术品以及影视作品开发实物衍生产品或者演绎作品的期权等。

第二,退出期权是指企业在前景不好的情况下,可以按照合理价格即没有明显损失的部分或者全部变卖资产,或者低成本地改变资产用途,从而收缩业务规模或者范围以至退出经营的一种权利。常见的退出期权包括房地产类资产按接近或者超过购置成本的价格转让,制造业中的通用设备根据业务前景而改变用途,股权投资约定退出条款等形成的期权。

现实中的企业整体与单项资产可能附带一些实物期权。实物期权的价值评估较为复杂,为平衡评估工作量与评估结果的准确性和稳健性,评估人员应当从可能发现的实物期权中选出不可忽视的实物期权加以评估。

2.3.4 操作步骤

运用 B-S 模型进行评估的基本步骤如下:第一,识别期权,即根据期权的概念内涵,明确待评估资产的期权属性,判断现货价格、执行价格等基本要素的具体指代;第二,判断条件,即根据有关参数所需信息的可获取性和可靠性,判断是否具备评估条件,不具备期权评估条件时,应当终止期权评估工作;第三,估计有关参数,即将 B-S 模型中的基本参数进行估算,进而计算 d_1 和 d_2,求解 $N(d_1)$ 和 $N(d_2)$;第四,计算期权价值,即把所有参数代入 B-S 模型中,得到最终的期权价值。

《实物期权评估指导意见》指出,资产评估专业人员评估企业整体或者单项资产附带的实物期权,应当全面了解有关资产的情况以及资产未来使用前景和机会,识别不可忽视的实物期权,明确实物期权的标的资产、期权种类、行权价格、行权期限等;应当根据实物期权的类型,选择适当的期权定价模型,常用的期权定价模型包括 B-S 模型、二叉树模型等;对测算出的实物期权价值,应当进行必要的合理性检验。

补充材料 2-3　　不同情况下的 B-S 模型计算公式

根据期权及其基础资产的特征,通常可以将期权分为看涨期权和看跌期权,前文所给出的公式是最常见的看涨期权在不支付股息情况下的定价公式。原则上,若同时考虑看涨/看跌以及基础资产是否支付股息的情况,B-S 模型在具体应用中还包括以下计算公式。

(1) 支付股息时的看涨期权。

在现实中,基础资产会支付各种股利,此时需要对 B-S 模型进行调整。股息支付会降低股票价格,也就是标的资产的当前价格,因此随着预期股息额度的增加,看涨期权的价值会下降,而看跌期权的价值会提高。

① 短期期权:此时可以先估算在期权寿命期内将支付的预期股息现值,把它从标的资产的当期价值中扣除,并以此作为模型中的 S_0。

$$调整后的 S_0 = S_0 - PV(D)$$

其中,D 表示预期股息;其他指标的含义与其在收益法基本公式中的含义相同。

② 长期期权：期权的到期期限变长后，估算股息的现值难度会变大，前述的调整方法不再适用。因此，若预期标的资产的股息报酬率在期权到期期限内保持不变，可以直接采用以下公式：

$$C_0 = S_0 \cdot e^{-yt} \cdot N(d_1) - Xe^{-r_f t} \cdot N(d_2)$$

$$d_1 = \frac{\ln(S_0/X) + t(r_f - y + \sigma^2/2)}{\sigma\sqrt{t}}$$

$$d_2 = d_1 - \sigma\sqrt{t}$$

其中，y 表示股息报酬率，可用股息除以标的资产当前价格得到；其他指标的含义与其在收益法基本公式中的含义相同。

(2) 不支付股息时的看跌期权。

$$PV_0 = X \cdot e^{-r_f t} \cdot [1 - N(d_2)] - S_0 \cdot [1 - N(d_1)]$$

$$d_1 = \frac{\ln(S_0/X) + t(r_f + \sigma^2/2)}{\sigma\sqrt{t}}$$

$$d_2 = d_1 - \sigma\sqrt{t}$$

其中，PV_0 表示看跌期权的当前价值；其他指标的含义与其在收益法基本公式中的含义相同。

(3) 支付股息时的看跌期权。

短期期权的计算思路与看涨期权一致，长期期权的计算公式如下所示：

$$PV_0 = X \cdot e^{-r_f t} \cdot [1 - N(d_2)] - S_0 \cdot e^{-yt} \cdot [1 - N(d_1)]$$

$$d_1 = \frac{\ln(S_0/X) + t(r_f - y + (\sigma^2/2))}{\sigma\sqrt{t}}$$

$$d_2 = d_1 - \sigma\sqrt{t}$$

其中，PV_0 表示看跌期权的当前价值；其他指标的含义与其在收益法基本公式中的含义相同。

2.4 评估基本方法的选择

2.4.1 三种方法的比较

从原理上来讲，收益法、市场法和期权定价法各有优缺点，适用于不同的评估场景和对象。

第一，收益法的优点在于其能够真实和较准确地反映企业资本化的价值，尤其适用于可预测未来收益的金融资产和企业整体资产评估。由于它将未来的收益进行资本化或折现，评估结果更接近实际价值。然而，收益法的缺点在于预期收益额的预测难度较大，受到主观判断和未来不可预见因素的影响。此外,其适用范围相对较小,主要适用于有稳定收益的企业或资产。

第二,市场法的优点在于其能够客观反映资产目前的市场情况,评估参数和指标直接从市场获得,因此评估值更能反映资产在市场上的现实价格,也易于被各方理解和接受。然而,市场法的缺点在于其需要有公开、活跃的市场作为基础,有时可能因缺少可比数据而难以应用。此外,它不适用于受地区、环境等严格限制的一些金融资产的评估。

第三,期权定价法的优点在于其适用范围广泛,不仅适用于期权定价,也适用于资产定价。它尤其适用于对高速成长、具有较大不确定性的资产价值进行评估。此外,期权定价法有利于企业进行资产价值管理,促进衍生工具创新。然而,期权定价法的缺点在于其计算过程复杂,不易理解。同时,模型运用的限制条件较多,需要考虑诸多非财务因素,许多假设在现实经济环境中可能难以成立。此外,期权定价法可能增大企业风险,因为期权能否实现其价值,取决于对未来理财环境的准确分析,而这又受到企业经营者的管理能力和风险偏好的影响。

综上所述,每种评估方法都有其独特的优缺点,选择哪种方法取决于评估对象的特性、评估目的以及市场环境。三者都是常用的评估方法,但在原理、适用对象和应用场景上存在显著的差异。收益法主要关注资产的盈利能力,市场法依赖于市场上的可比数据,而期权定价法则主要关注未来经营的不确定性和资产的潜在价值。在实际应用中,评估人员可能需要结合多种方法进行综合评估,以获得更全面、准确的评估结果。

2.4.2　三种方法的选择依据

在确定具体采用何种方法评估金融资产的价值时,评估人员可以从资产或所属企业的特征以及评估业务诉求这两方面进行判定。

第一,考察资产或所属企业的特征,关键需要事先评价资产的可分离程度、产生现金流的能力和类似交易案例存在与否。

首先,对于业务相互关联、资产难以区分的评估对象,尤其是增长型企业,更适宜选用收益法和市场法。因为在满足相应适用条件的前提下,这两种方法都能从总体层面确定待估资产的价值,对单项资产之间的区分度要求不高。相反,期权定价法则可能因为单项资产的期权属性(或者说不确定性)差异,无法明确统一的要素取值,也就无法从总体层面进行评估,即对资产的可分离程度要求更高。具体适用情况如图 2-1 所示。

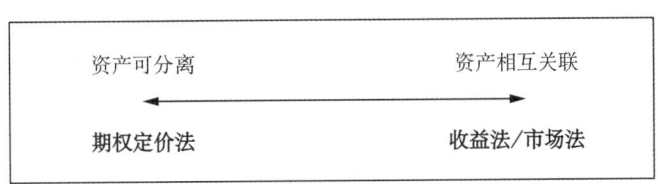

图 2-1　资产的可分离程度对评估方法选择的影响

其次,对于目前或不久后就能产生现金流的资产,收益法是合适的评估方法(第一种情况);但对于无法产生现金流的资产而言,市场法很可能更适合(第二种情况);对于目前还没有但未来在某种条件下可以产生现金流的资产(第三种情况),期权定价法是可以优先考虑的评估方法。第一种情况主要针对大多数上市公司及其资产。需要注意的是,当前现金流的正负并不影响方法的选取,即便是现金流为负的初创或年轻企业,也可以采用收益法进行评估。在第二种情况中,无法产生现金流就表示待估资产不符合收益法的适用条件,自然而然地,市场法就成为更佳的选择。第三种情况主要适用于企业存在闲置资产或潜在高收益资产的情况,如药品专利、前沿技术、未开采的油田或矿藏以及未开发的土地等。这些资产当前往往尚未产生现金流,但未来在某些条件下能产生大量现金流。从评估技术的角度来讲,虽然可以通过对资产的盈利设定概率,并使用收益法估算期望价值,但很可能因此低估这些资产的价值,而期权定价法的评估结果更合理。具体适用情况如图2-2所示。

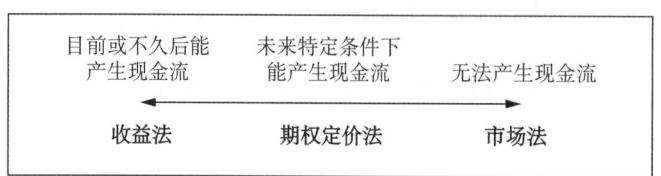

图2-2 资产的现金流对评估方法选择的影响

最后,如果公开市场上存在大量类似资产且其交易案例的相关定价信息便于获取,市场法是完全可行的评估方法且操作相对简便;但若待估的是独特的资产或企业,可比资产的选取难度过大甚至不可行,此时收益法可以更为合理地估算价值。具体适用情况如图2-3所示。

图2-3 资产的独特性对评估方法选择的影响

第二,从评估业务角度来讲,业务目的的时间跨度、评估价值的类型和市场环境是影响方法选取的主要方面。

首先,若业务服务于短期投资目的,市场法能更准确地反映市场价值,是更合适的评估方法;相反,对于长期的业务诉求,收益法的评估结果更接近资产的真实价值,是最佳的评估方法;而期权定价法则介于两个方法之间。这一点可以解释收益法为何在收购业务中更加盛行,而市场法则在股票分析和资产组合管理方面更加普遍。具体适用情况如图2-4所示。

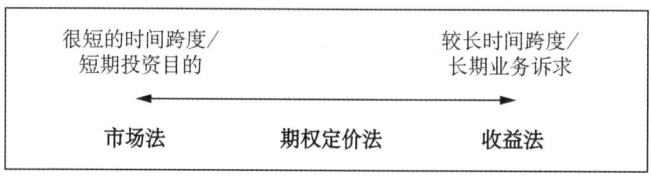

图2-4 业务目的的期限长短对评估方法选择的影响

其次，如果评估业务的价值类型是市场价值，市场法是最适合的评估方法（第一种情况）；但如果评估试图得到的是资产的内在价值，那么收益法才是最佳选择，对于具有期权属性的资产而言，也可以考虑采用期权定价法。在第一种情况中，评估人员往往认为市场是中性的，总体而言市场价格是公允的。在第二种情况中，评估工作对基准日的市场环境的有效性存在判断，试图测算的是绝对意义上的资产价值，即希望将情绪、预期等非理性因素剔除在评估结果之外。具体适用情况如图 2-5 所示。

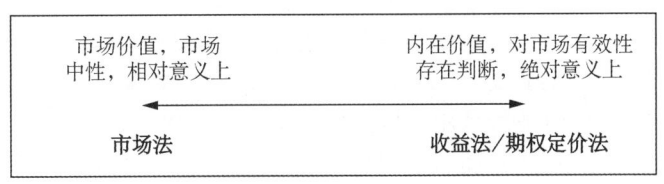

图 2-5　评估价值类型对评估方法选择的影响

最后，基于对市场的看法，评估也会采用不同的方法。具体而言，若认为当前市场价格偏离了内在价值，则应该选用收益法进行评估；相反，若市场总体是有效的，那么市场法是适合的选择。此外，运用期权定价法需要假设市场在期权参数的灵活性方面并不是很有效。但需要注意的是，无论针对上述哪种情况，我们都认为市场价值最终会回归到内在价值的水平。具体适用情况如图 2-6 所示。

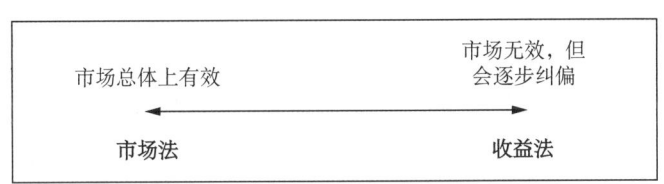

图 2-6　市场环境判断对评估方法选择的影响

综合而言，不同评估方法在估算原理和理念上差距很大，若试图借鉴每种方法的优势，评估人员可以通过融合不同方法的长处来达到相得益彰的效果。以收益法和市场法为例，评估人员在运用收益法的过程中，为避免市场的不利影响，可采用隐含的风险溢价来估算股权成本，以保障收益法的评估操作能够尽可能地独立于市场。同时，在预测基础财务指标时，评估人员可以参考行业内可比公司的相关信息进行判断。评估人员将以上两方面工作相结合，评估过程不再是单纯意义上的收益法运用过程，而是在收益法的基础框架上结合了市场法的特征。

2.4.3　三种方法的参数确定

评估人员若进行三种评估方法的具体参数测算，则需要根据不同方法的原理及适用性，考量更多的细节问题。

1）收益法

第一，确定以哪种现金流或股利表征收益。对于融资结构相对稳定的企业而言，采用企业自由现金流还是股权自由现金流衡量收益，本质上都可行，只要根据实际评估效果进行选择即可。但如果待估企业的杠杆系数不太稳定，那么采用企业自由现金流进行计算将更为便利,因为计算企业自由现金流不需要预测债务的偿还本金和利息,对杠杆系数变化的估算误差也不敏感。

适宜采用股利的情况主要有两种:一是无法准确地估算现金流,如关于债务偿付和再投资的信息不全或相互矛盾、不易确定债务范围等,这在金融服务机构的评估中尤其明显。二是公司对股票回购和其他形式的现金返还存在严格限制,或难以预计管理层如何分配利润,此时股利成为股权投资获得的唯一现金流。

第二,判断增长的阶段性特征。通常,企业的增长趋势可分为三种:一是稳定增长型,这类企业的盈利、销售额增长率将等于或低于所处经济体的正常增长率,此时采用稳定增长模型进行预估即可;二是适度增长型,这类企业的盈利、销售额增长率将会略高于所处经济体的正常增长率,此时适宜采用两阶段模型,以便于灵活把握公司各种基本特征的变化;三是高增长型,这类企业的盈利、销售额增长率将会大大超出所处经济体的正常增长率,此时需要使用三阶段或 n 阶段模型。

盈利增长的动力也可以用于分辨阶段性特征。企业较高的预期增长率可能来自自身的竞争优势(如品牌、生产成本的降低等),也可能源于行业准入的行政或技术壁垒(如许可证、专利使用权等)。第一种增长率会随着竞争对手的积极发展而逐渐消失,第二种增长率则会在壁垒撤销后突然消失。由此可见,对于行业准入壁垒这类特定的增长动力,企业的预期增长率会在壁垒不存在后骤然下降,更倾向于呈现两阶段特征。而对于竞争优势这类相对普遍的增长动力,企业的预期增长率通常随着竞争对手的发展逐渐下降,更接近三阶段或 n 阶段趋势。

2) 市场法

针对金融资产的市场法评估,选用什么乘数作为比较因素,对最终的评估值影响较大。操作上,主要有两种选择思路与方法。

第一,最优乘数法。一方面,评估人员应该考虑使用与企业价值相关性最大的乘数。如与年轻的高科技企业相比,快消企业的当期盈利和价值之间的相关性要大得多,因此采用市盈率对后一类企业及其资产进行评估的合理性要大于前一类企业。另一方面,对于特定行业而言,评估人员根据评估经验可总结出某个特定乘数的使用最为普遍,如市账率被广泛用于分析金融机构评估业务。因此,评估人员可按常规操作,直接选用该乘数进行评估。

第二,综合乘数法。该方法采用多个乘数计算评估值,并综合所有评估值得出最终结果。具体可以通过所有评估值确定结果范围、平均估值或加权均值等方法,给出最终结果。其中,确定结果范围的做法易出现取值范围过大的问题,从而无助于任何决策制定。而平均估值或加权估值的选定(包括权重的测量),主要还是取决于评估人员的主观判断。

补充材料 2-4　价格乘数的不同指标

价格乘数是指资产价值与其经营收益能力指标、资产价值或其他特定非财务指标之间的一个"比率倍数"。价格乘数可以按照分母的性质分为盈利比率、资产比率、收入比率和其他特定比率;也可以按照分子所对应的权益划分为权益价值比率和企业整体价值比率。常见的价格乘数如表 2-1 所示。

表 2-1 常见价格乘数

价值比率类型	权益价值比率	企业整体价值比率
盈利比率	P/E	$EV/EBITDA$
	PEG	$EV/EBIT$
	$P/FCFE$	$EV/FCFF$
资产比率	P/B	$EV/TBVIC$(总资产或有形资产账面值)
	Tobin Q 系数	$EV/$重置成本
收入比率	P/S	EV/S
其他特定比率		$EV/$制造业年产量
		$EV/$医院的床位数
		$EV/$发电厂的发电量
		$EV/$广播电视网络的用户数
		$EV/$矿山的可采储量

参考《资产评估执业准则——企业价值》《中国资产评估行业发展趋势及投资规模预测报告》等资料,不同行业适用的价格乘数如表 2-2 所示。

表 2-2 不同行业适用的价格乘数

行业		适用的价格乘数
金融业	银行	P/B、P/E
	保险	财险:P/B 寿险:P/EV
	证券	经纪:P/E、营业部数量、交易活跃账户数量 自营:P/B
	基金	P/AUM(管理资产规模)
采掘业		$EV/Reserve$、$EV/Resource$、$EV/Annual\ Capability$
房地产业		P/NAV(净资产价值)、$P/FCFE$
制造业	钢铁行业	P/B、$EV/$钢产量
	消费品制造业	P/E、$EV/EBITDA$
	机械制造业 P/E	P/E
	生物制药业	PEG

(续表)

行业	适用的价格乘数
基础设施业	$EV/EBITDA$、P/B
贸易业	批发:P/E
	零售:EV/S
信息技术业	处于初创阶段:EV/S、P/B
	处于成长阶段:P/E、PEG
	处于成熟阶段:P/E

此外,价格乘数还包括基于非财务数据的倍数,主要有行业排名、网站点击量、交易额、交易量等经济指标,该类倍数主要适用于新成立的科技类企业。鉴于非财务数据的倍数具有一定的局限性,而基于财务数据的倍数,只要财务数据可靠,则具有很强的关联性与可比性,故评估人员在评估实务中主要使用基于财务数据的倍数。

3）期权定价法

通常,对于从期权属性资产中获得大部分价值的小企业而言,期权对其价值的影响最大,采用期权定价法进行评估是合理的。但对于有相对成型的盈利模式的大企业而言,虽然专利等资产具备明确的期权属性,但期权定价法并不一定是评估这类企业的必须项,尤其当既有盈利模式对企业收益存在绝对性影响时。

具体操作时,评估人员要避免对期权进行重复计算。时常出现的一种错误是在考虑期权影响的基础上,又对它添加溢价。例如,某企业持有闲置土地,评估人员把这些土地作为期权进行估价的做法是合理的,但若预测现金流时已考虑该闲置土地,将预期增长率设置得较高,此时闲置土地的价值测算就存在重复问题,适宜的修改思路是直接不考虑资产的期权属性。

此外,B-S模型中的无风险利率原则上指的是连续复利,与实际生活中常见的年利率（离散型）存在本质区别,但对应计息间隔通常仍是1年。无论采用日价格、月价格还是其他价格来计算基础资产价格波动的标准差,最终代入的数值的时间单位都应该换算至1年期限。到期期限也需要换算为年。

本章小结

目前,我国资产评估体系已经形成,但针对金融资产的评估体系研究仍然处于探索阶段。这就要求资产评估机构和资产评估从业人员在评估金融资产价值时,严格遵循恰当的评估程序,选用科学的评估方法,以实现金融资产评估结果的公平合理,维护金融资产交易双方的合法权益。按科学的分析原理和技术路线的不同,资产评估方法体系通常被归纳为三种基本方法,即收益法、市场法和成本法。但对于金融资产评估而言,成本法的适用范围非常有限,取而代之的是期权定价法。

本章的核心内容是紧密围绕金融资产的特性,阐述收益法、市场法和期权定价法的评估原理、基本公式(含主要参数)、适用范围和操作步骤,并讨论这三种方法的选择依据与技术要点。第一,收益法通过对未来收益进行贴现,得出金融资产的评估值,其结果倾向于反映金融资产的真实价值,更适用于长期投资需求。第二,市场法以可比资产的交易价格为基础,结合必要且适宜的调整修正得出评估值,它对市场有效性的要求更高,也更适用于短期投资需求。第三,期权定价法侧重金融资产的不确定性所带来的价值,是不同于传统评估方法的一种测算思路,对待估资产的特性要求也相对较高。以上三种方法并不完全互斥,在方法选择上,评估人员需要详细分析金融资产的特点与评估业务的要求,并据此完成相关工作。

课程思政

金融资产评估方法的运用须贯彻"统筹发展和安全"的治国理念。收益法预测未来现金流时,需避免脱离实体经济基本面的虚高估值,防范金融泡沫风险;市场法采用可比价格参数时,需甄别市场非理性波动因素,防止羊群效应放大风险;成本法评估金融资产重置成本时,需关注国家产业政策导向,避免支持"两高一剩"项目。在评估实践中需特别强化底线思维和极限思维。习近平总书记强调:"防范化解金融风险,特别是防止发生系统性金融风险,是金融工作的根本性任务"。金融资产评估作为风险定价的关键环节,应当成为防范金融风险的"早期预警系统"。举例而言,评估地方债务抵押资产时,需准确核查待估资产的真实情况;针对房地产相关金融资产,要考虑采用压力测试方法;在高科技企业估值过程中,需探讨技术可行性融入风险折价等。这些专业实践体现了"金融安全是国家安全重要基础"的政治要求。

思考题

1. 简述金融资产评估三大方法的核心原理与适用范围。
2. 收益法确定主要参数时,需要注意哪些技术要点?
3. 运用市场法评估资产价值时,常见的比较因素包括哪些?
4. 期权价值的主要影响因素有哪些?它们具体如何发挥作用?
5. 请概述金融资产评估三大方法的操作步骤。
6. 请辨析金融资产评估三大方法的优缺点,概括它们的选择依据。
7. 请简述金融资产评估三大方法在确定参数过程中,需要注意的要点。

练习题

扫码做题

拓展材料

【拓展材料2-1】成本法：SX旅游公司拟转让YC公司及其下属子公司债权

【拓展材料2-2】资产基础法：TY公司拟股权转让HX矿业公司全部权益（以流动资产为例）

收益法：权益视角

―― 与前后章的逻辑关系 ――

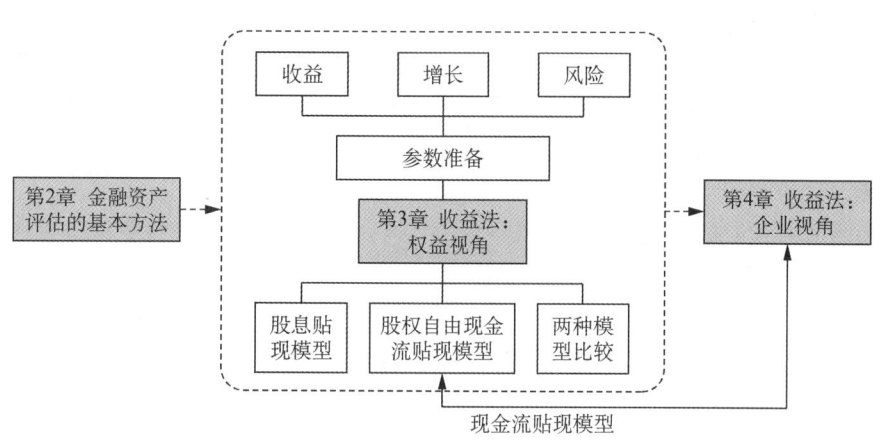

―― 学习目标 ――

① 熟悉收益法的参数准备；
② 掌握股利贴现模型的基本原理与操作步骤；
③ 掌握股权自由现金流贴现模型的基本原理与操作步骤；
④ 理解不同模型的优缺点与适用范围。

 导入材料

TI 公司战略转型

TI 公司是一家拥有 30 年历史的家用电器制造商，曾经以其稳定的产品质量和良好的市场口碑赢得了消费者的青睐。然而，随着全球经济一体化和科技的快速发展，TI 公司的传统业务模式受到了前所未有的冲击。为了应对这一挑战，TI 公司决定进行战略转型，进军高科技领域，特别是智能家居产品的研发和生产。

一、股权价值评估的重要性

股权价值评估是企业转型过程中不可或缺的一环。它不仅能够帮助公司管理层了解当前的股权价值，还能够帮助其预测公司转型后的潜在价值，为公司的融资、投资和并购等决策提供重要依据。

二、评估方法详解

市场法：市场法通过比较同行业、相似规模和业务模式的上市公司的市盈率、市净率等指标，来估算 TI 公司的市场价值。这种方法的优势在于能够快速反映市场对公司价值的即时评价，但也受可比公司的选取和市场情绪的影响。

收益法：收益法基于对公司未来收益的预测，通过贴现现金流（DCF）模型来估算股权价值。这种方法考虑了公司未来的盈利能力，但预测的准确性对评估结果有重大影响。

资产基础法：资产基础法考虑公司资产的重置成本，包括固定资产、无形资产等。这种方法适用于资产密集型企业，但可能忽略了公司的盈利能力和市场地位。

三、案例分析

通过实际计算和比较不同方法得出的股权价值，我们不仅可以得到 TI 公司的市场价值，还可以理解不同评估方法的适用场景和局限性。例如，市场法非常依赖可比公司的选择，资产基础法则可能低估或忽视无形资产的价值，而收益法则高度依赖未来现金流的准确预测。

市场法应用：通过对行业内类似公司的市场表现进行分析，我们发现高科技领域的公司普遍享有较高的市场估值。然而，TI 公司作为传统制造业企业，其市场估值相对较低。这为 TI 公司提供了转型的动机和压力。

收益法应用：我们预测 TI 公司在转型后的收益将显著增长。通过建立财务模型，我们预测 TI 公司未来 5 年的收益增长率，并据此估算股权价值。这一预测考虑了公司在新领域的市场份额、产品定价策略和成本控制能力。

资产基础法应用：考虑到 TI 公司在转型过程中需要投入大量资金用于研发和市场推广，我们评估了这些投资的资产价值，并将其纳入股权价值的计算。这有助于公司在转型初期合理配置资源，确保资金的有效利用。

四、转型策略与实施

为了实现战略转型，TI 公司采取了一系列措施：建立研发团队，专注于人工智能和物联网技术的研发；与行业内的领先企业建立合作关系，共同开发新产品；加强市场营销，提高品牌知名度和市场影响力。

五、风险与机遇分析

在转型过程中，TI 公司面临诸多风险，包括技术风险、市场风险和财务风险。然而，成功转型也将为公司带来巨大的市场机遇和增长潜力。通过股权价值评估，公司能够更好地识别和管理这些风险，把握机遇。

六、结论

通过对 TI 公司的股权价值进行综合评估，我们认为公司具有实现战略转型的潜力。股权价值评估不仅为公司确定了转型的资金需求，也为股东和潜在投资者提供了重要的决策依据。

资料来源：由编者参考实务案例编写。

在金融资产评估领域，收益法涉及三种常见的模型，即股利贴现模型（Dividend Discount Model，简称 DDM 模型）、股权自由现金流贴现模型（Free Cash Flow to Equity Discounted Model，简称 FCFE 模型）和企业自由现金流贴现模型（Free Cash Flow to Firm Discounted Model，简称 FCFF 模型）。它们之间的差别主要是收益及其折现率的内涵有所不同，所反映的评估思路或者说出发点也相应不同。后两种模型都是将企业账面的不同现金流进行折现来估值，因此被统称为贴现现金流模型。一些教材考虑到股利贴现模型的使用范围有限，而后两种模型的适用面则广得多，直接将收益法称为贴现现金流估价法（徐丹丹和杨志明，2020），但本质上它指的就是收益法。

考虑到企业自由现金流模型直接衡量的是企业所有投资者（最常见的是股权投资者和债权投资者两类）对应的现金流，与股利贴现模型和股权自由现金流模型对应的股权投资者不同，我们将收益法划分为两大类：本章将介绍第一大类权益视角的收益法，具体包括股利贴现模型和股权自由现金流模型；第 4 章将介绍第二大类企业视角的收益法，具体指企业自由现金流模型。

3.1 参数准备

收益法是评估投资价值的主要方法之一，广泛应用于金融资产评估、企业价值评估以及房地产等其他投资性资产的估价工作中。按照其笼统的评估原理，收益法主要通过预测投资的未来收益，将未来各期收益折现后，确定待评估资产当前的价值。金融资产的价值不单纯地等价于它所创造的利润，它本质上不仅涵盖金融资产创造的新价值，还包括其潜在的或预期的盈利能力。在对金融资产进行评估时，必须考虑影响其价值的多个关键因素，如预期收益、增长潜力（或者说增长趋势）、资产风险，理论上这三者相互影响。比如，增长潜力会极大地影响预期收益的高低，而收益的具体情况又决定了资产本身的风险大小，风险又进一步对增长趋势发挥作用（图 3-1）。因此，准确预测金融资产的未来收益与增长趋势，并确定与这些收益相关的风险水平，是科学评估金融资产价值的重要基础。

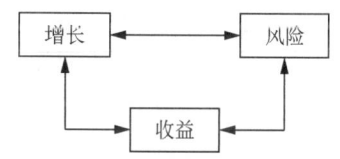

图 3-1 金融资产价值的决定因素：收益、增长与风险

3.1.1 衡量收益

从财务会计的角度来讲，收益主要包括利润和现金流量两种类型，具体存在股利、净利润、息税前利润、经济利润和净现金流量等各种形式，它们分别体现了资产价值的不同内涵。净现金流量比利润指标能更准确地反映资产为投资者带来的所有价值，因此被认为是一种更为理想的收益衡量方式。举例而言，假定现有两家规模相近的同行业公司，它们各年度的销售额和净利润完全相同，累计资本性支出和应收款增加额也完全相同，但净现金流量及其增长趋势却很可能不同。此时，若采用销售额或净利润表示金融资产的收益，极易得到相同的评估值。但若采用净现金流量来衡量收益，则能得到不同的评估值，以反映不同公司金融资产之间的差异。具体地，净现金流量是指一定时期内，现金及现金等价物的流入（收入）减去流出（支出）的余额，反映了企业本期内净增加（或净减少）的现

金及现金等价物数额,是现金流量表中的一个动态指标。

在金融资产评估过程中,常用的净现金流包括股权自由现金流和企业自由现金流两种,分别对应前述的股权自由现金流模型和企业自由现金流模型。其中,股权自由现金流反映的是企业所有者的现金流量,因此可直接用于评估股权价值;而企业自由现金流反映的是所有资本提供者(包括所有者和债权者)的现金流量,因此通常用于评估企业的整体价值(即股权价值与债权价值的总和)。本章将主要围绕股权自由现金流展开讨论,下一章则重点讲解企业自由现金流。此外,股利包含股息与红利,是公司持股人依股份情况获得的公司盈余,与股权自由现金流一样,反映的都是企业所有者的收益,因此本章也将进行重点介绍。

补充材料 3-1　收益的其他典型形式:经济增加值

除了净现金流量和股利,还有一种常用的收益形式是经济利润,其典型代表有经济增加值(Economic Value Added,EVA)。在概念上,EVA 是指扣除资本成本后的资本收益,它弥补了账面利润不能完全反映资本经营效率和价值创造程度的不足。其中,资本成本是指资本投入风险相似的项目上能够获得的收益,是一种机会成本。由此可见,EVA 的重要特点是考虑了资本的机会成本,能从股东的角度反映出资本的净收益。

由于存在多种形式的收益可供选择,选择哪种形式的收益会直接影响评估人员对资产价值的最终判断。因此,评估人员须根据评估对象的具体情况(如待估资产类型、评估核心目的等),选择适当的收益口径来衡量收益,以确保评估值的准确性与可靠性。

当企业遭遇会计上的亏损,收益预测没有较好的历史数据作支撑时,这并不意味着应当立即放弃采用收益法进行价值评估。从原理上来讲,只要企业的未来现金流量预期保持正值,即使其当下在会计上呈现亏损,也可以基于持续经营的假设,合理运用收益法进行评估工作。其中的关键环节是深入分析亏损的实质原因,考察当下的经营现状属于暂时性亏损、周期性亏损还是策略性长期亏损。

评估人员对于暂时性亏损,可以考虑将非经常性影响因素剔除后的利润用作预测的基础;而在处理策略性长期亏损时,可能需通过重大的经营战略调整或资本结构重组来促成盈亏平衡的转变。此外,亏损有时可能是企业生命周期某一阶段的自然现象,并不总是管理不善造成的。例如,初创企业由于前期的重资本投入,可能会面临短期亏损,但伴随企业的成长和市场份额的提高,很可能会步入稳定盈利的局面。又如,高科技企业会因为密集的研发开支而出现短期账面亏损的现象,一旦研发成果顺利实现商业化投产,企业便可能迅速扭亏为盈。

针对以上情况,评估人员应该密切监控亏损受债务利息支出的影响程度,以及净利润与现金流量之间的背离,同时结合评估目的、价值类型及其他相关因素,作出准确的趋势判断,以防止因错误解读亏损情况而作出不恰当的评估决策。综合而言,收益的预测需要强劲的综合分析能力作支撑,它要求评估人员不仅具备扎实的专业基础及敏锐度,还须对企业经营环境、行业市场政策等有深刻的理解与洞察。

3.1.2 判定增长

企业的增长情况是决定预期收益的关键。需要特别指出的是,评估工作所考虑的增长必须是合理且适度的。一方面,企业盲目追求增长,可能引发不必要的风险,反而对经营造成不利后果,甚至引发增长性破产;另一方面,企业因过度规避风险而完全放弃增长,同样是不可取的。根本而言,企业应致力于实现可持续的增长,即在不发行新股、维持现有经营效率和财务政策的前提下,达到的最大限度增长,它能反映企业平衡发展的能力。具体地,我们不能为了避免财务风险,而只关注营运资金管理,更应将价值增值纳入考量,确保增长服务于价值提升,追求真正的可持续增长。

因此,评估人员在综合评估金融资产的价值时,不应局限于从静态角度分析相关企业的经营现状,而应从动态角度预测和分析企业未来的增长潜力,即所谓的企业发展能力。通常,根据收益增长的不同趋势,收益法存在以下几类模型。

1) 零增长模型

该模型认为企业未来收益的增长率为零,每期收益将保持不变,此时收益法的公式可改写为:

$$PV = \sum_{t=1}^{n} \frac{CF_1}{(1+r)^t} \tag{3-1}$$

2) 固定增长模型

该模型认为企业未来收益的增长率固定不变,每期收益按该恒定增长率变化,此时收益法的公式可改写为:

$$PV = \sum_{t=1}^{n} \frac{CF_0(1+g)^t}{(1+r)^t} \tag{3-2}$$

3) 分阶段增长模型

该模型认为企业未来收益的增长呈阶段性变化,较为常见的有两阶段(高速增长和稳定增长)和三阶段(高速增长、过渡和稳定增长)。通常,高速增长阶段的增长率较高甚至超高,但也可能表现出不稳定或大幅波动;而在稳定增长阶段,公司运营较为平稳,增长率较低甚至为零,实务中评估人员常将其处理成与经济总体增长水平相近;过渡阶段的增长率则表现为下降态势,即承接高速增长阶段与稳定增长阶段之间的增长率差距。此时,每期收益的增长情况由所处阶段决定,收益法的公式可改写为:

$$PV = \sum_{t=1}^{n_1} \frac{CF_t}{(1+r_1)^t} + \sum_{t=n_1+1}^{n_2} \frac{CF_t}{(1+r_2)^{t-n_1}(1+r_1)^{n_1}} + \cdots \tag{3-3}$$

式中,PV——待评估资产的价值;

t——期限;

CF——各期收益;

r——折现率,公式假定单阶段内的各期折现率都是一致的;

n_1、n_2——第一、第二阶段的最后一期期数。

在深入分析企业的未来增长情况时,评估人员须综合考量以下三个关键因素:历史经营绩效、未来收益的可预测性与评估信息的充分性。

首先,企业的历史经营绩效为投资者和分析师提供了宝贵的数据支撑,帮助他们构建起对金融资产及所属公司未来盈利能力的预期。历史数据反映了金融资产的抗风险能力、收益波动情况、所属企业应对市场变化的能力、盈利模式的稳定性以及团队的管理效率等。尽管历史业绩不能完全保证企业未来的成功以及金融资产未来的收益,但它们确实提供了一个参照框架,帮助评估人员理解可能的发展趋势。对于那些缺乏可靠历史业绩记录或长期表现不佳的企业,未来收益的预测工作更具挑战性,通常需要更多的市场洞察和专业知识来调整预测模型或方法。

其次,未来收益的可预测性是实施收益法的核心前提之一。资产未来收益的可量化程度、时间跨度和风险评估,构成了运用收益法确定资产价值的基础。如果市场的不确定性、行业变革或企业内部问题等因素导致未来收益难以合理预测,那么收益法作为估值手段的适宜性便会减弱。例如,对于那些现金流持续负向且未来前景黯淡的公司,或是那些处于重组阶段但缺乏清晰方向的公司,传统的收益法可能并不适用。在这种情况下,评估人员可能需要寻找其他更能反映企业当前状况和潜在价值的评估方法。

最后,获取充足的评估信息对于执行准确的估值工作至关重要。无论评估方法多么科学,如果缺少关键的财务数据、市场分析或企业运营细节,其可靠性和有效性都会受到质疑。在实际操作中,信息的限制往往成为采用某些评估方法的障碍。然而,面对资料不足的情况,我们不应该轻易放弃使用收益法。相反,我们应通过深入分析、市场调研和其他信息收集手段等方法,优先尝试弥补这一缺陷。

3.1.3 计算风险

风险本质上是衡量资产未来收益相对于期望值的波动概率及其波动幅度。简言之,它是对资产未来收益不确定性的一个量化度量。在风险与回报的关系中,风险表现为潜在收益围绕预期收益的波动范围,通常可以通过计算方差或标准差来度量。对于金融资产评估来说,风险映射的是金融资产未来收益的不确定性,尽管存在多种衡量风险的方法,但折现率是最主要的指标和工具。从定义上来讲,折现率指将资产的未来预期收益转化为现值的比率,它反映的是投资者的期望回报率,也反映获得未来预期收益的不确定程度。

评估人员在选择折现率时,需要注意以下三点:一是折现率不应低于投资的机会成本。在正常的资本市场和产权交易环境下,任何投资的回报率应至少等于其机会成本。二是行业基准收益率不能直接用作折现率。因为国内的行业基准收益率反映的是项目对国民经济的贡献程度,并非对投资者的净回报。但随着证券市场的发展,行业平均收益率能反映行业盈利能力,可作为确定折现率的参考。三是银行的贴现率不宜直接作为折现率。贴现率是根据市场利率和票据信用度确定的,而折现率是针对具体评估对象的风险所设定的预期投资回报率,两者存在本质差别。

在实务操作中,评估人员通常根据资产的资本成本估算折现率,即将投资者要求的回报等同于其投入资本的成本。该回报具体包括两部分:无风险回报率(即正常投资回报率)和风险投资回报率。无风险回报率取决于资金的机会成本,通常以政府债券利率或银行储蓄利率为基准。风险投资回报率则取决于投资风险的大小,风险越大,所需的风险补偿越高。在金融资产评估领域,可用于确定折现率的方法主要有资本资产定价模型

(Capital Asset Pricing Model,简称CAPM模型),具体按以下公式来计算:

$$R_e = R_f + \beta(R_m - R_f) \tag{3-4}$$

式中,R_e——股权回报率;
R_f——无风险利率;
β——系统性风险系数;
R_m——预期市场回报率。

针对前文提到的三种常见收益法模型,确定折现率需要与各模型采用的收益口径对应起来。例如,在股利贴现模型和股权自由现金流模型中,通常采用股权成本来表示折现率,因为这两种模型收益的衡量对象都是股权投资者;而企业自由现金流模型通常采用加权平均资本成本来表示折现率,因为它的收益口径是所有投资者。具体如表3-1所示。

表3-1 三种收益法模型的估值口径比较

评估模型	评估对象	对应现金流量	适用的折现率
股利贴现模型	股东全部权益价值	股利	权益资本成本
股权自由现金流模型	股东全部权益价值	股权自由现金流	权益资本成本
企业自由现金流模型	企业整体价值	企业自由现金流	加权平均资本成本

【案例3-1】

MF公司股权回报率计算

假定现须对某投资者持有的MF公司股权价值进行评估,已知该投资者的持有期限将超过10年,即相应的待评估资产的持续经营期超过10年。为确定股权回报率,我们将以资本资产定价模型为基准,采用以下公式进行计算:

$$R_e = R_f + \beta \times ERP + R_S \tag{3-5}$$

式中,R_e——股权回报率;
R_f——无风险利率;
β——系统性风险系数;
ERP——市场风险超额回报率,即公式(3-4)中的风险溢价;
R_S——公司特有风险超额回报率。

(1)确定无风险收益率。国债收益率通常被认为是无风险的,因为持有该债权到期不能兑付的风险很小,可以忽略不计。在沪、深两市选择从评估基准日到国债到期日剩余期限超过10年期的国债,并计算其到期收益率,最终以所有国债到期收益率的平均值3.31%作为本次评估的无风险收益率。

(2)确定股权风险收益率。首先,以2014—2023年的历史收益率为依据,计算各年沪深300指数的市场平均回报率R_m。其次,按前述的无风险收益率确定方法,得到同期剩余年限超过10年的国债收益率的平均值,各年R_f分布在2.94%~4.31%范围内。最后,利用R_m减去R_f得到各年风险溢价ERP,在剔除最大、最小值后,以2014—2023年风险溢价的平均值6.75%作为本次评估的ERP。具体过程如表3-2所示。

表 3-2　股权市场风险溢价 ERP 的估算

序号	年份	市场风险收益率 R_m	无风险收益率 R_f	$ERP = R_m - R_f$
1	2014	18.85%	4.31%	14.54%
2	2015	12.50%	4.21%	8.29%
3	2016	0.85%	4.02%	−3.17%
4	2017	14.40%	4.23%	10.17%
5	2018	3.46%	4.12%	−0.66%
6	2019	9.05%	4.10%	4.95%
7	2020	16.89%	4.08%	12.81%
8	2021	17.83%	3.41%	14.42%
9	2022	5.19%	3.31%	1.88%
10	2023	5.09%	2.94%	2.15%
剔除最大、最小值后的平均值		10.55%	3.94%	6.75%

（3）确定风险系数。同花顺 iFinD 公司的 β 计算器也选用沪深 300 指数为基准，与本次评估的做法一致，因此直接通过 iFinD 公司的 β 计算器得到待评估资产的风险系数 β 为 1.04。

（4）确定公司特有风险超额回报率。基准的资本资产定价模型一般用于估算投资组合的回报率，不能直接估算公司股权，因此，在考虑股权的投资收益时，评估人员需要考虑所属公司相对于投资组合的全部特有风险所产生的超额回报率。这部分公司特别风险溢价主要由该公司非系统性因素所产生的风险溢价或折价决定，如公司治理、融资能力、信用水平等。本次评估认为该股权的特有风险超额回报率为 2.3%。

（5）计算股权回报率。将上述结果代入股权收益率的计算公式，得到最终的股权回报率为 12.63%。

补充材料 3-2　风险系数的常用计算方法

在实务操作中，评估人员除了利用同花顺 iFinD 公司的 β 计算器，还可以利用多种计算风险系数 β 的方法。此处主要列举两种。

方法一，计量分析法。

根据 β 的定义，我们通常可以构建待评估资产收益率关于同类型资产市场平均收益率的回归方程，运用计量软件（如 Eviews、Stata 等）估计同类型资产市场平均收益率的系数，该系数估计值表示当市场平均收益率变动 1 个单位时，待评估资产收益率的变动幅度，也就是所谓的 β 值。例如，在评估股权价值时，可将该股收益率作为因变量，沪深 300 指数作为自变量，构建回归方程，最终拟合得到的沪深 300 指数系数就是该股的风险系数 β 值。

方法二，自下而上分析法。

该方法的核心思路是在确定无杠杆 β 值的基础上，结合待评估资产所属企业的资本结构,确定该资产的风险系数,通常多用于股权价值评估。

首先,确定可比公司的风险系数(Levered β),具体可根据前述的两种方法进行计算,此处不再赘述。

其次,计算无杠杆风险系数(Unlevered β),通常根据可比公司的 β 值,按以下公式计算:

$$Unlevered\ \beta = \frac{Levered\ \beta}{1+(1-T)\times \dfrac{D}{E}}$$

式中,D——债权价值;
$\quad\ \ E$——股权价值;
$\quad\ \ T$——适用所得税率。

由于各可比公司与待评估公司在各方面情况相近,利用上式计算得到的各可比公司 Unlevered β,取其平均值作为待评估企业的 Unlevered β。

再次,确定待评估公司的资本结构,可以直接根据评估基准日当年的资本情况确定,也可以采用可比公司资本结构的平均值作为待评估企业的资本结构。

最后,将前面所得的无杠杆风险系数与待评估企业资本结构带入下式,计算得到待评估企业的风险系数。

$$Levered\ \beta_a = Unlevered\ \beta \times \left[1+(1-T)\times \frac{D_a}{E_a}\right]$$

式中,D_a——待评估企业的债权价值;
$\quad\ \ E_a$——待评估企业的股权价值;
$\quad\ \ \beta_a$——待评估企业的风险系数。

补充材料 3-3　风险系数的常用调整方法

评估所需的折现率对应的是未来预期收益,因此评估人员理论上应该采用未来的预期 β 系数。但实际操作中多利用历史数据进行估算,这导致估算值与评估所需的预期值存在"时间"差距。为了调整这一差距,通常使用布鲁姆调整法(Blume Adjustment)对历史 β 值进行改善。

布鲁姆(1975)指出,股票风险系数 β 的真实值比其估计值更趋近于 1。他认为这种"趋一性"存在两个可能的原因:①公司初建时倾向于选择风险相对高的投资项目,当风险随着时间的推移逐渐释放时,β 会出现下降的趋势。②公司在决定新的投资时,作为风险厌恶者的管理层,可能倾向于考虑小风险的投资,这样公司的 β 系数就趋于 1。据此,布鲁姆提出如下调整公式:

$$\beta_a = 0.35 + 0.65\beta_h$$

式中，β_a——调整后的系统性风险系数；

β_h——原始系统性风险系数。

目前，上述调整方法在评估实务中被广泛运用，许多著名的国际投资咨询机构采用与布鲁姆类似的 β 调整公式。

3.2 股利贴现模型

股利贴现模型是评估股票价值的一种常见方法，它认为股东的收益包括持有股票期间享有的股利与持有期末卖出股票时的资本利得，而卖出股票的价格又取决于该时点往后各期股利的大小。因此股利贴现模型的评估原理是，通过预测评估基准日之后的各期股利，并将其折现，以股利的累计折现值作为股票的评估值。具体可用式(3-6)表示：

$$PV = \sum_{t=1}^{\infty} \frac{DPS_t}{(1+ke)^t} \tag{3-6}$$

式中，PV——普通股的内在价值；

DPS_t——第 t 期支付的股息和红利；

ke——贴现率，又称资本化率(Capitalization Rate)。

股利贴现模型认为股利是投资股票唯一的收益，基于发行企业持续经营假设，其收益期限为无穷期。需要注意的是，当企业只将利润中的部分剩余现金流作为股息发放给投资者时，基于股利贴现模型得出的评估值很容易低估股权价值。同时，股利包含现金股利（股息）和股票股利（红利），有时也包含其他形式（如实物资产）。实务中评估人员常采用股息来衡量股利，因为其他两类股利往往存在额度不稳定的特点，预测难度较大，因此常忽略不计。

根据前述的增长阶段划分方法，股利贴现模型同样也可以分为零增长模型、固定增长模型和分阶段增长模型三类。其中，股利零增长的情况非常少，导致零增长模型在实务中的适用面有限，本章将不作详细介绍。固定增长的股利贴现模型最早由经济学家戈登(Gordon)于20世纪60年代提出，因此常被称为戈登模型(Gordon Growth Model)。常见的分阶段增长模型主要包括两阶段和三阶段增长模型，后文将重点围绕戈登模型、两阶段增长模型和三阶段增长模型进行讨论。

3.2.1 戈登模型

戈登模型为分析人员提供了一种快速估算股票内在价值的方法。它的核心思想是以股利贴现模型为框架，假定企业未来发放的股利稳定增长且可预测，根据无穷期的股利现值来估算股票价值。具体可用式(3-7)表示：

$$PV = \sum_{t=1}^{\infty} \frac{DPS_t}{(1+ke)^t} = \frac{DPS_0(1+g)}{ke-g} \tag{3-7}$$

式中，PV——股票的内在价值；

DPS_t——公司第 t 期支付的股利;

ke——投资者的要求回报率,也称为股权成本;

g——股利增长率,g 必须小于 ke,否则模型将无法计算出合理的股票价值。

由于戈登模型假定股利是稳定增长的,这对股票发行企业的营收情况、融资结构与利润分配政策都有较大限定。在现实环境中,符合戈登模型特征的股票不多,通常只有处于成熟发展阶段的企业才有可能满足这些条件,而处于这一阶段企业的增长水平很可能等于甚至低于名义经济增长率。并且,这些企业应不易受外部市场波动的影响,如受政府管制的能源企业等,否则很难达到戈登模型所要求的固定增长状态。

但这是否意味着股利的增长率必须一成不变？实际应用中并非如此,特别当企业的平均增长率表现出稳定增长的状态时,使用戈登模型不会对估价产生实质性影响。因此,对于周期性企业而言,只要它们各周期内的平均增长率稳步变化,戈登模型仍然适用。此外,对于基本符合戈登模型的企业而言,可以预测除股利以外的其他经营指标(如盈利)也很可能以等同于股利增长率的比率发生变化。因为从长期来讲,若股利增长快于盈利,则随着时间的推移,股利将超过盈利;相反,若企业盈利增长快于股利,则股利支付率将逐渐接近于零,这两种情况都无法构成企业的稳定发展状态。

【例题 3-1】 戈登模型的应用

假定现有一家处于稳定发展阶段的企业,当年向股东支付股利每股 2 元,根据过往盈利情况,企业预计未来的股利增长率为 5%,投资者要求的风险报酬率为 8%。拟采用戈登模型估算该企业的股票价值。

解:根据戈登模型的公式,

$$PV = \frac{DPS_1}{ke - g} = \frac{2}{8\% - 5\%} = 66.67(元)$$

由此可知,公司的股票价值为每股 66.67 元。

股利增长率是测定股票投资价值的一个重要因素。从相对稳定的股息口径来看(即忽略其他红利),它可以通过分析公司过往的派息情况,在假定股息增长率稳定不变的情况下,根据历史股息额度计算得到其增长率,并将其作为未来股息增长率,这就是所谓的历史数据分析法。另一种常用方法是趋势分析法,即直接对未来的派息与回报情况作出判断,而后计算股息增长率。该方法假定企业利润中未分派出去的部分将全部用于后续再投资,而再投资带来的收益即为企业增加的收益,因此将这部分收益与股权报酬率相乘,就能得到股息增长。具体可用式(3-8)来表达:

$$g = ROE \times (1 - S) = ROE \times b \tag{3-8}$$

式中,ROE——股权报酬率;

S——派息率,可以用每股股息除以每股收益得到;

b——再投资比率,为每股留存收益占每股总收益的比重。

【例题 3-2】 股息增长率的计算

已知某企业的股权报酬率为 10%,近 3 年实行 50% 的派息率,则股息增长率 g 可由下式计算得到:

$$g = 0.10 \times (1-0.5) = 0.10 \times 0.5 = 5\%$$

若该公司改变利润分配策略,将派息率下降至25%,此时股息增长率变为:

$$g = 0.10 \times (1-0.25) = 0.075 = 7.5\%$$

由此可以发现,当股权报酬率不变时,派息率越低,股息增长率反而越高。

此外,贴现率是决定股票投资价值的另一个重要因素。从理论上来讲,贴现率会随着投资者的观念变化而变化,每一个投资者都有符合自身要求的投资回报率,因此针对不同的投资者,股票的贴现率以及估值都存在不确定性。但若讨论贴现率的取值范围,其下限还是存在同一性的,因为不同类型金融资产的风险存在明显差距。如普通股的投资回报率通常高于公司债券,因为对于理性投资人而言,若普通股的投资收益率低于该公司发行的债券,他们会转而投资债券,而非普通股。类似地,评估人员也可以将储蓄收益率或货币市场的资金收益率,视作贴现率的下限。

当其他条件不变时,投资期限对折现率也存在影响,通常表现为投资时间越长,承担的风险也就越大,相应折现率也就越高。但在股权价值评估中,持续经营假设的存在使收益期限多为无穷期,因此不需要考虑投资期限的取值问题。

综合而言,戈登模型简单直观,易于理解和应用,尤其适用于评估低速稳定增长类企业的股票价值,为投资者提供了一个最基本的估值框架。但其缺陷在于对增长的假设过于简化,因为现实中很少有公司能长期保持恒定增长,这一假设还暗含了该模型对风险因素的忽略,使评估结果的准确性易引起争议。此外,戈登模型也不适用于评估高速增长的企业,因为这类企业通常无法维持稳定状态,使用戈登模型很可能导致股权价值的低估。

【案例 3-2】

SR 公司股权价值评估

SR是一家成熟的综合性跨国石油公司。该公司经营稳定,股息支付率也较高,2×17—2×20 年的平均净收入和平均股息如表 3-3 所示。

表 3-3 SR 公司净收入与股息的历史情况

单位:百万元

年份	2×17	2×18	2×19	2×20	均值
净收入	13 181	10 590	8 447	10 571	10 697
股息	4 959	5 408	5 354	5 357	5 270

利用表 3-3 的数据估算得出,SR 的平均股息支付率约为 49.27%,略低于稳定增长公司的标准,但鉴于其成熟稳定的运营现状,仍采用稳定增长模型对该公司 2×21 年的股权价值进行估价。

已知综合性石油公司的平均 β 值为 0.90,市场无风险利率为 3.25%,股权风险溢价为 5.5%(为了反映 SR 公司在诸多风险性市场上获得石油的风险,评估在成熟市场 5% 的溢价水平上再增加了 0.5%),则:

$$ke = 3.25\% + 0.90 \times 5.5\% = 8.20\%$$

评估预计,该公司后续的股息稳定增长率为 2%(即正好等于通胀率),则:

$$PV = \frac{5\,270 \times (1+2\%)}{8.20\% - 2\%} = 86\,700(百万元)$$

在评估基准日期间,SR 公司的市值为 972.86 亿元,明显高于评估结果。若根据市值及 2%的增长率,SR 应该能够支付更多的股息,即其股权自由现金流要高于它所支付的股息。

3.2.2 两阶段股利贴现模型

现实中多数企业的股息增长率并不恒定,也不趋于恒定,而会随着时间和市场环境的变化而变化。这种非常数增长的情况往往与企业的生命周期密切相关,因为任何企业都会经历初创期、成长期、成熟期和衰退期等阶段,不同时期的增长率会存在明显差距。通常来讲,企业在初创期和成长期会表现出较高的增长率,当进入成熟期后,增长率会逐渐下降,并最终趋于稳定。理论上衰退期是每个企业必经的最后一环,但评估工作普遍假设企业永续经营,即不考虑衰退期的影响,因此不需要预测衰退期的增长情况等。

针对上述现实情况,分阶段增长模型比固定增长模型更能反映企业的生命周期特点,因此也能更准确地评估相关金融资产的价值。本小节将首先介绍两阶段股利贴现模型。

两阶段股利贴现模型(Two-Stage Dividend Discount Model)假设公司的增长可以分为两个阶段:第一阶段是高速增长期,公司收益在这个阶段表现出较高的增长率;第二阶段是稳定增长期,此时公司的增长率处于较低水平甚至为零,股票评估值由第一阶段的股息现值和第二阶段永续期的股息现值加总得到。从阶段性特征可以看出,该模型的第二阶段可以单独看作一个戈登模型,评估时可以直接套用戈登模型的公式加快计算速度。两阶段股利贴现模型的计算公式具体如式(3-9)所示:

$$\begin{aligned}PV &= \sum_{t=1}^{n} \frac{DPS_t}{(1+ke_{hg})^t} + \frac{DPS_{n+1}}{(ke_{st} - g_{st})(1+ke_{hg})^n} \\ &= \frac{DPS_1}{ke_{hg} - g_{hg}} \times \left[1 - \left(\frac{1+g_{hg}}{1+ke_{hg}}\right)^n\right] + \frac{DPS_n(1+g)}{(ke_{st} - g_{st})(1+ke_{hg})^n}\end{aligned} \quad (3\text{-}9)$$

式中,DPS_t——第 t 期获得的股利;

g_{hg}——高速增长阶段的股息增长率;

g_{st}——稳定增长阶段的股息增长率;

ke——股权成本;

n——第一阶段的期数。

【例题 3-3】 两阶段股利贴现模型的应用

现须评估企业的股票价值。已知该企业目前处于高速增长阶段,预计未来 5 年内每年的股息增长率为 10%,当年向股东支付的股利为每股 2 元。之后企业进入稳定增长期,增长率将长期保持在 5%的水平。假定投资者的要求回报率为 12%,请根据两阶段股利贴现模型计算该公司的股票价值。

解：第一，计算第一阶段的股息收益。

$DPS_1 = 2 \times (1+0.10) = 2.20$

$DPS_2 = 2.20 \times (1+0.10) = 2.42$

$DPS_3 = 2.42 \times (1+0.10) = 2.66$

$DPS_4 = 2.66 \times (1+0.10) = 2.93$

$DPS_5 = 2.93 \times (1+0.10) = 3.22$

第二，计算第一阶段的股息现值。

$$PV_{hg} = \frac{2.20}{(1+0.12)^1} + \frac{2.42}{(1+0.12)^2} + \frac{2.66}{(1+0.12)^3} + \frac{2.93}{(1+0.12)^4} + \frac{3.22}{(1+0.12)^5}$$
$$= 1.964 + 1.378 + 1.084 + 0.854 + 0.672 \approx 5.95(元)$$

第三，计算第二阶段的股息现值。由于第二阶段的股息处于永续稳定增长状态，可直接采用戈登模型估算第二阶段各期股利贴现至第一阶段末的终值，再将该终值一次性贴现至基准日。

$$PV_{st} = \frac{DPS_{n+1}}{(1+0.12)^5(0.12-0.05)} = \frac{3.22 \times (1+0.05)}{(1+0.12)^5(0.12-0.05)}$$
$$= \frac{3.3381}{1.7623 \times 0.07} \approx 27.06(元)$$

第四，得出最终评估值。加总两个阶段的股息现值，得到该公司的股票价值。

$$PV = PV_{hg} + PV_{st} = 5.95 + 27.06 = 33.01(元)$$

【案例 3-3】

PG 公司股权价值评估

PG 公司是一家全球知名的消费品公司，拥有世界上多个高价值的品牌产品。长期以来 PG 公司一直支付股息，因此可运用股利贴现模型对其股权进行估价。同时考虑到其公司规模、品牌价值和全球经营战略，评估人员预计 PG 公司在未来至少 5 年内都将维持高速增长。假定评估基准日为 2020 年 12 月 31 日，我们可具体采用两阶段股利贴现模型进行估价。

现已知 2020 年 PG 公司盈利 127.36 亿元，其中 49.74% 用于支付股息，股权报酬率为 20.09%。若按每股折算，公司每股盈利 3.82 元，股息 1.92 元。同年大型消费品公司的 β 值为 0.90，无风险利率为 3.50%，成熟市场的股权风险溢价为 5%，则：

$$ke = 3.50\% + 0.90 \times 5\% = 8.00\%$$

假定高速增长阶段（未来 5 年）的期股权报酬率和股息支付率与 2020 年相近，评估预计分别为 20% 和 50%，则：

$$g_{hg} = 20\% \times 50\% = 10\%$$

利用这一增长率计算未来 5 年的每股盈利和股息，并根据股权成本对股息进行贴现，可得高速增长阶段的每股现值为 10.09 元,具体过程如表 3-4 所示。

表 3-4 未来 5 年 PG 公司股息及其现值

金额单位:元

年份	2021	2022	2023	2024	2025	总额
每股盈利	4.20	4.62	5.08	5.59	6.15	—
盈利留存率	50.00%	50.00%	50.00%	50.00%	50.00%	—
每股股息	2.10	2.31	2.54	2.80	3.08	—
股资成本	8.00%	8.00%	8.00%	8.00%	8.00%	—
现值	1.95	1.98	2.02	2.06	2.09	10.09

5 年后 PG 公司进入稳定增长期,此时 β 值为 1,则股权成本上升为 8.5%。评估预计,该阶段公司股息年增长率为 3%(取略低于无风险利率的值),股权报酬率维持在 12%,则:

$$S_{st} = 1 - g/ROE = 1 - 3\%/12\% = 75\%$$

$$TV_5 = \frac{EPS_5 \times S_{st} \times (1 + g_{st})}{ke_{st} - g_{st}} = \frac{6.15 \times 75\% \times (1 + 3\%)}{8.5\% - 3\%} = 86.41(\text{元})$$

$$PV = PV_{hg} + PV_{st} = 10.09 + \frac{86.41}{(1 + 8\%)^5} = 68.90(\text{元})$$

评估基准日期间(2021 年 5 月),PG 公司的股票交易价格为 68 元,可见市场对它的定价是公允的。

综合而言,两阶段股利贴现模型提供了一个更加贴近现实的股票评估框架,能灵活反映企业在不同发展阶段的增长差异。它适用于评估那些处于成立初期和过渡期的企业的股权价值,如初创企业或者转型期企业等,因为这些企业往往会先经历一段时间的高速增长,然后进入低速稳定增长阶段。

但两阶段股利贴现模型也存在明显的局限性:①该模型假定企业从高速增长阶段向低速稳定增长阶段的变化是瞬间(或者说在短期内)完成的,这与常规印象中企业逐步发展的真实状况不同。但若当前处于高速增长阶段的企业,在之后突然失去了高速增长的动因,转而不得不进入稳定增长态势,此时两阶段股利贴现模型显然是适用的。②基于第一点局限,第一阶段增长率过高的企业往往也不适用于该模型,因为企业从过高的增长率迅速下降至较低增长率的可能性要小于从适度的高增长率转入稳定增长阶段的可能性,因此企业当前的增长率水平也是判定两阶段股利贴现模型是否适用的关键因素之一。③该模型需要准确预测第一阶段的期数,或者说两个阶段的具体划分时点,这在实际操作中具有一定的难度。同时,两阶段划分的准确性会直接影响第一阶段的评估值,通常该值会随着第一阶段期数的增加而上升,进而影响最终估值的准确性。严格来讲,以上三点局限在两阶段模型中普遍存在,即当收益用股息以外的其他指标表示时,如股权自由现金流、企业自由现金流等,这些缺陷也同样成立。

3.2.3 三阶段股利贴现模型

三阶段股利贴现模型又称三阶段增长模型（Three-Stage Growth Model）最早由 Nicholas Molodvsky、Catherine May 和 Sherman Chattiner 于 1965 年在《普通股定价——原则、目录和应用》一文中提出，至今仍在金融领域广泛受用。三阶段股利贴现模型是以股利指代收益、股权成本指代折现率的具象形式，主要用于评估股票或股权的价值。它将公司的增长划分为高速增长阶段、过渡阶段和稳定增长阶段三个部分，并对每个部分的股息分别进行贴现，最终将三个阶段的股息现值之和视作评估值。该模型各阶段的具体特征总结如下。

第一，高速增长阶段（第 $1\sim n_1$ 期）。在这一阶段，通常公司处于发展初期或成立、上市初期，此时营收增长快，股息增长率较高，且在该阶段内能保持这一较高水平（即假设固定为 g_{hg}），但股息支付率偏低。当然，第一阶段也可能表现为营收波动大甚至入不敷出等其他状态，因为这符合企业发展初期可能出现的情况，此时股息增长率较难固定下来，各期股息需要单独分析与求解。

第二，过渡阶段（第 $n_1+1\sim n_2$ 期）。在这一阶段，通常企业规模继续增长，但增速开始回落，主营业务模式与市场份额已经较第一阶段明显稳固，是股息变化的转折期。此时，通常假定股息增长率（g_{tr}）以线性的方式从第一阶段的 g_{hg} 下降至第三阶段的 g_{st}，股息支付率则同步上升。当然，股息增长率的具体下降方式可以是非线性的甚至表现为上升趋势，具体应根据企业的确切情况来分析。

第三，稳定增长阶段（第 $n_2+1\sim\infty$ 期）。此时公司进入成熟运营时期，营收增长稳定，股息增长率将长期稳定在较低水平（g_{st}），通常认为等于或低于名义经济增长率，但股息支付率则较高。对于部分企业，在第三阶段可能表现为不增长，此时股息增长率为零。以上三个阶段的股息增长与股息支付情况如图 3-2 所示。

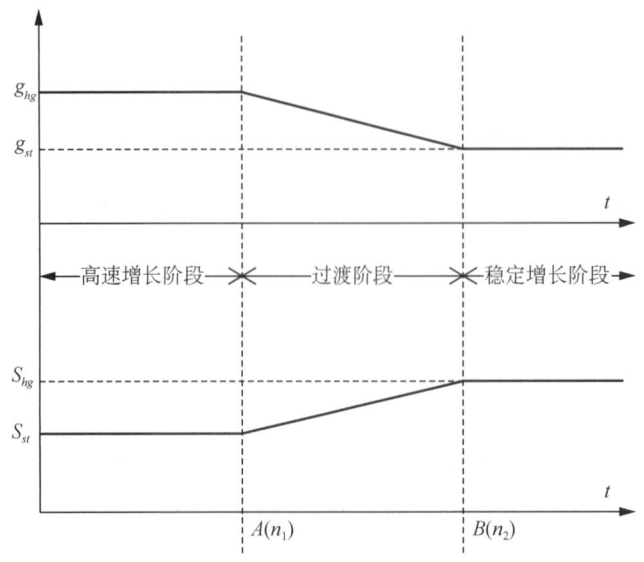

图 3-2　三阶段股息增长及支付情况的变化规律

转折期(过渡阶段)内任一时点上的股息增长率 g_{tr} 可以用式(3-10)来计算。例如，当 t 等于 A 时，股息增长率等于第一阶段的常数增长率；当 t 等于 B 时，股息增长率等于第三阶段的常数增长率。

$$g_{tr} = g_{hg} - (g_{hg} - g_{st}) \frac{(t-n_1)}{(n_2-n_1)} \tag{3-10}$$

根据上述条件，若已知 g_{hg}，g_{st}，n_1，n_2 和初期股息水平 DPS_0，则可以利用式(3-10)计算出各期股息，然后结合贴现率，加总各阶段的股息现值，得到股票评估值。具体三阶段股利贴现模型的计算公式如式(3-11)所示：

$$PV = DPS_0 \sum_{t=1}^{n_1} \left(\frac{1+g_{hg}}{1+ke_{hg}}\right)^t + \sum_{t=n_1+1}^{n_2} \frac{DPS_t}{(1+ke_{tr})^{t-n_1}(1+ke_{hg})^{n_1}} + \frac{DPS_{n_2}(1+g_{st})}{(1+ke_{hg})^{n_1}(1+ke_{tr})^{n_2-n_1}(ke_{st}-g_{st})}$$

$$\tag{3-11}$$

式中，PV——股票评估值；

DPS_0——初期股利水平；

ke——投资者的要求回报率，也称为股权成本；

g——股息增长率；

n_1、n_2——第一、第二阶段的最后一期期数。

【例题 3-4】 三阶段股利贴现模型的应用

现须评估某公司的股票价值。已知该公司目前处于初创期，当年发放股利 DPS_0 为 2 元。预计未来 3 年都处于高速增长期，每年股息增长率为 15%；之后进入过渡阶段，5 年内股息增长率都维持在 10% 的水平；最终股息增长将长期稳定在 5%。假定投资者在各阶段的要求回报率都为 12%。请根据三阶段股利贴现模型计算该股票的价值。

解：第一，计算初创期的股利收益及其现值。

$$DPS_1 = 2 \times (1+0.15) = 2.30(元)$$
$$DPS_2 = 2.30 \times (1+0.15) = 2.65(元)$$
$$DPS_3 = 2.65 \times (1+0.15) = 3.04(元)$$
$$PV_{hg} = \frac{2.30}{(1+0.12)^1} + \frac{2.65}{(1+0.12)^2} + \frac{3.04}{(1+0.12)^3}$$
$$= 2.05 + 2.18 + 2.21$$
$$\approx 6.44(元)$$

第二，计算过渡期的股利收益及其现值。

$$DPS_4 = 3.04 \times (1+0.10) = 3.34(元)$$
$$DPS_5 = 3.34 \times (1+0.10) = 3.67(元)$$
$$DPS_6 = 3.67 \times (1+0.10) = 4.04(元)$$
$$DPS_7 = 4.04 \times (1+0.10) = 4.44(元)$$
$$DPS_8 = 4.44 \times (1+0.10) = 4.89(元)$$

$$PV_{tr} = \frac{3.34}{(1+0.12)^4} + \frac{3.67}{(1+0.12)^5} + \frac{4.04}{(1+0.12)^6} + \frac{4.44}{(1+0.12)^7} + \frac{4.89}{(1+0.12)^8}$$
$$= 2.212 + 2.095 + 2.066 + 2.038 + 2.010 \approx 10.33(元)$$

第三，计算稳定期的股利收益及其现值。

第三阶段的股利处于永续稳定增长状态，可直接采用戈登模型估算第三阶段各期股利贴现至第二阶段末的终值，再将该终值一次性贴现至基准日。

$$PV_{st} = \frac{DPS_{n_2+1}}{(1+0.12)^8(0.12-0.05)} = \frac{4.89 \times (1+0.05)}{(1+0.12)^8(0.12-0.05)}$$
$$= \frac{5.13}{2.4760 \times 0.07} \approx 29.63(元)$$

第四，得出最终评估值。

加总三个阶段的股利现值，得到该公司的股票价值。

$$PV = PV_{hg} + PV_{tr} + PV_{st} = 6.44 + 10.33 + 29.63 = 46.40(元)$$

【案例 3-4】

KL 公司股权价值评估

据报告，2×20 年 KL 公司每股盈利 3.56 元，每股股息 1.88 元。未来数年内，公司将保持高速增长和低债务率（融资结构基本不变），且持续支付股息。现已知，公司在未来投资项目上能获得 25% 的股权报酬率，36.40% 的盈利将用于再投资。虽然上述比率都低于当期水平，但各自与近年的边际股权报酬率和股息留存率相近。现拟使用三阶段股利贴现模型评估 2×21 年 1 月 KL 公司的股权价值。

$$g_{hg} = 25\% \times 36.40\% = 9.10\%$$

已知高速增长阶段市场 β 值为 0.90，2021 年长期国债券利率为 3.50%，股权风险溢价为 5.50%，则：

$$ke = 3.50\% + 0.90 \times 5.50\% = 8.45\%$$

未来 5 年 KL 公司期望股息及其现值如表 3-5 所示。

表 3-5 未来 5 年 KL 公司期望股息及其现值

金额单位：元

年份	2×21	2×22	2×23	2×24	2×25
期望增长率	9.10%	9.10%	9.10%	9.10%	9.10%
每股盈利	3.88	4.24	4.62	5.04	5.50
股息支付率	63.60%	63.60%	63.60%	63.60%	63.60%
每股股息	2.47	2.69	2.94	3.21	3.50
股权成本	8.45%	8.45%	8.45%	8.45%	8.45%
现值	2.28	2.29	2.31	2.32	2.33

高速增长阶段之后是一个为期5年的过渡期,自2×21年起进入稳定增长阶段。假定稳定增长阶段的各参数情况如下:永久期望增长率为3%(略低于无风险利率),股权报酬率为15%(低于当期ROE,但以成熟公司来讲,是较为出色的报酬水平),股权成本为9.00%(根据β值为1计算得到),股息支付率为80%,计算如下:

$$S_{st} = 1 - \frac{g}{ROE} = 1 - \frac{3\%}{15\%} = 80\%$$

假定在过渡阶段(2×26—2×30年),股息支付率、股权成本和期望增长率均以线性方式从高速增长水平下降至稳定增长水平,则股息及其现值如表3-6所示。

表3-6 过渡阶段KL公司期望股息及其现值

金额单位:元

年份	2×26	2×27	2×28	2×29	2×30
期望增长率	7.88%	6.66%	5.44%	4.22%	3.00%
每股盈利	5.94	6.33	6.68	6.96	7.17
股息支付率	66.88%	70.16%	73.44%	76.72%	80.00%
每股股息	3.79	4.44	4.90	5.34	5.73
股权成本	8.56%	8.67%	8.78%	8.89%	9.00%
累积股权成本	1.6286	1.7698	1.9252	2.0964	2.2850
现值	2.44	2.51	2.55	2.55	2.51

现在,可以得到第10年末的每股价值如下:

$$TV = \frac{DPS_{11}}{ke_{st} - g_{st}} = \frac{7.17 \times (1+3\%) \times 80\%}{9\% - 3\%} = 98.42(元)$$
$$PV = 20.89 + 98.42/2.2850 = 67.15(元)$$

评估基准日期间,KL公司的股票交易价格为68.22元,可见市场对它的估价基本公允。

综合而言,三阶段股利贴现模型最为灵活,不仅股息增长率可以随时变化,股息支付率及风险等都可以因时而变。它克服了之前两阶段模型增长率瞬间变化的弊端,使增长的变化过程更符合多数公司的常规情况,适用面最广。但该模型的缺陷在于参数偏多,这导致参数所包含的错误很可能会抵消模型灵活性带来的益处,同时评估过程的工作量也相应增加。以上情况实质是三阶段增长模型的共同特性,即在三阶段股权自由现金流模型和三阶段企业自由现金流模型中,这些情况也同样存在。

3.2.4 操作步骤与三种模型比较

根据股利贴现模型的基本原理,实务中须首先判断待评估股票是否适合采用该模型进行估算。具体依据包括:①发行公司的营收状况、业务模式与布局、融资结构等都较为稳定,总体已步入成熟发展阶段,增长速度趋缓;②公司的利润分配政策也相对稳定,且每年的剩余现金流多以股息的形式发放给股东;③相关的基础数据可以获得,或经调查分析后可以变相取得。

其次,选择适宜的模型类型。评估人员应在分析公司历史营收情况的基础上,结合外部环境与条件,判定发行公司在评估基准日之后的增长趋势,尤其是阶段性特征。由此确定公司在未来的阶段划分时点,选出相匹配的模型公式,明确评估需要测算的主要参数。

再次,进行参数测算工作。主要涉及以下内容:①从宏中微观的角度,考虑外部经济环境、行业发展趋势和公司自身特点等方面,合理确定各阶段的净利润增长率和股息支付率。②计算未来各期的股息收益,如果前一步得到的增长率直接基于股息,那么此处计算更为简便,也不需要提前预测股息支付率。③测算股权成本,通常采用带企业特定风险收益率的 CAPM 模型来计算,以充分体现个股自身的回报水平,当然此处也可以选用其他适宜的测算方法。同时需要注意的是,股权成本可能存在阶段性变化,尤其当外部因素波动较大或企业自身因业务变动、战略转型等原因处于特殊时期时,应该分别预测不同阶段的股权成本。

最后,计算股票价值。根据前一步得到的基本参数,代入相应公式,对各期股息进行折现,并将股息现值的累和值作为最终的股票价值。对最后永续期部分的求解,往往需要先计算终值,再确定现值。如果中间阶段的增长率并不一致,各期股息现值也需要单独计算,工作量会相对较大,通常可以利用表格来展示完整的计算逻辑与过程。

表 3-7 汇总了戈登模型、两阶段股利贴现模型和三阶段股利贴现模型的适用性和局限性。这三种模型作为股利贴现模型的最主要形式,都对股票发行公司的未来成长趋势作出了简化假设。但由于现实中存在许多不确定因素会影响公司的成长轨迹,如技术变革、市场竞争等,成长曲线的预测质量会直接影响模型准确性。同时,参数估值也将影响模型结果的精度,尤其是折现率、永续增长率等取值的合理性,都需要结合定性分析来作出综合判断。此外,股利贴现模型假设市场信息完全且市场有效,但实际环境中存在很多信息不对称、投资者非理性行为等情况,这些都说明仅依靠模型来反映市场的复杂性是不可行的。因此,评估人员应对这些模型的弊端有清醒认识,要注重对测算过程和评估结果的综合评判,避免出现重大问题与漏洞。

表 3-7 三种股利贴现模型的适用性与局限性

模型	适用性	局限性
戈登模型	● 稳定增长公司; ● 简单直观	● 对增长的假设过于简化; ● 忽略风险因素; ● 不适用于高速增长公司
两阶段股利贴现模型	● 适用于过渡期公司; ● 考虑不同增长阶段	● 增长阶段的确定难度; ● 过渡期的变化性
三阶段股利贴现模型	● 适用于复杂增长情况; ● 更全面地考虑增长特征	● 参数的确定难度; ● 对数据的依赖性

3.3 股权自由现金流贴现模型

股利贴现模型的一大前提是企业剩余现金流基本都以股息的形式发放给了股东。但实际上,很多企业都有累积现金的习惯和需求,导致股东实际拿到手的股息和理论上能拿到的额度存在差距,这也是股利贴现模型容易低估股票价值的主要原因。对此,股权自由现金流贴现模型应运而生,它把理论上股东能够获得的全部现金流视作收益,并将这部分现金流定义为股权自由现金流,即在满足了所有财务义务(包括偿还债务、追加资本性支出和营运资金)之后剩余的现金流量。在评估原理上,这个模型将未来股权自由现金流进行折现,并以其累和值作为股票价值。具体可用式(3-12)表示:

$$PV = \sum_{t=1}^{\infty} \frac{FCFE_t}{(1+ke)^t} \qquad (3-12)$$

式中,PV——股票的评估值;

$FCFE$——股权自由现金流;

ke——贴现率,即股权成本。

该模型假定股权自由现金流被全部支付给股东,是对潜在股息而非实际股息进行贴现的模型。对于无法持续支付高额股息或所付股息大大低于股权自由现金流的公司而言,该模型的准确性会大大优于股利贴现模型。类似地,根据增长阶段的不同,股权自由现金流贴现模型可以分为零增长模型、固定增长模型和分阶段增长模型三类。后文将重点介绍其中的稳定增长模型、两阶段增长模型和三阶段增长模型。

3.3.1 股权自由现金流及其计算

股权自由现金流是指在满足资本性支出和营运资本需求后,企业能够分配给股东的现金流。它反映了企业在维持和扩展现有业务的同时,为股东创造的实际价值。可见,在所有影响股权价值的收益指标中,股权自由现金流是最直接和最关键的因素。举一个典型的例子:假设有两家完全相同的公司对各自的存货进行评估,一家采用后进先出(Last-in, First-out, LIFO)评估方法,另一家采用先进先出(First-in, First-out, FIFO)评估方法。当原材料价格上涨时,采用 LIFO 方法的公司报告的利润可能较低,因为其销货成本是基于最近购买的、价格较高的存货计算的。然而,较低的利润意味着缴纳的税款也较低,使税后股权自由现金流上升。虽然存货评估方法的不同不会改变税前股权自由现金流的实际数额,LIFO 方法甚至会导致报表上的利润降低,但投资者仍可能更偏好采用 LIFO 的公司。相关研究也证实,公司由 FIFO 转向 LIFO 后,其股票价格会上升;反之,若由 LIFO 转向 FIFO,则股票价格会下跌[1]。

此外,当股权自由现金流与税后净利润出现分歧时,股权价值的变化更贴近股权自由现金流的波动,而与净利润的变化关系较小。如果股权价值确实由股权现金流决定,那么这是否意味着那些注重每股净利润的管理者的做法不够明智?答案可能是肯定的,也可能是否定的,这取决于"注重每股净利润"的具体含义。实际上,从长远来看,利润和现金流高度相关,那些持续多年报告高利润的公司,通常也会产生较大的现金流。因此,对于管理者来说,追求最大化现金流与追求最大化利润在本质上是一致的,只是短期内两者可

---

[1] Sunder S. Stock price and risk related to accounting changes in inventory valuation [J]. The Accounting Review, 1975, 50(2): 305-315.

能存在差异。对于投资者而言,公司的最终目标是创造更多的现金流,而非仅仅追求会计利润,如果会计利润高而现金流低,公司的股权价值也可能不尽如人意。

具体地,股权自由现金流的计算公式如下:

$$股权自由现金流 = 净利润 + 非现金费用 - 资本性支出 - \\ 营运资本的变动 + 债务融资的净现金流 \quad (3-13)$$

式中,净利润(Net Profit)——企业在扣除所有运营成本和税费后的净收益;

非现金费用(Non-cash Expense)——主要包括折旧和摊销等非现金支出,它们在利润表中被扣除,但实际并没有发生现金流出。

资本性支出(Capital Expenditure)——指企业为购买、维修或改善固定资产(如厂房、设备等)所支出的现金。资本性支出与非现金费用之间的差额为净资本性支出,它通常用于反映公司的增长特征,高增长公司会具有较高的净资本性支出,低增长公司则可能具有较低的甚至为负的净资本性支出。

营运资本的变动(Added Working Capital)——指企业营运资本(流动资产减去流动负债)的增减变动,反映了企业为维护日常运营所需的现金流变化。

债务融资的净现金流(Net Debt Issued)——包括企业新的借款减去为偿还旧债务而支出的现金流。

需要注意的是,计算股权自由现金流时加回非现金费用和债务融资的净现金流,是因为这些金额在计算净利润时已经被扣除,但实际上并没有发生现金流出;相反,资本性支出和营运资本的变动则是真正从企业流出或流入的现金,用于支持企业的持续运营和发展。

3.3.2 稳定增长的股权自由现金流贴现模型

稳定增长的股权自由现金流贴现模型(Stable Growth Free Cash Flow to Equity Discount Model)认为,投资者获得的收益较适宜采用股权自由现金流来表示,且待评估股票的发行公司未来将以固定的增长率永续发展,各期股权自由现金流等参数可预测。该模型与戈登模型非常类似,即将稳定增长的各期股权自由现金流折现后,根据其累和值确定股票价值,评估思路简便易懂。具体可用式(3-14)来表示:

$$PV = \frac{FCFE_1}{ke - g} \quad (3-14)$$

式中,PV——股票价值;

$FCFE_1$——第1期股权自由现金流的预测值;

ke——股权资本成本;

g——股权自由现金流的预期增长率。

稳定增长的股权自由现金流贴现模型对发行公司的约束较强。首先,公司长期保持稳定增长,表明其发展通常处于成熟阶段,增长率相对较低,且与名义经济增长率基本一致,甚至比其更低一些。其次,公司应当具备其他稳定状态的特征,如资本性支出与折旧应当大致相抵消、公司运营稳健、风险水平适中(即 β 接近于1)、股权成本应接近市场上所有股票的平均资本成本等。此外,关于增长率的稳定性是否可以变通、股权成本的计算与调整方法、模型的优缺点等,都与戈登模型高度雷同,此处不再赘述。

股权自由现金流贴现模型假定公司未来不累积现金,因此基准日之后股权自由现金流的增长主要来源于经营性资产带来的收入增长,而非有价证券带来的收入增长。为了准确衡量增长率,评估人员可以参考股息增长率的计算思路,采用股权再投资率与非现金股权报酬率的乘积来计算。

$$g = 非现金ROE \times b \tag{3-15}$$

式中,b——股权再投资率;

ROE——股权报酬率。

其中,股权再投资率表示被投回到公司的净收入比重,它与非现金 ROE 通常可由以下公式得到:

$$b = \frac{资本性支出 - 折旧摊销 + 营运资本的变动 - 净债务发行额}{净利润}$$

$$非现金ROE = \frac{净收益 - 来自现金和有价证券的税后收入}{股权账面价值 - 现金和有价证券}$$

根据固定增长模型的特征,增长率应该是保守的,既要反映企业所在行业的增长前景,也要考虑企业自身的增长潜力和战略计划。行业的增长前景可以通过分析行业报告、市场趋势以及宏观经济环境获得。而企业自身的增长潜力则需评估其竞争优势、市场份额的可扩展性、产品或服务的创新能力等因素确定。选择过高或过低的增长率都可能导致评估结果的偏差,因此,增长率的确定需要综合考量多种因素,并建立在充分的市场和企业研究基础之上。

FCFE 的准确预测,主要基于对企业未来经营状况的深入分析与合理假设,包括对企业收入增长、成本控制、资本支出计划、营运资本需求以及债务融资活动等多方面的预测。在计算过程中,评估人员需综合考虑企业的历史表现、行业趋势、竞争环境、技术发展以及宏观经济因素等,确保预测的合理性和准确性。此外,评估人员还可以对预测结果进行敏感性分析,评估不同假设条件下的现金流变化,以更好地理解潜在风险和不确定性。

【例题 3-5】 稳定增长的股权自由现金流贴现模型的应用

现须评估一家公司的股票价值,假设当前每股自由现金流为 2 元($FCFE_0$),预计后续每年将以 10%的速度持续递增($g=10\%$),折现率(k_e)为 12%。请根据稳定增长的股权自由现金流贴现模型,计算该公司当前的合理股价。

解:首先,计算第 1 年的每股自由现金流($FCFE_1$),它等于当前的每股自由现金流乘以$(1+g)$:

$$FCFE_1 = FCFE_0 \times (1+g) = 2 \times (1+0.10) = 2.20(元)$$

其次,根据股权自由现金流贴现模型公式,计算公司当前的股权价值(PV):

$$PV = \frac{FCFE_1}{k_e - g} = \frac{2.20}{12\% - 10\%} = 110(元)$$

这个结果表明,当股权自由现金流以 10%的速度稳定增长且折现率为 12%时,投资者当前愿意为这家公司的每股股权支付110元,这个价格反映了他们对未来增长的预期和对风险补偿的需求。值得注意的是,未来增长率和折现率的准确预测,对股权价值的评估结果影响较大。因此,在使用该模型时,分析师需要对公司的业务、市场环境、竞争状况以及宏观经济因素有深入的了解和分析。

3.3.3 两阶段股权自由现金流贴现模型

两阶段股权自由现金流贴现模型(Two-Stage Free Cash Flow to Equity Discount Model)允许股票发行企业的增长趋势呈阶段性特征:首先是高速增长阶段,其次是稳定增长阶段。通常,高速增长阶段的增长率较高或者说波动较大,特殊地也可以表现为负增长;但进入稳定增长阶段后,企业增长明显趋缓,甚至表现为长期不增长。该模型的评估原理,即是分别对两个阶段的FCFE进行预测和贴现,然后将所有现金流的现值之和作为股票的评估值。

第一,高速增长阶段(第1~n期):企业预计将实现较高的营收增长,但跨期长度需要根据企业乃至行业的具体情况而定,通常以5~10年居多。在这个阶段,股权自由现金流可能表现出较大的波动或不可预测性,这种不稳定可能是外部市场环境的快速变化导致的,也可能是企业内部的运营调整、新产品推出、竞争变化等其他因素造成的。因此,分析师需要对这个阶段每一期的财务状况进行深入分析及测算,由此得到准确的股权自由现金流预测值。

第二,稳定增长阶段(第$n+1$~∞期):随着企业步入成熟期,营收增长开始放缓至一个更稳定且较低的水平,接近于行业增长率或总体经济增长率,甚至比它们都低。在这个阶段,时间长度为无穷期,股权自由现金流的增长率通常被假设为一个恒定的数值,也可以为零(即认定企业不增长)。

具体地,两阶段股权自由现金流贴现模型的计算公式如式(3-16)所示:

$$PV = \sum_{t=1}^{n} \frac{FCFE_t}{(1+ke_{hg})^t} + \sum_{t=n+1}^{\infty} \frac{FCFE_n \times (1+g_{st})^{t-n}}{(1+ke_{st})^{t-n}(1+ke_{hg})^n} \\ = \frac{FCFE_1}{ke-g_{hg}} \times \left[1-\left(\frac{1+g_{hg}}{1+ke}\right)^n\right] + \frac{FCFE_n(1+g_{st})}{(ke_{st}-g_{st})(1+ke_{hg})^n} \tag{3-16}$$

式中, g_{hg}——第一阶段股权自由现金流的增长率;

     g_{st}——第二阶段的稳定增长率;

     ke——股权成本,理论上它在两个阶段的取值可以不同,具体由企业自身情况决定;

$\dfrac{FCFE_n(1+g_{st})}{ke_{st}-g_{st}}$——稳定增长阶段的终值(Terminal Value),即第二阶段各期现金流贴现至第一阶段末的累和值。

两阶段股权自由现金流贴现模型具备两阶段模型共有的局限性,如增长率的瞬间下滑不易符合现实、第一阶段的具体期数难以确定等。使用该模型时,关键在于合理设定增长率与折现率以及准确预测各期现金流,这需要评估人员对企业未来发展趋势有深刻的分析与判断。

【例题 3-6】 两阶段股权自由现金流贴现模型的应用

假设一家科技公司目前的净利润为 1 亿元，预计在接下来的 5 年内以 20% 的速度增长，之后进入稳定期，长期增长率为 4%。公司的折旧与摊销为 1 000 万元，年资本性支出为 3 000 万元，没有额外的债务融资和营运资本变动，股权成本为 10%。

解：首先，计算各期 FCFE 的现值，假定折旧与摊销和资本支出在预测期内保持不变，计算结果如表 3-8 所示。

表 3-8 FCFE 现值计算表

金额单位：亿元

年份	第 1 年	第 2 年	第 3 年	第 4 年	第 5 年
增长率	20%	20%	20%	20%	20%
净利润	1.20	1.44	1.73	2.07	2.49
（+）折旧	0.10	0.10	0.10	0.10	0.10
（-）资本性支出	0.30	0.30	0.30	0.30	0.30
FCFE	1.00	1.24	1.53	1.87	2.29
折现期	1.00	2.00	3.00	4.00	5.00
折现率	10%	10%	10%	10%	10%
折现系数	0.909 1	0.826 4	0.751 3	0.683 0	0.620 9
现值	0.91	1.02	1.15	1.28	1.43

其次，计算第二阶段的终值及其现值。

$$TV = \frac{FECF_6}{r-g} = \frac{2.29 \times (1+4\%)}{10\% - 4\%} = 39.69（亿元）$$

$$PV = 39.69 \times 0.620\ 9 = 24.65（亿元）$$

最后，将所有年份的现金流现值与贴现后的终值相加，得到公司的总股权价值为 30.44 亿元。

3.3.4 三阶段股权自由现金流贴现模型

顾名思义，三阶段股权自由现金流贴现模型将发行公司的未来增长分成三个不同的阶段：第一，高速增长阶段（第 $1 \sim n_1$ 期），公司营收增长率较高，也可能因为处于发展初期而出现波动，为简化操作，评估人员通常假定股权自由现金流的增长率为一个常数（g_{hg}）；第二，过渡阶段（第 $n_1+1 \sim n_2$ 期），股权自由现金流增长趋势将在这一阶段发生转折，通常假定以线性方式从较高增速（g_{hg}）下降至第三阶段较低水平（g_{st}），少数情况下也可能表现为增长率上升；第三，稳定增长阶段（第 $n_2+1 \sim \infty$ 期），股权自由现金流将以较低的增长率（g_{st}）永续增长，甚至增长率降为零。由此，三阶段股权自由现金流贴现模型的计算公式如式（3-17）所示：

$$PV = FCFE_0 \sum_{t=1}^{n_1} \left(\frac{1+g_{hg}}{1+ke_{hg}}\right)^t + \sum_{t=n_1+1}^{n_2} \left[\frac{FCFE_{n_1} \prod(1+g_t)}{\prod(1+ke_t)}\right] + \\ \frac{FCFE_{n_2}(1+g_{st})}{\prod_{t=1}^{n_2}(1+ke_t)(ke_{st}-g_{st})} \qquad (3-17)$$

式中，$FCFE_0$——当期股权自由现金流；

g_{hg}——第一阶段股权自由现金流的增长率；

g_{st}——第三阶段的稳定增长率；

ke——股权成本，在过渡阶段，除了增长率会变化，股权成本也可以是变化的，具体是否为线性变化要视评估对象实际情况定。

随着企业从高速增长期过渡到稳定增长期，资本性支出与折旧摊销之间的关系预期会发生变化。因为在高速增长阶段，企业为了提高生产能力和扩大市场份额，往往会进行大量的资本投入，此时的资本性支出远大于折旧摊销。随着企业增长速度的放缓，资本性支出与折旧摊销之间的差距将逐渐缩小。进入稳定增长阶段后，企业的扩张速度降低，维持运营所需的资本性支出将与折旧摊销大致持平。

同样地，企业面临的风险特征也会随着增长率的变化而变化。在高速增长阶段，企业面临较高的不确定性和风险，因为企业需要不断探索新的市场机会并投入大量资本。随着增长率的降低，企业运营逐渐趋于稳定，风险程度相应降低。从长远看，企业的股权资本成本应趋近于市场上所有股票的平均资本成本，即企业风险与市场整体风险趋于一致。

因此，在使用三阶段股权自由现金流模型进行股票价值评估时，评估人员必须仔细考虑资本性支出、折旧摊销以及风险等关键因素，以确保评估结果的准确性和可靠性。

综合以上各类股权自由现金流贴现模型，相关实务操作步骤与股利贴现模型完全类似，此处不再赘述。只是改用股权自由现金流来表示收益，因此计算现金流带来的工作量将明显增加，尤其是涉及的基础参数更多、需要作出的财务分析及判断也更深入。

【案例 3-5】

KL 公司股权价值评估（与[案例 3-4]连贯）

【案例 3-4】运用三阶段股利贴现模型对 KL 公司股票进行估价，结果显示每股价值为 67.15 元，略低于市值 68.22 元。股利贴现模型假设，KL 公司全力支付股息，公司没有积聚现金。为检验上述假设的合理性，现使用三阶段股权自由现金流贴现模型评估 KL 公司股价。

已知 2020 年，公司税后利息收入为 105 百万元，净收入为 11 809 百万元，股权账面价值为 25 346 百万元，公司有现金 7 021 百万元。同年资本性支出为 2 215 百万元，折旧为 1 443 百万元，流动资本变化量为 335 百万元，净债务发行额为 150 百万元，则：

2020 年非现金资产净收入 = 11 809 − 105 = 11 704（百万元）

2020 年非现金 $ROE = \dfrac{11\,704}{25\,346-7\,021} \times 100\% = 63.87\%$

$$b_{2\times20} = \frac{\text{资本性支出} - \text{折旧} + \text{流动资本变化量} - \text{净债务发行额}}{\text{非现金净收入}}$$

$$= \frac{2\,215 - 1\,443 + 335 - 150}{11\,809 - 105} \times 100\% = 8.19\%$$

假定未来 5 年 KL 公司股权非现金报酬率为 30%,低于 2×20 年水平,但高于股利贴现模型所设定的 25%(因为排除了现金)。同时,由于 KL 公司一直在实施收购,其股权再投资率(ERR)起伏不定,过去 5 年间的平均再投资率约为 25%,因此假定未来 5 年公司股权再投资率为 25%,高于 2×20 年水平,则:

$$g_{hg} = \text{非现金} ROE \times b = 30\% \times 25\% = 7.50\%$$

假定未来 5 年 KL 公司的 β 值为 0.90(与前一章股利贴现模型相同),无风险利率为 3.50%,股权风险溢价为 5.50%,则:

$$ke_{hg} = 3.50\% + 0.90 \times 5.50\% = 8.45\%$$

未来 5 年 KL 公司股权自由现金流及其现值计算结果如表 3-9 所示。

表 3-9 未来 5 年 KL 公司股权自由现金流及其现值

金额单位:百万元

年份	2×21	2×22	2×23	2×24	2×25
期望增长率	7.50%	7.50%	7.50%	7.50%	7.50%
非现金净收入	12 581.46	13 525.07	14 539.45	15 629.91	16 802.15
股权再投资率	25%	25%	25%	25%	25%
FCFE	9 436.10	10 143.80	10 904.59	11 722.43	12 601.62
股权成本	8.45%	8.45%	8.45%	8.45%	8.45%
现值	8 700.87	8 624.65	8 524.65	8 474.22	8 399.98

假定公司从 2×31 年起进入永久稳定增长阶段,永久性增长率为 3%,非现金 ROE 为 15%,同期公司 β 值上升至 1(即股权成本增加至 9%),则:

$$b_{st} = g / \text{非现金} ROE = 3\% / 15\% = 20\%$$

同样在过渡期,增长率、股权再投资率和股权成本由高增长水平调整为稳定增长水平,FCFE、累积股权成本以及 FCFE 现值的计算过程如表 3-10 所示。

表 3-10 过渡期 KL 公司股权自由现金流及其现值

金额单位:百万元

年份	2×26	2×27	2×28	2×29	2×30
期望增长率	6.60%	5.70%	4.80%	3.90%	3.00%
非现金净收入	17 911.10	18 932.03	19 840.77	20 614.56	21 323.33
股权再投资率	24.00%	23.00%	22.00%	21.00%	20.00%

(续表)

年份	2×26	2×27	2×28	2×29	2×30
FCFE	13 612.43	14 577.66	15 475.80	16 285.50	16 986.39
股权成本	8.56%	8.67%	8.78%	8.89%	9%
累计股权成本	1.628 6	1.769 8	1.925 2	2.096 4	2.285 0
现值	8 358.30	8 235.84	8 038.53	7 768.49	7 433.79

$$TV = \frac{FCFE_{2031}}{ke_{st} - ke_g} = \frac{21\,323 \times (1+3\%) \times (1-20\%)}{9\% - 3\%} = 291\,600(百万元)$$

$$PV = PV(FCFE) + 现金 = 82\,285 + 291\,600/2.285\,0 + 7\,021$$
$$= 216\,920.88(百万元)$$

根据目前股票发行数目(2 289.254 百万股),可得:

$$每股 PV = 216\,920.88/2\,289.254 = 94.76(元)$$

评估基准日期间,KL 公司的股票交易价格为 68.22 元,因此 FCFE 模型评估值表明,市场估价严重偏低,这与使用 DDM 模型得出的结论存在较大差距。尽管 FCFE 模型采用了低于 DDM 模型的增长率,但前者评估值仍远高于后者,原因在于公司没有将全部 FCFE 用于支付股息,股利贴现模型估值偏低。同样地,若公司所付股息超过 FCFE,则股利贴现模型估值会偏高。因此,无论上述哪种情况,采用 FCFE 模型估值比 DDM 模型更符合实际。

3.3.5 适用性与局限性

相对成熟的企业的股权自由现金流较容易预测,因此股权自由现金流贴现模型更适用于业务模式相对稳定的企业。同时,对于企业内部的财务决策制定,如股息政策、资本结构调整等,股权自由现金流贴现模型提供了重要的财务信息,有助于评估不同决策对股东价值的影响。

股权自由现金流贴现模型也存在局限性:①现金流预测难度较大,尤其是增长迅速或波动较大的企业,其未来股权自由现金流的预测充满不确定性,对模型评估结果的准确性挑战较大。②折现率的确定难度也较大,由于股权成本的估计复杂且受多种因素影响,如市场风险、企业特有风险等,其确定过程不可避免地存在主观性,进而会影响最终评估值。③忽视非财务因素,股权自由现金流贴现模型主要关注财务因素,但并不涉及对股权价值有重大影响的非财务因素,如品牌价值、市场地位、管理团队的能力等,这也会造成评估值有偏。④永续期增长率的设定问题,在使用股权自由现金流贴现模型时,需要对企业长期增长率作出估算,但通常的做法往往参考外部宏观经济情况进行简化设定,不易准确反映实际的市场和企业发展趋势。

综上所述,股权自由现金流贴现模型是一个较股利贴现模型而言更为强大的评估方法,可以提供有关股权价值的重要洞见。评估人员在使用该模型时需要考虑其适用性与局限性,结合发行公司的具体情况和市场环境,审慎地做好现金流和折现率的预测工作,准确完成测算过程,并考虑可能需要的其他支撑性模型或方法,以获得更为准确的评估值。

3.4 股利贴现模型与股权现金流贴现模型的比较

股利贴现模型和股权自由现金流贴现模型是评估股权价值的两种常用方法。当公司的股息支付与其股权自由现金流相等时,两种模型的结果是一致的。同时,当股权自由现金流超过股息支付时,如果超出的现金被投资于净现值为零的项目中(如公平定价的金融资产),两种模型的结果也会相同。但在某些情况下,它们给出的估值结果可能存在差异。

首先,在现实环境中,许多公司的股权自由现金流远高于其股息,即只有一小部分现金流被用作股息发放,剩余部分则可能用于不理智的投资、收购活动等。此时会出现两种情况:①当股权自由现金流超过股息,并且超出部分被投资于净现值为正的项目时,股权自由现金流贴现模型的估值会高于股利贴现模型。②如果股权自由现金流超过股息,但额外的现金被投资于净现值为负的项目中,那么股权自由现金流贴现模型的估值将低于股利贴现模型。

其次,现实中也存在股息支付持续超过股权自由现金流的情况,此时股利贴现模型的估值通常会高于股权自由现金流贴现模型。为了支持高额的股息,公司可能需要发行新股或增发债务,进而导致短期内对股权价值产生不利影响。

若在相同的增长假设下,两种模型给出不同的估值结果,此时就需要判断估值差异的大小及其对评估目的的影响。多数情况下,股权自由现金流贴现模型的估值会高于股利贴现模型,两者之间的差额可以视为公司控制权的价值。在敌意收购的情况下,收购方可能会偏好股权自由现金流贴现模型,希望通过改变股息政策来提高收益。如果股利贴现模型的估值超过股权现金流模型,这种差异可能提示股息支付的持续性存在风险。

实务操作中评估人员究竟选择哪一个模型,取决于评估的具体目的和背景。对于股市中的小股东或在公司控制权变动困难的情况下,股利贴现模型可能更加适用。而对于涉及并购决策的股权估值,股权自由现金流贴现模型可能是更合适的选择。

本章小结

股利贴现模型(DDM)和股权自由现金流贴现模型(FCFE)是估计股权价值的两种常用方法。这两种模型都是收益法在股票价值评估中的具体应用,是将未来收益折算至基准日的价值之和作为股票评估值,它们的评估原理差异主要表现在收益指标的不同上。

股利贴现模型(DDM)的核心假设是,股东的回报主要来源于股利,适用于那些分红稳定且预测未来分红相对容易的公司。该模型的简单形式,只需要股利增长率和贴现率(通常是股东要求的回报率)两个参数。但它的假设限制过多,且对未来股利预测的准确性依赖较大,在实际应用中较难实现,尤其是对于那些股利政策不稳定的公司。

股权自由现金流贴现模型(FCFE)则更加全面,它考虑了公司在满足正常经营活动与债务需求开支后所留存的现金流量,适用于分析那些重投资或成长性强的公司。但该模型涉及的参数较多,工作量相对较大,尤其是股权自由现金流的预测,分析师需要估算净利润、非现金费用、资本支出和债务变动等多项指标。综合而言,它比 DDM 的适用面要广。

> **课程思政**
>
> 　　在习近平新时代中国特色社会主义思想指引下,股权价值评估工作必须融入国家战略导向和公共利益考量。评估主体(资产评估机构)需具备政治意识,将"两个维护"贯穿于评估执业全过程,确保评估结论符合国家宏观经济政策导向。评估目的必须超越单纯的商业范畴,注重服务于中国式现代化建设大局,特别是在国有企业资产重组、资本市场运作、跨境投资等领域,评估工作要成为保障国有资产安全、促进市场公平交易的"看门人"。在价值类型选择上,要坚持"以义取利"的中华优秀金融文化传统。2023 年 10 月,习近平总书记在中央金融工作会议上指出:"要在金融系统大力弘扬中华优秀传统文化,坚持诚实守信、以义取利、稳健审慎、守正创新、依法合规。"举例而言,这一要求具体表现在:国有资产评估需重点考虑市场价值类型,避免低估导致流失;普惠金融资产可采用在用价值类型,反映其对改善民生的实际效用;绿色资产应探索生态价值量化方法,体现"绿水青山就是金山银山"的理念。

1. 关于股利贴现模型(DDM)
   (1) 基础应用。一家公司预计未来一年的股利为每股 2 元,预计股利将以每年 5% 的速度增长。如果股东要求的回报率为 10%,请计算这家公司每股的理论价格。
   (2) 模型选择。股利贴现模型在什么情况下可能不适用?请考虑公司的财务状况、行业特性或分红政策等因素。
   (3) 增长率的敏感性。股利增长率对股价的估计有多大影响?假设其他条件不变,如果预期的股利增长率从 5% 变更为 3%,股价会如何变动?
   (4) 多阶段 DDM。如何使用多阶段股利贴现模型来评估一个初创期企业的股价?假设该企业预计在前 5 年内不支付股利,之后将开始支付并逐步增加股利。

2. 关于股权自由现金流贴现模型(FCFE)
   (1) 计算 FCFE。一家公司的净利润为 500 万元,非现金费用为 100 万元,资本支出为 200 万元,新增债务为 50 万元。请计算该公司当年的 FCFE。
   (2) 模型适用性。为什么 FCFE 模型特别适合用于评估成长型企业?请讨论在何种情况下,FCFE 模型比股利贴现模型更有优势。
   (3) 贴现率的选择。在使用 FCFE 模型时,选择何种贴现率最为合适?请讨论股权成本和加权平均资本成本(WACC)在贴现率选择中的不同应用。
   (4) 长期稳定增长。如何确定 FCFE 模型中的稳定增长率?在什么情况下,选择较高或较低的稳定增长率会更合适?

 练习题

扫码做题

 拓展材料

【拓展材料3-1】D银行股份有限公司增资扩股涉及股东全部权益价值评估

第 4 章
CHAPTER 4

收益法：企业视角

—— 与前后章的逻辑关系 ——

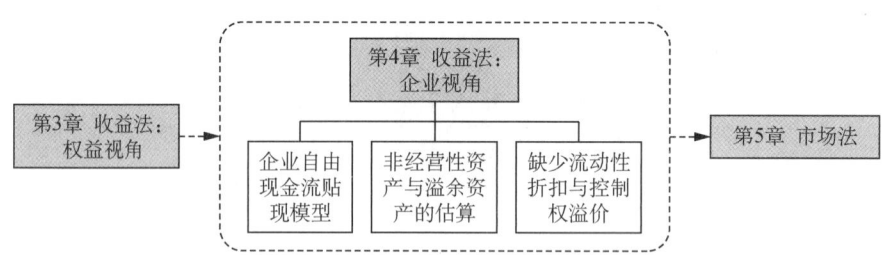

—— 学习目标 ——

① 理解企业自由现金流的概念及其计算；
② 掌握企业自由现金流贴现模型的基本原理与操作步骤；
③ 掌握非经营性资产与溢余资产的内涵及其估算；
④ 掌握缺少流动性折扣和控制权溢价的内涵及其估算。

 导入材料

巴菲特的价值投资实践

沃伦·巴菲特是全球最著名的投资者之一，他以长期的价值投资策略著称于世。他的投资哲学简单而深刻：投资被低估的企业，特别是那些能够持续产生稳定现金流的企业。企业自由现金流贴现模型是评估企业价值的重要工具，巴菲特的投资方法与之高度契合。

巴菲特的价值投资哲学

巴菲特的价值投资哲学核心在于选择那些具有持续竞争优势、管理层卓越且价格合理的企业进行长期投资。他特别强调投资回报率，认为一个好的投资应当以相对较低的价格购买优质资产。巴菲特曾经在 2007 年致股东的信里提到：伯克希尔一直在努力寻找能够在特定行业中具有长期竞争优势的企业。如果这些企业具有成长性我们自然非常高兴，如果没有成长性也没有关系，只要企业能产生源源不断的自由现金流，我们也愿意投资。因为伯克希尔可以把从这些企业获得的自由现金流重新投入其他企业再赚取利润。

> 巴菲特关注的是企业的现金流量,特别是企业自由现金流,因为这代表了企业在支付必要运营费用后能够自由使用的资金,是企业增长、支付股息、回购股票或偿还债务的关键。
>
> **巴菲特如何使用企业自由现金流模型**
>
> 在杨天南老师的译著《巴菲特之道》中,第4章为"普通股投资9个案例",除通用动力外,其余8个案例关于估值讨论的内容都采用的是自由现金流贴现估值法。虽然巴菲特在投资决策过程中并没有直接声明使用FCFF模型,但他投资的核心准则与FCFF模型的核心指标高度一致。他通常寻找那些自由现金流稳定且预计未来现金流可靠的企业。例如,他在选择投资可口可乐和吉列等企业时,很大程度上是基于他们稳定的现金流生成能力和良好的市场地位,这些都是FCFF分析中的关键因素。
>
> **企业自由现金流模型的优势**
>
> 使用FCFF模型的一个主要优势是它考虑了整个企业的现金生成能力,而不仅仅是股东的角度。这意味着分析师可以得到一个更全面的企业财务健康状况图像。此外,FCFF模型还能帮助投资者识别那些不依赖外部资本就能自我维持成长的企业,这类企业通常具备较强的内生增长动力和较低的财务风险。
>
> **结论**
>
> 巴菲特的投资成功不仅在于他对企业价值的精确把握,还在于他对企业现金流的深刻理解。企业自由现金流模型提供了一个框架,帮助投资者从全面的财务视角评估企业价值,这与巴菲特的投资哲学高度一致。对于追求长期稳定回报的投资者而言,学习和应用FCFF模型,将有助于他们像巴菲特一样,作出更明智的投资选择。
>
> 资料来源:由编者参考《巴菲特之道》《投资护城河》等资料编写。

本章是第3章的延续,即从企业整体的角度,而非单独权益的角度,利用对应现金流表示收益来评估资产价值。此处的资产主要针对的仍然是股权价值。与第3章最大的不同是现金流计算口径,需要将股东以外的其他投资者对应的现金流也囊括进来,折现率也有相应变动。由此可知,本章强调的企业自由现金流贴现模型评估的实质是企业整体价值。为了得到股权价值,评估还需要在企业整体价值的基础上,进一步扣除股权以外的其他价值(如债权)。因此,企业视角的收益法应用不是一蹴而就的,具体评估思路与流程比第3章要复杂些。

值得注意的是,这两章内容在实务中更倾向于企业价值评估范畴(尤其是本章),但若关注股票收益(或者说股权投资者回报)的内涵,股权自由现金流贴现模型和企业自由现金流贴现模型都是非常经典且具备实操价值的股权估价方法,它们构成了当前收益法评估股票价值的重要部分。

4.1 企业自由现金流贴现模型

4.1.1 企业自由现金流及其计算

企业自由现金流(Free Cash Flow to Firm,简称FCFF)是指公司在经营活动中获得的现金流量在减去必要的资本支出后剩余的现金流。它是在企业的经营活动和建设投资中产生的,与融资活动没有直接关系。这里的"自由"是一个相对概念,表示企业对剩余资产有相对较大的自主支配权,而不是说可以随意支配,是相对于要扣除的、受约束的支出而言的。

美国学者阿尔弗雷德·拉帕波特(Alfred Rappaport)在20世纪80年代提出了自由现金流概念:企业产生的、在满足了再投资需求之后剩余的、不影响企业持续发展前提下的、可供企业资本供应者或各种利益要求人(股东、债权人)分配的现金。麦肯锡(McKinsey & Company, Inc.)资深领导人之一的汤姆·科普兰(Tom Copeland)教授于1990年阐述了自由现金流量的概念,并给出了具体计算方法:自由现金流量等于企业的税后净经营利润(Net Operating Profit less Adjusted Tax,简称NOPAT),即将企业不包括利息费用的经营利润总额扣除实付所得税税金之后的数额,加上折旧及摊销等非现金支出,再减去营运资本的追加和物业厂房设备及其他资产方面的投资。其经济意义是可供股东与债权人分配的最大现金额度。

企业的全部价值应属于企业各种权利要求者,包括股权资本投资者、债券持有者和优先股股东。所以,企业自由现金流是所有这些权利要求者的现金流的总和。其计算方法主要有两种。

(1) 从利益分配入手。

该方法按照企业所有权利要求者的利益构成,分类计算各部分现金流,将所有现金流加总就能得到企业自由现金流。具体公式如下:

$$企业自由现金流 = 股权自由现金流 + 利息费用 \times (1-税率) + 偿还本金 - 新发行债务 + 优先股股利 \quad (4-1)$$

各权利方对应的现金流如表4-1所示。

表4-1 公司的利益分配者及其对应现金流与折现率

权利要求者	现金流量	折现率
股权投资者	股权自由现金流	股权资本成本
债权投资者	利息费用×(1-税率)+偿还本金-新发行债务	税后债务成本
优先股股东	优先股股利	优先股资本成本

(2) 从现金流的形成过程入手(从 EBIT 开始计算)。

该思路实质是根据企业自由现金流的定义,即在总现金流中扣除相关必要支出部分来计算企业自由现金流,具体公式如下:

$$企业自由现金流 = EBIT \times (1-税率) + 折旧和摊销 - 资本性支出 - 营运资本追加 \quad (4-2)$$

根据企业自由现金流的计算式可知,对于任何一个有财务杠杆的企业而言,企业自由现金流通常高于股权自由现金流;而对于一个无财务杠杆的企业来说,企业自由现金流与股权现金流没有区别。但需要特别指出的是,无论是企业自由现金流还是股权自由现金流,这两个概念都是理论概念,主要用于理解和分析企业的现金流状况及与之相关的研判、定价等工作。它们不代表企业运营真实发生的某一笔收益或开支，很多企业的财务报表也不对这两类现金流进行专门罗列。

在收益可得的前提下，企业自由现金流贴现模型的一般公式可表示为：

$$PV = \sum_{t=1}^{\infty} \frac{FCFF_t}{(1+WACC)^t} \tag{4-3}$$

式中，PV——企业价值；
　$FCFF$——企业自由现金流；
　$WACC$——加权平均资本成本。

企业自由现金流表示的是企业所有权利要求者能获得的收益，因此 FCFF 模型得出的评估值是企业整体价值，评估需要在此基础上扣除债权部分的价值才能得到股权价值。具体公式如下：

$$PV_S = PV - PV_D \tag{4-4}$$

式中，PV_S——企业股权价值；
　PV_D——企业债权价值。

考虑到企业增长情况存在多种形式，后文将围绕不同增长趋势分类讨论企业自由现金流贴现模型，具体为稳定增长和两阶段模型。由于从企业价值到股权价值的计算思路都按式（4-4）操作，分类讨论过程中将不再赘述，仅讨论企业价值的不同情况。

4.1.2　稳定增长的企业自由现金流贴现模型

与戈登模型和 FCFE 稳定增长模型类似，当投资者认为企业未来获得的收益将以稳定增长率永续发展时，评估人员可采用稳定增长的企业自由现金流贴现模型对整体价值进行评估。通常，稳定增长的企业大多经营状况良好，市场前景明晰，并且有一定程度的市场份额和竞争优势，同时融资结构也相对稳定。具体计算公式可表示为：

$$PV = \frac{FCFF_1}{WACC - g} = \frac{FCFF_0 \times (1+g)}{WACC - g} \tag{4-5}$$

式中，PV——企业价值；
　$FCFF$——企业自由现金流；
　$WACC$——加权平均资本成本；
　g——企业自由现金流的预期增长率，通常 g 的数值较低，与名义经济增长率相近甚至更低。

关于稳定增长企业自由现金流贴现模型的实务操作，一般分为以下几个核心步骤。

（1）分析历史现金流，判定未来增长情况。首先解读企业财务报告，确定与现金流相关的财务参数，如资本支出、折旧与摊销、变动资本等，计算历史现金流。其次，判定现金流的未来增长情况，可以按历史数据进行测算，也可以按未来趋势进行判定。

（2）测定风险水平。由于企业自由现金流对应的是所有权利要求者的收益，相应的风险水平也要对应所有资本。实务中的惯常做法是根据企业资本结构，采用加权平均资本成本公式来计算。

(3) 计算公司整体价值。将所有参数代入公式(4-5),得到公司整体价值。企业自由现金流衡量的是所有与经营活动相关的现金流量,因此确切而言,企业自由现金流贴现模型计算得到的是与经营性资产相关的公司整体价值。

【例题 4-1】 稳定增长企业自由现金流贴现模型的应用

假设某公司经营状况稳定,上一年营业收入为 10 万元,今年开始进入稳定增长期,稳定增长率保持在 5% 水平,且贴现率为 10%。预计今年财务数据如下:年度运营成本率占营业收入的比重为 60%,年度折旧和摊销、年度变动资本需求和年度资本支出分别为 10 000 元、5 000 元和 20 000 元。请计算该公司的整体价值。

解:第一步,根据上述条件,计算今年的公司自由现金流,如表 4-2 所示。

表 4-2　今年公司自由现金流计算表

单位:元

项目	营业收入	运营成本	毛利润	折旧和摊销	变动资本	运营现金流	资本支出	自由现金流
金额	105 000	63 000	42 000	10 000	5 000	27 000	20 000	7 000

第二步,计算公司整体价值。

由表 4-2 可知,今年的公司自由现金流为 7 000 元,根据永续稳定增长模型可知,公司整体价值为 7 000/(10%−3%)=100 000(元)。

4.1.3　两阶段企业自由现金流贴现模型

两阶段企业自由现金流贴现模型在评估实务中较常被用到,它通过预测企业在两个不同成长阶段的现金流量来估算企业的整体价值。该模型尤其适合那些处于快速成长阶段,但预期在将来某一时点增长放缓至稳定水平的公司。

具体而言,公司在第一阶段(第 $1 \sim n$ 期)可能因为新产品、市场扩张、技术创新或其他因素而经历快速增长,且这种快速增长能持续一定的年限;自第二阶段开始(第 $n+1 \sim \infty$ 期)公司进入成熟期,成长速度会降低至一个稳定水平(通常接近或略高于名义 GDP 增长率),且将永续保持这一状态。两阶段企业自由现金流贴现模型的计算公式如式(4-6)所示:

$$PV = \sum_{t=1}^{n} \frac{FCFF_t}{(1+WACC_{hg})^t} + \sum_{t=n+1}^{\infty} \frac{FCFF_n \times (1+g_{st})^{t-n}}{(1+WACC_{st})^{t-n}(1+WACC_{hg})^n}$$

$$= \frac{FCFF_1}{WACC_{hg} - g_{hg}} \times \left[1 - \left(\frac{1+g_{hg}}{1+WACC_{hg}}\right)^n\right] + \frac{FCFF_n(1+g_{st})}{(WACC_{st} - g_{st})(1+WACC_{hg})^n}$$

(4-6)

式中,　　g_{hg}——第一阶段企业自由现金流的增长率;

g_{st}——第二阶段的稳定增长率;

WACC——加权平均资本成本,理论上它在两个阶段的取值可以不同,具体由企业自身情况决定;

$\dfrac{FCFF_n(1+g_{st})}{WACC_{st} - g_{st}}$——稳定增长阶段的终值(Terminal Value,简称 TV),即第二阶段各期现金流贴现至第一阶段末的累和值。

关于模型实施,首先需要划分公司发展阶段,即确定第一阶段的具体期限。通常,评估人员应根据公司的业务周期及行业特点来设定,可以是5年、8年或更长时间,相关常用操作可参考两阶段股权自由现金流贴现模型。公司在第一阶段大多呈现高速增长态势,因此阶段划分对最终估值的影响较大,在其他条件既定的情况下,第一阶段的期限越长,评估值也就越大。

其次,预测第一阶段的企业自由现金流。评估人员可以通过直接分析历史现金流的变化趋势来确定增长率,也可以通过预测各相关财务参数来得出现金流的预测值。通常实务操作倾向于后者,因为该思路能更准确地把握财务指标各自的变化情况,比笼统地直接预测企业自由现金流更细致到位。

但若按增长率的思路进行预测,评估人员需要深入分析当前公司的经营状况,包括收入增长率、运营利润率、税率、资本支出以及营运资本的变动等。在这个阶段,企业自由现金流的增长方式可以具备规律性,也可以是不规律的,甚至是负向的。

再次,估计第二阶段的增长情况(稳定增长或零增长),然后根据永续稳定增长模型(或零增长模型)直接计算终值,即将第二阶段所有现金流贴现至第一阶段末的价值。理论上第二阶段的增长率会比第一阶段低,反映了公司由高速成长过渡到低速稳定增长的自然趋势。

最后,将两个阶段的现金流进行折现,得到企业整体价值。理论上折现率在两个阶段的取值通常是不同的,但也可以根据现实情况取相同的值,关键在于企业自由现金流对应的折现率必须反映相关所有资本来源的成本和风险。

综合而言,两阶段企业自由现金流贴现模型的关键在于,准确预测现金流的增长情况与第一阶段持续期限,以及选择合适的折现率,这些因素都将直接影响估值的准确性和可靠性。利用该模型,投资者和管理层可以准确估算具有阶段性发展特征的公司的整体价值,对其股权价值的最终确定以及与此相关的并购决策等需求具有重要意义。

【例题4-2】 两阶段企业自由现金流贴现模型的应用

假设有一家财务杠杆比率远远高于合理水平的百货公司,预期今后5年逐步复苏,收益增长率略高于稳定增长率,负债比率将稳步降低到理想状态,适宜用FCFF两阶段模型估计公司的整体价值。

当前公司的财务资料显示:基准年公司的利息税前净收益为5.32亿元,资本性支出与折旧分别为3.10亿元和2.07亿元,经营收入为72.30亿元,营运资本保持在经营收入的25%,税率为36%,长期国债收益率为7.50%,市场风险溢价为5.50%。

预计今后5年高速增长阶段的财务状况为:EBIT的增长率为8%,高速增长期公司β值为1.25,负债比率为50%,税前债务成本为9.50%,经营收入、资本性支出和折旧都以8%的速度增长。

预计稳定增长阶段的财务状况为:FCFF的预期增长率为5%,稳定增长期公司β值为1.00,负债比率为25%,税前债务成本为8.50%,资本性支出等于折旧。

第一步,计算高速增长阶段的FCFF及其现值,如表4-3所示。

表 4-3 高速增长阶段的 FCFF 预测过程

单位:亿元

年份	第 1 年	第 2 年	第 3 年	第 4 年	第 5 年
$EBIT$	5.745 6	6.205 2	6.701 7	7.237 8	7.816 8
$EBIT \times t$	2.068 4	2.233 9	2.412 6	2.605 6	2.814 1
折旧	2.235 6	2.414 4	2.607 6	2.816 2	3.041 5
资本性支出	3.348 0	3.615 8	3.905 1	4.217 5	4.554 9
营运资本追加	1.446 0	1.561 7	1.686 6	1.821 5	1.967 3
FCFF	1.118 8	1.208 3	1.304 9	1.409 3	1.522 1

高速阶段的股权资本成本 $=7.50\% + 1.25 \times 5.50\% = 14.375\%$

高速增长阶段的税后债务成本 $= 9.50\% \times (1 - 36\%) = 6.08\%$

高速增长阶段的加权平均资本成本:

$$WACC_{hg} = 14.375\% \times (1 - 50\%) + 6.08\% \times 50\% = 10.227\ 5\%$$

根据表 4-3 所得的企业自由现金流与折现率,对 FCFF 逐年折现求和,可得 5 年高速增长阶段的 FCFF 现值为 4.873 9 亿元。

第二步,计算稳定增长阶段的 FCFF 现值。

将稳定增长阶段单独看成一个永续的稳定增长模型,直接套用公式计算终值,进而得到该阶段的企业自由现金流现值。

$$FCFF_6 = 5.32 \times (1 + 8\%)^5 \times (1 + 5\%) \times (1 - 36\%) - 72.30 \times (1 + 8\%)^5 \times 5\% \times 25\% = 3.925\ 0(亿元)$$

稳定增长阶段的股权资本成本 $= 7.50\% + 1.00 \times 5.50\% = 13\%$

稳定增长阶段的税后债务成本 $= 8.50\% \times (1 - 36\%) = 5.44\%$

稳定增长阶段的加权平均资本成本:

$$WACC_{st} = 13\% \times (1 - 25\%) + 5.44\% \times 25\% = 11.11\%$$

稳定阶段 FCFF 的现值为:

$$\frac{3.925\ 0}{(11.11\% - 5\%) \times (1 + 10.227\ 5\%)^5} = 39.477\ 4(亿元)$$

第三步,得到公司的整体价值。

公司价值 $= 4.873\ 9 + 39.477\ 4 = 44.351\ 3$(亿元)

无论是从权益视角还是从企业视角,评估人员在使用收益法评估企业股权价值或企业整体价值时,必须关注模型相关参数的约束条件,如稳定增长模型所要求的增长率应该处于什么水平等。对于两阶段模型而言,如何判断高速增长率、如何划分高速增长阶段和稳定增长阶段等在实务操作中都是较难把握的环节。特别当公司高速增长阶段的收益增长率与稳定阶段存在明显不同时,折现率也往往呈现阶段性变化,评估人员能否合理确定不同阶段的增长水平与折现率,将直接影响估值的有效性与可靠性。

理论上,如果同时满足以下条件,FCFF 模型间接计算出的股权价值与 FCFE 模型应当相同:①两个模型对公司未来增长情况的假定一致。②债务的估价正确。实务中,两者在估价结果上的差异常常源于对公司债务的估价不准确。如果公司的债务被高估,则用 FCFF 模型得到的股权价值将比 FCFE 模型低;如果公司的债务被低估,则结果正好相反。

具体而言,评估人员使用收益法评估股权价值时应该如何选取模型,核心在于评判评估对象更符合哪类模型的适用面。通常,企业自由现金流量贴现模型特别适用于以下情况:①资本结构复杂或变动频繁的公司。FCFF 模型提供了一种评估公司整体价值的方法,它独立于资本结构,对那些资本结构可能变化(如重组债务、发行新股)的公司尤为适用。②业务主要针对投资分析与企业并购需求。在这两种业务中,买方通常对整个企业的价值更感兴趣(股权价值仅是其中一部分),并购完成后也可能会调整资本结构。③存在多种业务类型的公司。对于这类公司,使用 FCFF 模型可以更全面地评估公司各部分对整体价值的贡献,转而再间接得到股权价值。

相对地,股权自由现金流量贴现模型则有所不同,它主要适用于以下情况:①有关股权价值分析的业务。当分析的焦点是股东投资回报时,FCFE 模型能直接评估股东实际可获得的现金流,更符合业务需求。②股权融资或私有化。对于考虑股权融资或公司私有化的情况,了解股东可获得的现金流量尤为重要。③资本结构相对稳定的公司。由于公司的资本结构比较稳定、债务水平变化不大,股权自由现金流的估算准确性也相对较高,直接运用 FCFE 模型的合理性也就更强。

综合而言,两者本身并没有优劣之分,计算上的主要区别在于是否需要扣除有息负债及利息。在选择具体哪种现金流贴现模型时,评估人员应当考虑企业未来的经营模式、资本结构、资产使用状况及发展趋势等。一般情况下,如果企业有明确的投融资计划,未来有息负债及利息可以准确预测,则可以优先采用股权自由现金流贴现模型。但如果企业组织结构比较复杂,导致与债务相关的现金流难以预测,则建议采用企业自由现金流贴现模型间接计算股权价值。从行业实务案例的统计情况来看,较多业务都采用企业自由现金流贴现模型。

4.2 非经营性资产与溢余资产的估算

在很多企业的资产负债表中,都存在一些与企业的正常生产经营活动无关的资产和负债。这些项目主要涉及非经营性资产、负债以及溢余资产,它们在企业的日常运营中可能不产生任何收益,或者所产生的收益与企业的主营业务没有直接联系。举例而言,有些资产和负债产生的收入或费用,并不属于主营业务现金流的计算范畴;有些资产和负债产生的收入或费用,与主营业务收入和费用的变化规律不同,或者面临的风险也不同,因此不宜与主营业务现金流一同分析、预测或折现。

因此,评估人员需要在估价前期对资产和负债进行必要调整,以重新获得符合正常经营活动的资产负债表。这有助于正确判断企业经营性资产与收益之间的匹配情况,确保所估算的企业收益主要由经营性资产带来,进而准确分析与经营性资产相对应的风险水平。对于非经营性资产、负债以及经营性溢余资产,则需要进行单独的分析和评估。

4.2.1 定义

所谓的经营性资产是为实现企业经营目标,参与日常经营活动并能产生经济利益的资产。相对地,非经营性资产则是指不直接参与企业日常经营活动的资产,它可以进一步细分为:①与生产经营完全无关的资产;②某些虽然不直接参与生产但对企业运营有支持作用的配套资产,如员工宿舍、员工活动中心等,这些通常被视为必备资产。典型的非经营性资产包括对被投资企业的长期投资(没有控制权)、递延所得税资产、投资性房地产、借给股东的资金等。相应的非经营性负债可能包括为离退休职工计提的养老金、股东借给企业的非运营资金等。

溢余资产指超出日常经营所需规模的资产,它与企业的日常收益没有直接联系,具体包括一部分非经营性资产,未充分利用或闲置的生产设施(如超额货币资金),交易性金融资产,未充分利用的生产用地、厂房和生产设备等。严格来讲,只要是超出日常经营所需的资产都属于溢余资产,因此,若按是否与经营活动相关来分,溢余资产可能是经营性资产,也可能是非经营性资产。经营性资产、非经营性资产、必备资产和溢余资产的关系具体如图4-1所示。

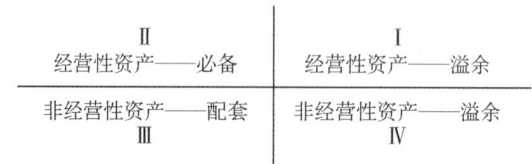

图 4-1 经营性资产、非经营性资产、必备资产和溢余资产的关系

对于一个企业而言,经营性与非经营性是划分资产类别的主要标准,必备资产和溢余资产被囊括在其中,且与经营性资产及非经营性资产都存在交叠关系。根据图 4-1 可得出:

$$经营性资产 = \mathrm{I} + \mathrm{II}$$
$$非经营性资产 = \mathrm{III} + \mathrm{IV}$$
$$必备资产 = \mathrm{II} + \mathrm{III}$$
$$溢余资产 = \mathrm{I} + \mathrm{IV}$$

4.2.2 非经营性资产的确定

在确定非经营性资产时,评估人员应首先考虑被评估企业所在行业的资产特性,调查同行业内其他企业是否拥有类似资产,其次分析若这些资产从企业中移除,是否会对企业的正常运营造成影响。

常见的实务操作惯例有:职工宿舍、食堂和医务室等通常被视为与生产经营直接相关的资产;职工住宅和对外营业的职工医院等则被归类为非经营性资产;对于在建工程,如果它们与主营业务紧密相关,且能够显著提升企业的产销量、产品性能或生产效率,同时相关投资规模、完工时间和生产计划都可预测,那么这些在建工程可以被视为经营性资产,在预测主营业务盈利和资本结构时,要考虑它们带来的现金流量及风险。

相反,如果在建工程的未来现金流量和风险难以预测,通常评估人员应在评估基准日的资产负债表中将其单独列出,并按照溢余资产进行评估。而对于那些投产后不构成主营业务组成部分的在建工程,则应在资产负债表中单独列为非经营性资产。

4.2.3 溢余资产的确定

溢余资产包括多种类别,此处主要介绍溢余现金的测算。溢余现金通常指的是企业在满足其正常运营和短期债务支付需求后,仍然剩余的现金。这部分现金是企业在短期内不需要用于日常运营的资金,可以用来进行投资、偿还长期债务、发放股息或储备起来以备不时之需。溢余现金与企业的现金流量表有关,特别是企业自由现金流。计算溢余现金的一般步骤如下。

第一,确定基准日的货币资金余额以及经营所需的最低现金持有量。首先,从企业的资产负债表中获取基准日企业的货币资金余额,包括现金、银行存款以及其他现金等价物。其次,分析企业的历史现金流量、行业标准、支付习惯等,确定企业在正常运营中所需的最低现金水平。

第二,计算基准日的富余现金。从基准日的货币资金余额中减去经营所需的最低现金持有量,计算得出富余现金。公式如下:

$$富余现金 = 基准日货币资金余额 - 最低现金持有量$$

第三,分析相关调整因素。首先,考虑经营周期和波动,确定是否需要保持比最低现金持有量更高的现金余额以应对波动。其次,分析未来现金流,包括预期收入、支付义务、投资需求等。最后,考虑企业战略和风险管理,来判定是否需要保留一定的现金余额以备不时之需,如新的市场机会、紧急情况指出、风险缓冲等。

第四,调整并确定溢余现金的计算结果。根据调整因素的相关分析结论,对初步计算得到的富余现金数额进行调整,以反映企业的实际需求和策略,最终确定溢余现金评估值。

【案例 4-1】

PE 公司溢余现金计算

已知 PE 公司主要从事软件开发业务。为确定该公司的溢余现金,评估人员进行了以下操作步骤。

步骤1,确定基准日的货币资金余额。在 2024 年 5 月 8 日的资产负债表上,该公司的货币资金余额为 500 万元。

步骤2,确定经营所需的最低现金持有量。通过分析公司的支付习惯、行业标准和历史现金流量,评估师确定该公司为维持正常运营,至少需要保证 300 万元的现金余额。

步骤3,计算富余现金。根据前两步的结果可得,富余现金 = 500 - 300 = 200(万元)。

步骤4,考虑经营周期和波动。该公司业务存在季节性波动,因此在旺季可能需要更多的现金来应对增加的运营成本和支付义务。因此,评估师认为应在最低现金持有量的基础上增加一定的缓冲。

步骤5,分析未来现金流。评估师预测,在未来几个月内,该公司将有稳定的现金流入,导致现金余额会增加。

步骤6,考虑公司战略和风险管理。该公司计划在未来一年内进行市场扩张和新产品开发,这需要额外的资金支持。同时,公司希望保持一定的现金余额以应对潜在的市场风险。

步骤7,调整计算结果。结合前述相关分析,评估师决定将富余现金的计算结果调整为250万元,以反映公司的实际需求和策略。该结果既考虑了公司的运营需求,也为未来的战略计划和风险管理留足了空间,是一个更为合理的资金规模。

补充材料4-1 关于溢余现金的证监会反馈示例

KJ公司的股权价值评估报告显示,评估人员基于收益法评估后认为溢余货币资金为2 742.00万元。证监会反馈要求补充披露上述货币资金纳入溢余资产评估的合理性。

根据该公司的资金情况,评估基准日前后4个月的货币资金和理财产品概况如表4-4所示。

表4-4 KJ公司的货币资金与理财产品概况

单位:万元

日期	货币资金	理财产品
2014年8月	325.89	3 150.00
2014年9月	95.74	3 200.00
2014年10月	632.54	2 450.00
2014年11月	437.07	2 670.00
2014年12月	3 173.23	465.00
2015年1月	112.18	2 915.00
2015年2月	73.43	2 665.00
2015年3月	137.85	2 565.00
2015年4月	331.58	2 165.00

采用两种方法,对KJ公司的溢余现金进行估计,评估过程如表4-5所示。

表4-5 KJ公司的溢余现金评估过程

金额单位:万元

方法一	
按年收入的一定比例确定最低现金保有量	5%
营业收入	5 696.27
最低现金保有量	284.81

(续表)

基准日货币资金	3 173.23
溢余现金	2 888.42
方法二	
现金转换周期＝存货周转天数＋应收账款周转天数－应付账款周转天数	48.20 天
现金占用比例＝存货/营业收入×100%＋应收账款/营业收入×100%－应付账款/营业收入×100%	24%
日均营业收入＝营业收入/360	36.67
最低现金余额＝现金转换周期×现金占用比例×日均营业收入	431.41
基准日货币资金	3 173.23
溢余现金(圆整后)	2 742.00

经核查,评估师认为上市公司已充分披露 2 742.00 万元货币资金纳入溢余资产评估的合理性。评估师认为 2 742.00 万元货币资金纳入溢余资产评估具有合理性。

在评估企业整体价值时,评估人员应与委托方及相关方进行充分沟通,深入了解被评估企业的资产配置和使用状况,尤其是非经营性资产、负债和溢余资产的存在情况,以确保最终评估值的准确性。其中涉及的评估步骤主要包括:①从资产负债表中剔除非必要的经营性溢余资产和非经营性资产、负债;②从利润表中剔除与这些资产和负债相关的收入和支出(包括相关税费);③根据评估目的、价值类型、市场条件以及评估对象的具体情况,选择最合适的方法,确定这些资产和负债的评估价值;④将溢余资产和非经营性资产净值(扣除非必要负债后的经营性资产)的评估值与经营性资产的评估值加总,作为最终的企业整体价值。

4.3 股权价值调整

4.3.1 缺少流通性折扣

流通性被定义为资产能够快速且无损失地(或者说以最低成本)通过转让或销售迅速转换为现金的能力。相应地,流通性折扣是指在资产的价值中扣除一定数额或比例,以反映其流通性不足的特性。股权的流通性对其价值有显著影响,尤其当以非上市公司为评估对象时,由于非上市公司的股权无法在市场上自由交易,这种流通性限制会大大降低股权的价值。此外,国有股、法人股也不能流通,限制性股票则会附带一定的限制条件,如限制转让期限、限制转让对象等。通常,流通性不足主要涉及两个层面。

(1) 对于控股股权,流通性不足主要表现为"变现性折扣"(Discount for Lack of Liquidity,简称 DLOL),即股权在变现为现金时的能力受限,导致其价值相较于具有流通性的股权出现贬值。

(2) 对于少数股权,流通性不足主要表现为"市场性折扣"(Discount for Lack of

Marketability,简称 DLOM),也称变现性折扣。由于缺乏有效的交易市场,这类股权的交易活跃度受限,其交易价值与市场上流通的股票相比存在贬值。

但无论是"变现性折扣"还是"市场性折扣",两者造成股票价值下降的原因是一致的。首先,流通股的持有者在面临风险时能够迅速出售股票以减少损失,而非流通股的持有者则缺乏这种灵活性,因此,非流通股的风险承受能力更弱。其次,流通股由于交易活跃,价格通常较高;而非流通股由于交易人数有限,交易不活跃、价格也较低。

虽然缺少流通性折扣的概念容易理解,但确定具体的折扣额却颇具挑战。国际上的通行做法是运用实证研究来进行定量估算,主要包括三种思路。

思路一,通过分析存在转让限制的股票与同一公司无限制股票之间的交易价格差异,以此作为缺少流通性折扣的参考依据。《BVR 缺少流通性折扣指南》(BVR's Guide to Discounts for Lack of Marketability,BVR 为 Business Valuation Resources 的缩写)一书对限制股的相关研究,给出了有关缺少流通性折扣的定量结论,具体如表 4-6 所示。

表 4-6 限制性股票缺少流通性折扣的研究总结

相关研究	样本期限(年)	样本量(个)	均值	中位数
SEC Institutional Investor Study(1971)	1966—1969	398	24.00%	—
Gelman restricted stock(1972)	1968—1970	89	33.00%	33.00%
Moroney(1973)	1968—1970	145	35.60%	33.00%
Maher(1976)	1969—1973	34	35.50%	33.30%
Trout(1977)	1968—1970	60	33.50%	—
Standard Research Consultants(1983)	1978—1982	28	—	45.00%
Johnson & Racette(1981)	1967—1973	86	34.00%	—
Willamette Management Associates(1989)	1981—1984	33	—	31.20%
Wruck, Karen H.(1989)	1979—1984	—	—	—
Registered	—	36	−4.10%	1.80%
Unregistered	—	37	13.50%	12.20%
Silber(1991)	1981—1988	69	33.80%	—
Hertzel & Smith(1993)	1980—1987	106	20.10%	13.30%
Management Planning, Inc.(1997)	1980—1995	49	27.70%	28.80%
Johnson(1999)	1991—1995	72	20.20%	—
Columbia Financial Advisors(2000)	1996—1997	23	21.00%	14.00%
Columbia Financial Advisors(2000)	1997—1998	15	13.00%	9.00%
Bajaj, Denis, Ferris, Sarin(2001)	1990—1995	—	—	—
All	—	88	22.20%	20.70%
Registered	—	37	14.00%	9.90%

（续表）

相关研究	样本期限(年)	样本量(个)	均值	中位数
Unregistered	—	51	28.10%	26.50%
Hertzel, Lemmon Linck & Rees(2001)	1980—1996	404	16.50%	13.40%
Krishnamurthy/Spindt/Subramanium/W(2004)	1983—1992	391	19.40%	—
Restricted shares	—	75	34.00%	—
Shares with registration pending	—	23	23.30%	—
Shares not known to be restricted	—	293	15.40%	—
Shares with registration pending or not known to be restricted	—	316	16.00%	—
Wu(2004)	1986—1997	301	8.70%	19.80%
Barclay/Holderness/Sheehan(2006)	1979—1997	594	18.70%	17.40%
Brophy/Ouimat/Sialm(2006)	1995—2002	—	—	—
Hedge Funds-Traditional PIPEs	—	586	14.10%	—
Other Investors-Traditional PIPEs	—	1 559	9.00%	—
Meidan(2006)	1996—2006	1 726	9.80%	—
Verdasca(2007)	2000—2006	711	9.70%	10.10%
Wruck/Wu (2009)	1980—1999	1 854	11.30%	11.00%
Floros and Sapp(2010)	1995—2008	14 391	—	10.80%
Chaplinsky and Haushalter(2010)	1995—2000	—	—	—
Purchase discount only	—	382	18.70%	17.30%
Purchase discount and warrant	—	235	17.30%	14.00%
Angrist/Curtis/Kerrigan (MPI)(2011)	1980—2009	1 863	15.90%	13.30%
Stumpf/Martinez/Stallman (SRR)(2011)	2005—2010	98	10.90%	9.30%
Huson/Malatesta/Parrino(2011)	1995—2009	1 029	12.20%	11.60%
Glegg/Harris/Madura/Ngo(2011)	2000—2008	601	8.70%	8.40%
Billett & Floros(2012)	2001—2008	—	—	—
	股价中位数			
Placement Tracker & PrivateRaise	$1.55	12 004	—	26.70%
PrivateRaise only	$1.44	1 127	—	10.00%
Placement Tracker only	$0.78	2 650	—	23.90%
Finnerty(2012)	1991—2007	—	—	—

(续表)

相关研究	样本期限(年)	样本量(个)	均值	中位数
Pre Feb '97	—	41	26.00%	20.30%
Post Feb '97	—	167	22.00%	16.20%
Harris-Trugman Valuation Assoc. (2011)	2007—2010	136	16.60%	14.30%
Pre SEC Rule Change	—	47	17.90%	14.80%
Post SEC Rule Change	—	89	15.90%	14.20%

注:以上资料来源于《BVR缺少流通性折扣指南》。

在实务操作中,具体折扣率通常以采用限制股方式估算出来的折扣率的平均值或中位值为基础,再结合待估股权的规模进行适当调整得到。调整过程通常会考虑诸多因素,如股票分红政策、公司经营情况、公司管理模式与策略、转让股权的控制能力、转让的限制性、股票的持有限制期、公司股票赎回政策等。

Mandelbaum等人于1995年对美国税务局提出诉讼,双方所聘用的第三方均考虑了诸多因素来确定缺少流动性折扣的比例,具体计算式可表达为式(4-7):

$$\xi = \xi_m \times \prod(1+F_i) \tag{4-7}$$

式中,ξ_m——基准折扣率;

F_i——各因素的调整系数。

思路二,利用期权定价模型进行估算。现代金融理论和实践的发展,为估算缺少流通性折扣提供了新方法和途径。根据"对冲交易工具"(Hedging Instruments)的内涵,如果投资者可以购买一个按市场价格卖出其限制性股票的看跌期权,就可以有效地"对冲"因股票流通受限而可能产生的价值损失风险。对此,David B. H. Chaffe强调拥有限制性股票的股东可以为其持有的限制性股票创造"市场流动性",并于1993年提出采用对冲交易手段作为缺少流动折扣的估算模式。近年来,一些对冲交易策略开始利用期权定价模型(如B-S模型)估算缺少流动折扣。

较为经典的研究结论主要集中在以下三位学者。

(1) David B. H. Chaff(1993)。他利用期权定价模型估计得到,波动率在60%~90%、限制期为2年的缺少流动性折扣率范围应该是28%~41%;当限制期增加到4年时,该折扣率处于32%~49%。他的研究结论与之前美国证券交易委员会(United States Securities and Exchange Commission,简称SEC)、Robert E. Moroney(1973)以及John D. Emory(1997)等采用传统方法得出的结论非常相近。

(2) Francis Longstaff(1995)。他在研究中采用的对冲交易策略是一个回望式看跌期权(Look-back Put),即允许期权购买者拥有在协议期间内以最优价格卖出基础资产的权利。他利用该方法计算得到,限制期为1~5年、波动率在10%~30%的缺少流动性折扣率的范围为8.2%~65.8%。

(3) Finnerty(2012)。他试图扩展Francis Longstaff的研究,通过分析随机抽取的101只限制股的发行价发现,缺少流通性折扣率会部分地随股票波动率、限制期长度、无风险利率和股票股利率等因素的变化而变化。具体而言,存在分红且限制期较短的股票,折扣率也往往较小;当股票的波动率低于30%时,合理的折扣率比实务常用的数值要小(评估实务中通常采用的25%~35%的折扣率)。例如,当股票没有分红,波动率处于20%~30%且限制期为2年时,折扣率应该在15.76%到20.21%之间;如果其他条件不变,股票年分红率为3%时,折扣率则处于11.0%~15.96%。

  思路三,利用非上市公司并购市盈率与上市公司市盈率的差异来估算缺少流动性折扣率。本书通过收集截至2023年年底的非上市公司少数股权交易并购案例,对比分析这些案例与同期上市公司的市盈率,利用市盈率差额占上市公司市盈率的比重作为折扣率的取值,计算结果具体如表4-7所示。

表4-7 缺少流动性折扣率的计算表(2024)

行业名称	非上市公司并购		上市公司		非流动性折扣比率	备注
	样本点数量(个)	市盈率平均值(倍)	样本点数量(个)	市盈率平均值(倍)		
采掘业	23	26.32	65	35.20	25.2%	—
电力、热力、煤气、水的生产	65	26.06	64	31.32	16.8%	—
房地产业	54	30.90	60	39.63	22.0%	—
建筑业	41	37.42	48	46.20	19.0%	—
交通运输、仓储业	55	24.63	70	33.78	27.1%	—
银行业	25	0.51	27	0.57	11.2%	PB基础
证券、期货业	49	26.68	33	32.31	17.4%	—
其他金融业	31	14.17	8	19.74	28.2%	保险、信托等
社会服务业	313	32.84	106	48.51	32.3%	商务要务、娱乐、住宿、餐饮、租赁
农、林、牧、渔业	15	45.05	23	70.66	36.2%	—
批发和零售贸易	121	35.01	99	46.51	24.7%	—
信息技术业	77	50.43	195	75.80	33.5%	—
电子制造业	28	42.22	163	59.56	29.1%	—
机械、设备、仪表制造业	68	39.42	569	50.77	22.4%	—
金属、非金属制造业	40	29.66	178	40.83	27.4%	钢铁、有色、水泥等
石油、化学、塑胶、塑料制造	26	38.01	253	45.48	16.4%	—
食品、饮料制造业	13	33.70	81	51.65	34.8%	—
医药、生物制品制造业	10	25.99	165	4 201	38.1%	—
其他制造行业	18	39.08	129	51.19	23.7%	纺织、家装、造纸、印刷、家具等
合计/平均值	1 072	31.48	2 336	43.25	25.6%	—

4.3.2 控制权溢价

控制权溢价指的是为了获得目标公司的控制权,投资者愿意支付的超出其市场价值的额外金额。这种溢价反映了控制权所蕴含的决策权价值、协同效应、风险溢价、市场力量、信息优势、资产重配置能力、融资能力以及可能的法律和监管优势等多方面因素。拥有控制权的股东在这些方面所得到的权利和优势,往往超出普通投资者按其股权份额得到的部分。

在并购交易中,控制权溢价的产生与多种因素有关,包括交易特征(如股权比例、买卖双方性质)、公司特征(如规模、盈利能力、财务状况、资产结构)以及外部环境因素(如宏观经济状况、行业特性、法律法规)等。相关研究表明,控制权溢价与公司规模、资产负债率呈正相关,与交易后持股比例、净资产收益率和现金流状况呈负相关。具体而言,控制权的价值由三方面构成:一是通过优化企业经营管理获得的收益;二是大股东通过控制企业谋取的利益;三是公司特有的"壳资源"价值。

赵立新和刘萍(2011)将控制权分为两类,即绝对控制权和相对控制权。根据《中华人民共和国公司法》有关规定,绝对控制权指股东持有公司 50% 以上的股权。它是一个相对的概念,现实中存在一些因素可能会导致绝对控制权分散,如合同条款的约束、政府或其他行政部门的约束、公司内部股权向其他股东的集中等。相对控制权指由于公司股权分散或章程中有特殊规定,公司最大的股东虽然只是直接拥有被收购企业 50% 以下的股权,但由于其他股权过于分散,无法制约最大股东的决策,此时最大股东仍对公司具有实质性的控制权。

与之相反,少数股权较难形成拥有控制力的权益。因此,少数股权会带来持有者的利益受损,这也是少数股权评估往往需要折价的根本原因。但控制权和少数股权均为相对概念,两者的具体划分,依其所在国家或地区相关法律条文和公司章程而定,通常根据其占公司股权的比例多少作为基本评判标准。

通常,采用式(4-8)估算缺少控制权折扣:

$$\text{缺少控制权折扣} = 1 - \frac{1}{1 + \text{控制溢价率}} \quad (4-8)$$

其中,控制权溢价率可以通过分析控股权收购与一般非控股权交易的价格差来估算。目前,美国评估界使用最多的参考资料主要是 Mergerstat 和 Shannon Pratt's Control Premium Study 这两个数据库关于控制权溢价的相关研究结论[1]。国内由 China Venture 公司推出的 CVSource 数据信息系统,收集了有关控制权溢价的相关数据。中同华资产评估有限公司通过对比截至 2023 年年底的股权交易比例低于 49% 的案例(少数股权交易)和超过 50% 的案例(控制权交易),估算两类并购交易的市盈率差异,得到控制权溢价

---

[1] Mergerstat 数据库从 1981 年开始,每年公布发生在美国和其他国家和地区的企业并购案例数据,根据市场一般的 P/E 比率与控制权实际并购案例中的 P/E 比率的差异来研究控股溢价问题。在 Mergerstat 研究的基础上,被美国评估界称为企业价值评估泰斗的 Shannon Pratt,也加入了上述研究,Shannon Pratt 从 1998 年开始统计发生的各种控制权并购案例,截至 2006 年 12 月 31 日共累计收集了 4 711 个案例,并将案例编辑为数据库。

率和缺少控制折扣率,计算结果如表4-8所示,具体公式如式(4-9)和式(4-10)所示:

控制权溢价率＝(控股权交易市盈率—少数股权交易市盈率)/少数股权交易市盈率

(4-9)

少数股权折扣率＝(控股权交易市盈率—少数股权交易市盈率)/控股权交易市盈率

(4-10)

表4-8 控股权溢价比例和少数股权折价比例计算表(2024)

序号	年份	少数股权交易		控股权交易		控股权溢价率	少数股权折扣率
		并购案例数量(个)	市盈率(P/E)(倍)	并购案例数量(个)	市盈率(P/E)(倍)		
1	2023	641	33.45	290	37.84	13.12%	11.60%
2	2022	578	24.59	356	28.97	17.81%	15.12%
3	2021	465	21.90	585	25.47	16.30%	14.02%
4	2020	523	19.43	468	22.98	18.27%	15.45%
5	2019	435	18.77	286	21.35	13.75%	12.09%
6	2018	286	22.78	389	25.12	10.28%	9.32%
7	2017	527	15.47	547	18.04	16.63%	14.26%
8	2016	471	19.91	452	21.85	9.77%	8.90%
9	2015	290	18.18	309	20.26	11.46%	10.28%
10	2014	444	16.31	421	18.35	12.55%	11.15%
11	2013	377	15.18	266	16.47	8.46%	7.80%
12	2012	456	13.16	266	14.8	12.49%	11.10%
13	2011	498	19.36	408	21.35	10.26%	9.31%
14	2010	461	16.67	346	18.54	11.22%	10.09%
15	2009	470	13.82	251	17.32	25.37%	20.24%
16	2008	450	14.82	257	17.31	16.75%	14.34%
17	2007	408	15.81	244	20.23	27.91%	21.82%
18	2006	130	15.01	83	19.49	29.89%	23.01%
19	2005年及以前	231	17.73	119	19.22	8.40%	7.75%
20	合计/平均值	8 141	18.54	6 343	21.31	14.93%	12.99%

在评估实务中,控制权溢价和流动性折扣对股权评估值的准确与否至关重要。评估人员须根据个股和企业在这些方面的实际情况,对前期模型计算出的股权价值的初步结果进行调整,从而得到最终合理的评估值。当前,相关调整所涉及的参数并没有官方参考,各评估机构大多有自己的经验数据,学界也存在一定的研究结论。但总体而言,由于

参数选择的主观性不可避免,评估人员应加强专业培训,以提升评估测算的准确性,并注意在评估报告中充分披露是否考虑了缺少流动性折扣和控制权溢价的影响。

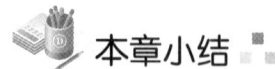
本章小结

  企业自由现金流贴现模型是评估企业整体价值的基础工具,它计算的是企业在满足所有资本支出和运营资本需求后,可以提供给所有资本供应者(债权人和股东)的现金流量所带来的价值。该模型特别关注从业务运营中产生的现金流量,而非简单的会计利润,能更真实地反映企业经营现状和未来潜力。

  以企业自由现金流贴现模型为基础的股权价值评估工作,需要在求取企业整体价值后,扣除债务价值,并考虑必要的调整因素,最终才能得出合理的股权价值。其中,企业整体价值的确定需要特别注意非经营性资产和溢余资产。非经营性资产通常指那些不直接参与企业日常运营的资产,如长期的股权投资、空置地产等。它们不直接产生经营现金流,但很可能对企业整体价值存在影响。溢余资产则是指超出正常运营所需的资产,它们虽然存在,但并非企业业务运营必需。

  所谓的调整因素主要包括缺少流动性折扣和控制权溢价两方面。缺少流动性折扣是指因资产的非流动性而需要从其价值中扣除的部分。在实际交易中,流动性较差的资产往往难以迅速变现,其价值往往需要较大折扣,会直接影响资产的评估结果。控制权溢价则体现了投资者为获取企业控制权所愿意支付的额外金额。因为控制权允许投资者直接影响甚至主导企业战略决策,从而为他们带来额外利益。

  综上所述,企业视角的收益法能为股权价值评估提供不同的思路。相对于权益视角的股利贴现模型和股权自由现金流贴现模型而言,企业自由现金流贴现模型在实务操作上的优势主要是可以规避债权价值波动带来的不利影响,但同时必须考虑非经营性资产、溢余资产、缺少流动性折扣和控制权溢价等问题。从评估测算的过程来看,该模型的后续步骤相对较多,但全局性较强,对估算股权整体价值的贡献非常突出。

> **课程思政**
>
>   从企业视角运用收益法评估股权价值,往往涉及多类资产,测算工作量大,报告编制任务重。金融资产评估报告作为评估结论的最终载体,其内容与范式的规范性将直接影响行业公信力。在思政层面,评估报告的编制需体现诚实守信的职业伦理和依法合规的法治精神。报告披露需完整呈现资产的政治与社会属性,如绿色债券的环境效益、普惠贷款的就业贡献等。在评估假设和限制条件说明中,必须坚持实事求是原则,杜绝为迎合客户需求而歪曲事实的专业失职行为。同时从职业伦理建设的角度来讲,评估师需恪守《资产评估职业道德准则》,弘扬"修身为本、敬业奉献"的传统美德,将政治意识融入执业判断:一是对涉及国家安全的金融资产(如跨境资产)需依法回避敏感信息披露;二是抵制"以评谋私"的利益输送,保持独立性;三是在碳资产、数据资产、知识产权等新型金融资产领域,坚守专业责任与探索。

 思考题

1. 关于企业自由现金流贴现模型:
   (1) 企业自由现金流量贴现模型在实务操作中可能遇到哪些挑战?
   (2) 企业自由现金流量贴现模型在不同行业中的应用有何不同?
   (3) 假设一家公司的税前利润为1 000万元,税率为30%,折旧和摊销费用为200万元,资本支出为300万元,营运资本的增加为100万元。计算该公司的企业自由现金流(FCFF)。
   (4) 在对企业进行自由现金流量分析时,如果遇到企业未来现金流预测存在很大不确定性,评估师应如何调整其评估方法?请讨论在这种情况下评估师可能采用的策略和考虑因素。
   (5) 考虑到不同企业的资本结构和财务杠杆对自由现金流量的影响,评估师在计算FCFF时应如何处理不同企业的财务杠杆差异?请举例说明在高杠杆和低杠杆情况下,评估企业价值时可能遇到的问题和相应的解决方案。
2. 关于非经营性资产与溢余资产:
   (1) 如何区分企业的经营性资产与非经营性资产?
   (2) 溢余资产在企业评估中应如何处理?
   (3) 假设一家公司拥有以下资产:一块未使用的土地,一栋出租的办公楼,一家非全资控股的子公司的股权。请分析哪些资产可能被归类为非经营性资产,哪些可能是溢余资产,并解释原因。
3. 关于股权价值调整:
   (1) 缺少流通性折扣和控制权溢价在企业并购中如何影响交易定价?
   (2) 如何评估一个企业的控制权溢价?
   (3) 在企业价值评估中,如何量化缺少流通性折扣的影响?
   (4) 一家公司计划出售其持有的一项非流动资产,该资产的理论价值为500万元。然而,由于市场上类似资产的买家不多,预计实际售价将低于理论价值。假设预计的实际售价为450万元,请计算该资产的缺少流通性折扣。
   (5) 考虑到一家公司当前的市场价值为10亿元,一位潜在买家考虑支付12亿元来获取公司的控制权。假设这种控制权将允许买家重组公司,通过成本削减和效率提高预计每年可以额外产生2 000万元的自由现金流。请分析这种情况下控制权溢价是否合理,并讨论可能的风险。
   (6) 在评估一个多元化经营的企业集团时,如何识别并处理不同业务板块的控制权溢价?请讨论在综合企业中评估控制权溢价的挑战和可能的策略。
   (7) 请解释在评估一家初创公司的控制权溢价时,与传统成熟企业相比,评估师需要考虑哪些不同的因素?初创公司的控制权溢价评估有哪些特殊考虑?
4. 综合思考题:
   (1) 假设一家公司计划进行重组以提高其市场竞争力。公司的现有资产包括一些与主营业务无关的投资性房地产和一些老旧设备。公司管理层希望通过出

售这些非核心资产来筹集资金。请结合企业自由现金流模型和非经营性资产、溢余资产的概念,设计一个方案,说明如何评估这些资产的价值并提出销售建议。

(2) 在国际并购中,评估师如何考虑不同国家法律法规、会计准则和税收政策对企业自由现金流量和控制权溢价的影响?请举例说明跨国并购评估中可能遇到的复杂性。

(3) 当企业拥有专利或商标等无形资产时,评估师应如何将这些无形资产的价值纳入控制权溢价和自由现金流量的计算中?请讨论无形资产对企业价值评估的影响。

(4) 企业在进行重大重组或剥离非核心资产时,这种结构调整如何影响企业的自由现金流量和控制权溢价?请分析企业重组对价值评估的具体影响。

(5) 请讨论经济周期不同阶段(如经济扩张期和衰退期)对企业自由现金流量和控制权溢价评估的影响。评估师应如何在不同经济环境下调整其评估模型?

练习题

扫码做题

拓展材料

【拓展材料4-1】云南XY股份有限公司拟对云南XC有限公司增资涉及的云南XC有限公司股东全部权益价值评估

【拓展材料4-2】甘肃FZ股份有限公司拟发行股份及支付现金购买资产涉及的甘肃FD有限责任公司股东全部权益价值评估

第 5 章
CHAPTER 5

市 场 法

---与前后章的逻辑关系---

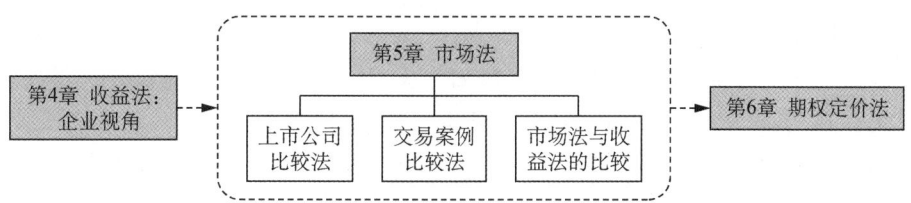

---学习目标---

① 理解市场法的评估原理及适用前提；
② 熟悉主要价值比率的内涵与计算方法；
③ 掌握上市公司比较法的具体操作步骤；
④ 掌握交易案例比较法的具体操作步骤。

 导入材料

罗博特科公司的资产购置案例

2021年以来，储能赛道火热。在行业高毛利、高增长、高景气度的吸引下，多家或存经营困境的上市公司为了改善经营业绩，纷纷宣布并购相关企业，跨界投身于储能蓝海市场。然而，随着碳酸锂价格的持续下跌，叠加上市公司自身缺乏专业技术因素导致其无法有效应对储能技术的快速更新迭代，在严重水土不服、并购协同效应甚微、业绩提升乏善可陈的情况下，2023年多家曾经踌躇满志的上市公司便又快速宣布终止储能相关项目抑或是剥离相关资产，可谓闹剧不断。

罗博特科智能科技股份有限公司(300757.SZ)(以下简称"罗博特科"或"上市公司")，是一家光伏行业自动化设备生产企业，近年来可能同样面临毛利率持续下滑、业绩增长乏力等经营问题，并也在持续尝试跨界进入半导体设备高端制造领域。

此次罗博特科拟以发行股份及支付现金的方式购买资产并募集配套资金，交易对价为 101 177.46 万元，其主要交易标的为苏州斐控泰克技术有限公司 81.18% 股权(以下简称"斐控泰克"或"标的公司")。斐控泰克则通过境外特殊目的公司，持有最终收购目标公司 ficonTEC Service GmbH 与 ficonTEC Automation GmbH(以下简称"ficonTEC"或"目标公司")93.03%的股权。ficonTEC 为斐控泰克业务经营主体,其主营业务为半导体自动化微组装及精密测试设备的设计、研发、生产和销售。

本次交易独立财务顾问为东方证券,审计机构为天健会计师事务所,资产评估机构为天道亨嘉。根据上市公司公告,本次交易对斐控泰克采用资产基础法进行评估,评估增值率为 15.07%;对目标公司采用收益法和市场法进行评估,最终选取市场法评估结果作为结论,目标公司所有者权益账面值为 1 597.59 千欧元,评估值为 160 000 千欧元,增值率为 9 915.09%。

在目标公司市场法评估中,本次评估采用企业价值与营业收入比率(EV/S),选取了以半导体设备制造为主营业务的 4 家可比公司:Mycronic、KLA、TER、Camtek,他们的收入与资产规模均明显大于目标公司。根据敏感性分析,当价值比率变动为-5%时,股权价值变动幅度为-6.25%。

深圳证券交易所于 2023 年 11 月 14 日下发了《关于罗博特科智能科技股份有限公司发行股份购买资产并募集配套资金申请的审核问询函》(审核函〔2023〕030016 号),请上市公司补充披露:①本次评估采用企业价值与营业收入比率而非其他价值比率的合理性,结合可比公司的选择标准与筛选过程、目标公司与可比公司主营业务的可比性等,披露可比公司选取的适当性和充分性,并进一步分析在营业规模、盈利能力、抗风险能力等存在较大差异的情况下修正过程及结果的合理性,流动性折扣的具体取值依据及其合理性,补充披露市场法评估结果对于价值比率主要取值参数的敏感性分析情况;②对比可比交易案例,补充分析本次交易修正后价值比率高于同行业可比交易案例平均市销率的合理性;③结合收益法和市场法评估结果的差异情况、收益法评估结果的敏感性分析、截至目前目标公司的业绩实现情况及未来经营业绩预期等,补充披露收益法下预测期目标公司业绩显著高于报告期情况下评估值较市场法差异较小的合理性,目标公司市场法评估结果是否合理、公允。

资料来源:由编者参考新浪财经相关资讯(https://vip.stock.finance.sina.com.cn/corp/view/vCB_AllBulletinDetail.php?id=10628052)编写。

市场法是金融资产评估的另一种主要方法,它不同于收益法对内在价值的关注与挖掘,转而以可比资产的市场价格为参考,根据待评估资产与可比资产之间的差异,将修正后的价格作为评估值。由于金融资产交易活跃,有充足的可比资产和价格数据可以获取,市场法在金融资产评估领域的应用面较广。具体而言,市场法可分为上市公司比较法和交易案例比较法两种,尤其是前者在股权价值评估中的实务应用非常多。此外,市场法也被称为现行市价法,该叫法主要出现在股票价值评估中,由于这方法的操作非常简单,本章将不作重点讲解,具体可参考第 2 章中有关市场法的例题。

5.1 上市公司比较法

上市公司比较法是一种通过获取和分析在公开市场上正常交易的上市公司的经营与财务信息,以它们为可比对象,选择合适的价值比率作为比较因素,进而在与待评估对象进行对比分析的基础上,确定待评估资产价值的方法。在实务应用中,如何筛选出适宜的可比对象与价值比率是上市公司比较法的核心步骤,也是最具挑战性的环节。当选定可比对象后,收集并分析这些可比公司的运营及财务数据,以获取全面可靠的分析结论是后续最关键的工作内容,它们为市场法具体的评估测算奠定了基础。

通常,上市公司比较法所需的数据主要来源于证券市场的公开信息披露,包括但不限于实时的股票价格、企业年度和半年度报告、各类公告以及证券机构发布的分析报告等。具体的获取途径则包括 Wind 资讯、大智慧、同花顺等金融机构网站,也可以通过证监会、各证券交易所以及上市公司官网等渠道来搜集信息。

5.1.1 常见的价值比率

价值比率(Multiples)又称价值乘数,是股票价格与发行公司某一财务参数的比值,是一种以乘数形式计量的价格尺度,可以在市场法评估中为不同企业或不同股票之间的比较提供基准。价值比率的实质是"单位价值"的概念。

价值比率按照分母的性质,可分为盈利比率、资产比率、收入比率和其他特定比率;按照分子所对应的权益,可分为权益价值比率和企业整体价值比率。常用的价值比率主要如表 5-1 所示。

表 5-1 常用价值比率

项目	权益价值比率	企业整体价值比率
盈利比率	P/E(市盈率) PEG $P/FCFE$	$EV/EBITDA$ $EV/EBIT$ $EV/FCFF$
资产比率	P/B(净资产账面值) Tobin Q 系数	$EV/TBV1C$(总资产或有形资产账面值) EV/重置成本
收入比率	P/S	EV/S
其他特定比率	—	EV/制造业年产量 EV/医院的床位数 EV/发电厂的发电量 EV/广播电视网络的用户数 EV/矿山的可采储量

(1)市盈率。在所有价值乘数中,市盈率(Price Earnings Ratio,简称 P/E)是使用最广泛的指标之一。它指的是股价与盈利之间的比率,通常可用式(5-1)来表示:

$$P/E = 股价/每股收益 \tag{5-1}$$

市盈率具有以下几方面优点:①市盈率是股票价格与每股收益的比率,即单位收益的价格,它可以直接用于不同收益水平的股票之间的比较;②对于那些在某段时间内没有支付股息的股票而言,市盈率同样适用,而股利贴现模型却不能;③使用市盈率进行市场法评估,需要对相关参数进行估算,但涉及的参数简单,工作量也比股利贴现模型及股权自由现金流贴现模型要少。

相应地,市盈率也存在缺陷:①市盈率模型的理论基础较为薄弱,而股利贴现模型等收益法的评估逻辑更为严密;②在采用市盈率对股票进行比较时,它只能决定不同股票间市盈率的相对大小,却不能决定股票绝对意义上的市盈率水平。尽管如此,获益于操作简便的优势,市盈率模型仍然被广泛用于评估股票价值。

关于市盈率的分类,按发行公司增长情况的不同,大致分为零增长模型、固定增长模型和分阶段增长模型三类。此处重点讨论固定增长模型,其他两类模型可类推得到。

借用股利贴现模型之不变增长模型中的式 $PV=\dfrac{DPS_1}{r-g}$。其中,DPS_1,r,g 分别代表第一期支付的股息,贴现率和股息增长率(常数),PV 代表股票的内在价值。尽管股票的市场价格 P 可能高于或低于其内在价值,但是,当市场达到均衡时,股票价格应该等于其内在价值。

$$P_0=PV=\frac{DPS_1}{r-g} \tag{5-2}$$

而每期的股息应该等于当期的每股收益(EPS)乘以派息比率(b),代入式(5-2),得到:

$$P_0=\frac{DPS_1}{r-g}=\frac{EPS_1\times b_1}{r-g}=\frac{EPS_0\times(1+g)\times b_1}{r-g}$$

通常假定派息比率不变,因此取消 b 的下标,同时将 EPS_0 移项后,可以推出不变增长的市盈率模型的一般表达式:

$$P/E=\frac{P_0}{EPS_0}=\frac{b\times(1+g)}{r-g} \tag{5-3}$$

若采用未来预期收益来表示每股盈利,则该市盈率为前瞻市盈率,具体可用式(5-4)来表示:

$$P/E=\frac{P_0}{EPS_1}=\frac{b}{r-g} \tag{5-4}$$

从式(5-3)和式(5-4)中可以发现,市盈率(P/E)取决于三个变量:派息比率、贴现率和股息增长率。市盈率与股票的派息比率成正比,与股息增长率正相关,与贴现率负相关。若进一步将派息比率表示为增长率与 ROE 的关系式,则 ROE 对市盈率也存在显著影响。

此外,按不同形式的每股盈利进行划分,市盈率的分母除上述谈及的当期每股盈利和前瞻每股盈利外,还包括滚动每股盈利、充分稀释的每股盈利以及原始每股盈利等。

(2)市净率。市净率(Price to Book Value,P/B)是股票价格同每股账面价值的比值。其中,账面价值是资产负债表中的一个金额,它与表 5-1 中的股东权益项并不总是相等,表示的是普通股股东对公司所作投资的账面值。市净率通常可用式(5-5)来表示:

$$P/B=股价/每股账面价值 \tag{5-5}$$

市净率具备以下优点:①它的值永远是正数,在公司亏损导致市盈率为负值的时候,市净率模型仍然可以使用;②通常每股账面价值比每股净收益更稳定,在公司每股收益特别高或者特别低的时候,市净率分析的结果要比市盈率更加可信;③市净率模型适用于那些未来可能不会持续经营下去的公司。

但市净率也存在诸多缺陷:①市净率模型只考虑公司的有形资产,但有些行业及公司的人力资本、无形资产等可能比有形资产更重要且更容易影响股价;②在计算调整市净率时,通常要对财务报表进行一系列调整,尤其是在将那些以历史成本计价的资产调整为公允价值时,过程往往非常复杂。

市净率模型也同样可以根据公司的增长情况进行划分,此处根据固定增长情况下的市盈率公式,结合股权报酬率(ROE)等于每股收益(EPS)除以股权账面价值(BV),且假定 ROE 恒定不变,可以得到:

$$P/B = \frac{P_0}{BV_0} = \frac{ROE \times (1+g) \times b}{r-g} \tag{5-6}$$

若采用未来股权账面价值,则市净率为前瞻市净率,可由式(5-7)表示:

$$P/B = \frac{P_0}{BV_1} = \frac{b \times ROE}{r-g} \tag{5-7}$$

采用类似思路,我们可以推导得出零增长和分阶段增长情况下的市净率公式。

(3) 销售倍数。

销售倍数(Price to Sales,P/S)表示股票价格和每股净销售收入的比值。其中,净销售收入指的是销售收入减去销售返还和销售折扣之后的金额。计算销售倍数最关键的是确定每股净销售收入,尤其要注意公司有没有将未实现的销售计入收入中,同时估值人员在分析前要核实公司的会计信息质量。

销售倍数主要存在以下优点:①销售收入被粉饰的可能性要小于净利润和账面价值等指标,真实性方面更为可靠;②销售收入不存在负值,当市盈率是负值时,销售倍数仍然可以使用;③由于销售收入比净利润更稳定,销售倍数也就比市盈率更为稳定,当净利润出现较大波动时,使用销售倍数作为价值分析指标更加合理。

相应地,销售倍数也有缺陷:①即便销售收入表现出高速增长的态势,公司有可能仍处于亏损状态,这使销售倍数的分析结果容易误导投资决策;②由于销售收入不能反映不同公司之间的成本结构,比较得出的结论并不全面、容易缺乏可信度。

同样利用戈登模型,结合净利润率等于每股收益(EPS)除以每股销售额(S),对销售倍数进行推导,我们可以得到固定增长情况下的销售倍数公式:

$$P/S = \frac{P_0}{S_0} = \frac{(EPS_0/S_0) \times b \times (1+g)}{r-g} \tag{5-8}$$

可见,销售倍数与销售净利润率、股息支付率、股息增长率成正比,与折现率成反比。同时,销售利润率还会通过影响 g 而间接影响销售倍数。实操中,评估人员通常多采用当前销售倍数来进行比较,并须加强对风险、盈利增长等基本因素的分析。

(4) 企业价值/息税折旧摊销前利润倍数。

企业价值/息税折旧摊销前利润倍数(EV/EBITDA)是一个衡量价值的指标,当公司之间的债务杠杆存在较明显差异时,$EV/EBITDA$ 比 P/E 更适用于在企业间进行比较。其中,企业价值(Enterprise Value,简称 EV)指的是公司总的市场价值扣除现金与投资之后的剩余价值;息税折旧及摊销前利润(Earnings Before Interest, Taxes, Depreciation and Amortization,简称 EBITDA),表示未计利息、税项、折旧及摊销前的利润。

$EV/EBITDA$ 的明显优势在于:①不受所得税率的影响,这使不同国家和市场的上市公司都更具备可比性;②不受资本结构的影响,即资本结构改变不会影响估值的准确性,有利于对资本结构存在显著差异的公司进行比较;③由于排除了折旧摊销这些非现金成本的影响,可以更准确地反映资产价值;④在 EBITDA 指标中,扣除的费用项目较少,这使它相对于净利润而言,成为负数的可能性也更小,估值使用范围便更广;⑤由于 EBITDA 指标不包括投资收益、营业外收支等其他收益项目,仅代表公司主营业务的运营绩效,运用该指标得出的比较结论更为纯粹,能真正体现公司核心业务的经营效果及其价值。

但 $EV/EBITDA$ 也存在一些固有的缺陷:①更适用于单一业务或子公司较少的公司估值,如果业务或合并子公司数量众多,通常需要做较为复杂的调整,有可能会降低其准确性;②与 P/E 等相比,$EV/EBITDA$ 的计算稍显复杂,需要对债权及长期投资的价值进行单独估计;③虽然不考虑税收因素能带来便利,但如果可比公司之间的税收政策差异很大,$EV/EBITDA$ 的估值结果就容易失真。常见价值比率的优劣比较具体如表 5-2 所示。

表 5-2 常见价值比率的优劣比较

价值比率	优点	缺点
P/E	简单、好用	受会计政策影响 周期性公司的 PE 波动较大 难于找到所有决定因素相匹配的公司 受公司的融资结构变化的影响
P/B	稳定 亏损公司亦适用	受会计政策影响 对服务行业不适用 净资产为负的公司不适用
P/S	稳定、收入较不易受操控 对亏损和净值为负的公司亦适用	无法反映成本情况
$EV/EBIT(DA)$	不受会计政策影响 不受资本结构影响 跨国比较亦适用	不适用于银行 不适用于利润大部分靠联营公司贡献的公司

通常,券商估值倾向于采用 P/E 和 P/B 等股权口径的价值比率;而估值人员多采用 $EV/NOIAT$、$EV/EBITDA$ 和 $EV/EBIT$ 等全投资口径的盈利类价值比率。

> **补充材料 5-1** 《资产评估准则》有关价值比率的要求
>
> 第三十八条 价值比率通常包括盈利比率、资产比率、收入比率和其他特定比率。
> 估值人员在选择、计算、应用价值比率时,应当考虑:
> (一)选择的价值比率有利于合理确定评估对象的价值;
> (二)计算价值比率的数据口径及计算方式一致;
> (三)应用价值比率时对可比公司和被评估企业间的差异进行合理调整。

5.1.2 操作步骤

步骤一，选择可比公司。

对于可比公司的筛选，评估人员可主要搜集企业的基本概况、财务状况以及资产交易价格（如股价）这三方面信息。具体涉及以下多种因素。

第一，外部环境，包括：①所处行业，主要是行业竞争的关键点、行业发展阶段、各公司在行业中的地位；②地域特征，即主营业务涉及的地理范围及其市场特征，尤其要考虑待估资产上市情况下的交易市场特征。

第二，企业情况，包括：①业务内容与规模，如涉及的具体产品及服务、业务模式、受众群体等，还有由业务量、营收、利润等方面决定的企业规模；②所处阶段及未来预期，即企业目前处于初创期、增长期还是成熟期，后续的增长情况大致是怎样的；③资本结构，即企业的债权比与信用状况。

第三，资产本身的特征，包括交易价格、波动程度等，尤其需要注意比较其中可自由交易的规模，即未集中在少数股东手中的股份比例。

最终确定的可比公司通常需符合以下条件。

第一，拥有一定期限的上市交易历史。由于评估过程需要对资产交易数据进行分析，所选可比公司最好有至少 2 年（24 个月）的上市历史，以确保其上市运营的稳定性。

第二，主营业务相同或相似，且持续经营该业务不少于 2 年。这主要是为了确保可比公司与待估公司在业务性质与内容上的一致性，同时也避免了将因资产重组等变动而刚开始从事某项业务的公司作为可比公司。

第三，生产规模与经营业绩相近。可比公司的资产规模和生产能力应与待估企业相匹配，同时双方的盈利能力也应处于相似水平，这样可以保证资产风险水平亦相近。

第四，预期增长率相当。这是指可比公司的预期成长性应与待估企业基本一致，以确保未来发展潜力的相似性。如难以满足，可通过预期增长率的调整来修正差异。

补充材料 5-2　使用第三方数据库须注意的问题

在可比公司筛选过程中，若使用的数据资料来自第三方（尤其当采用多个第三方数据库时），需要注意以下问题：

第一，严格意义上，数据资料的真实性与准确性无法获知，应在具备条件的情况下进行核实，或至少选用一定权威性的数据库；

第二，当使用多个数据源时，同一指标的定义可能缺乏统一性，如行业代码就存在多个口径的分类标准、资产统计口径也可能不同、固定资产的价值记录是按账面价值还是市场价值，尤其要注意盈利等关键指标的计算逻辑；

第三，当不同数据库的数据资料出现矛盾时，必须进行佐证推敲，并结合经验做好事先判定，再着手使用。

补充材料 5-3　　可比公司的数量确定

原则上,可比公司的数量主要取决于以下因素。

第一,与目标公司的相似性。可比公司与目标公司越相似,需要的可比公司数量越少。

第二,价值计量数据的分布。价值计量数据分布越分散,则需要越多的可比公司数据,来识别与目标公司相关的规律。

第三,当可比公司数量较多时,可排除彼此之间非常相似的可比公司,即拉大可比公司之间的相对差距。

评估人员可以通过建立数学模型,如聚类模型、灰色关联度分析等,对可比公司进行相似度的排序,根据排序优化选择。

补充材料 5-4　　可比公司选择的若干问题

问题一,当待估资产属于内地上市企业时,能否选择在香港或国外上市的公司作为可比公司?

操作建议:在哪个市场上选择对比公司主要由待估对象将要在哪个市场上交易来决定。一般情况下,待估资产在国内市场交易,评估对象指的是该资产在国内市场上的价值,因此通常需要选择能代表国内市场价值的国内上市公司作为可比公司。

问题二,能否选择公司经营地在内地,但在香港或国外上市的公司作为可比公司?

操作建议:与前一个问题的思路一致,评估得到的资产市场价值是针对资产所在交易市场形成的,因此评估值应该主要反映"市场"所在地,而不是"资产"所在地。待估资产在国内市场交易,因此不建议选择境外交易的可比公司。同时,类似这种经营地与交易市场跨境的企业,一般要尽量避免选作可比公司。

问题三,若待估资产所属公司的注册地在开曼群岛,评估对象是其在香港市场的股票价值,能否选择在联交所上市的注册地在中国内地的公司作为可比公司?

操作建议:可以,因为可比公司的股票交易市场与目标企业的股票交易市场属于同一市场。但需要注意的是,由于中国的国家风险、税收政策等与开曼群岛完全不同,当选择注册地为中国内地的公司作为可比公司时,评估人员需要进行风险、税收等方面的调整。

问题四,可比公司是否一定要选择发行单一 A 股股票的上市公司,能否选择有国内 B 股或 H 股的可比公司?

操作建议:最好选择仅发行 A 股的上市公司,如果遇到特殊情况,需要选择带有 B 股或 H 股的上市公司,则至少要将可比公司进行虚拟分割,将 B 股和 H 股按比例"剥离"。

步骤二,调整财务报表,使其正常化。

由于不同企业之间或同一企业不同年度之间的财务报表编制基础可能不同,在基于财务报表进行分析与计算时,如果财务报表编制基础和报表口径不具备连续性或可比性,很可能导致价值比率 P/E、P/B、P/S 等的历史情况不可比,对评估结论产生较大的影响。因此,确定可比公司之后,评估人员需要调整目标公司的历史财务报表,使它们都建立在相同的统计基础上。尤其需要注意以下内容:已终止或被收购的业务、部分须剥离的业务、历年会计政策的变化情况或异常会计处理、非公平交易涉及的收入与支出、公司税率的变化、折旧摊销政策、非经常性项目与非经营性项目、过量的所有者薪金以及非正常的租金费用或租赁安排等。

补充材料 5-5　针对非经营性资产的处理

一般情况下,推动股价上涨的主要因素是上市公司未来主营业务收益的预期,但也存在部分股票,其股价体现的是企业所有资产的收益预期。资本市场中类似案例有很多,如两面针、辽宁成大等。这些股票如果只依靠企业主营收益,股价不可能长期维持高位,相反它们依赖的是企业持有的其他上市公司的股票等金融资产。对于这类金融资产,估值应该计入非经营性资产,也就是从总资产(或者说企业价值评估)的角度去定价。

但由于上市公司的非经营性资产有时较难准确界定,因此实际操作更侧重于考虑非经营性资产的界定难度。当需要严谨评估股票价值时,若非经营性资产能明确界定出来,评估人员应对其进行剔除后,再对股票进行估值分析。若不能界定或非经营性资产本身占总资产的比重低到可以忽略不计,则可以简化不做剔除。

步骤三,计算价值比率。

通常,我们会预先计算多个价值比率,计算时须结合时效性和波动情况,确定采用的数据时限,具体包括股价和财务参数两类数据对象。

第一,股票价格时限一般不超过 60 日,存在 4 种常见时间段:①估价时点当日的股票收盘价或均价;②估价时点前 20 日股票收盘价或均价的均值;③估价时点前 30 日股票收盘价或均价的均值;④估价时点前 60 日股票收盘价或均价的均值。

第二,则根据不同的指标类型,财务数据时限有所区别。通常针对资产的相关数据多采用评估时点的相应值;收益、盈利方面的数据则存在 4 种常用时间段,包括过去 12 个月、上一财年、近 5 年平均水平、下一年度预测。评估人员应在预测数据可获得的情况下,尽量选取预测或当年盈利数据而非历史数据。时间段选择的优缺点如表 5-3 所示。

表 5-3　时间段选择的优缺点

时间	优点	缺点
过去 12 个月(LTM)	能反映最新信息及公司当前经营状况	很可能无法直接获取,需要通过中期财务报表计算得到 中期财务报表可能缺乏一些年度报表中的细节 某些账目可能记账方法不一致,导致过去 12 个月的数据计算复杂化
上一财年(LFY)	可直接获得,不需要进一步计算	时效性较差 各公司财年起止日期不尽相同

(续表)

时间	优点	缺点
近5年平均水平	可消除周期性对营运表现的影响	时效性较差 没有考虑公司未来变化
下一年度预计	最具相关性,因为市场受预期驱动 不包括历史财务数据偏差,因此不需要调整	难以获得可比公司的预测情况 适用于预期收益与最近收益显著不同时

在实务操作中,价值比率的数据时限应该视具体情况定,不能一概而论。如果企业近几年的财务数据波动较大,但在估价时点的情况较为平稳,则采用估价时点的数据更合理。如果企业近几年的财务数据较平稳,则可以考虑采用近年平均水平。采用近年平均数进行计算,虽然时效性不强,但可以避免具体时点的异常波动问题,类似2015年国内股市大起大落的情况,就容易导致价值比率计算结果的失真。此外,所有公司的价值比率计算应在数据时限上保持一致,即同时采用"时点型"或同时采用"区间型",不能在不同公司之间选择不同的数据时限进行计算。

步骤四,选择最适宜的价值比率。

价值比率的适宜与否,对估值的准确性影响较大。价值比率的选取涉及较多专业判断,因此有一定的操作难度,需要考虑多种因素。例如,对于亏损的企业而言,市盈率(P/E)很可能不是最佳选择,相反,收入比率或资产比率可能更为合适;对于账面净资产为负的企业而言,市净率(P/B)同样不适宜,此时考虑收入比率或其他比率可能更可行。以下是选择价值比率的三种常见方法。

第一,基本因素法。该方法强调企业的突出特征或企业间的突出差异,倾向于使用与该特征或差异相关性最高的财务参数来计算价值比率。举例而言,针对高科技企业或无形资产较多的企业,盈利比率或收入比率可能比资产比率更能反映其价值;如果企业的成本和销售利润水平较为稳定,那么收入比率可能是更为合适的选择;若可比对象与目标企业的税收政策存在显著差异,税后收益的价值比率可能优于税前收益的价值比率;当可比企业与目标企业的资本结构存在重大差异时,通常应选择反映企业整体价值的投资口径的价值比率。

第二,统计方法。该方法通过回归分析价值比率与相关因素之间的关系,选择具有最高拟合程度的价值比率,以实现最大限度解释待估资产价值的目的。通常,资产比率的相关因素包括预期增长率、股息支付率、风险和净资产收益率;收入比率的相关因素则包括预期增长率、股息支付率、风险和净利润率。

第三,行业惯例。依据过往实践经验,部分行业已总结出较为适宜的价值比率,它们与行业的对应关系在一定程度上已约定俗成,如表5-4所示。

表5-4 部分行业的常用价值比率

行业	细分	常用价值比率
汽车	制造	P/S
	零部件	P/CE的相对指标,P/S

(续表)

行业	细分	常用价值比率
	银行	P/BV
保险	财险	P/AV, P/BV
	寿险	P/AV, P/EV
证券	经济	P/E, $EV/$营业部数量, $EV/$交易活跃账户数量
	自营	P/BV
	基金	P/AUM
基本原材料	造纸	P/BV
	化学制品	$EV/EBITDA$, EV/S, P/CE
	金属和矿物	$P/LFCF$, $EV/EBITDA$
	建筑	$P/LFCF$, EV/FCF, P/S, $EV/EBITDA$
商业服务	一般	$EV/EBITDA$, $ROCE$, $P/LFCF$, P/S, $(P/S)/GROWTH$
	批发	P/E
	零售	P/S
资本性产品	工程制造	P/S, $EV/EBITDA$, EV/S
	国防	P/S, $EV/EBITDA$, EV/S
食品、饮料和烟草	食品生产	$EV/EBITDA$, EV/CE
	啤酒生产和酒吧	$ROCE$, $(P/S)/GROWTH$, P/S 的相对指标
	酒精饮料	$EV/EBITDA$
	烟草	$ROCE$
	保健	P/S 的相对指标/$S\&P$; $EV/EBITDA$
	休闲	$EV/EBITDA$
	传媒	P/S 的相对指标; $EV/EBITDA$
石油天然气	综合油气公司	P/S, EV/CV
	房地产	P/FAD, $EV/EBITDA$, P/NAV
零售和消费品	服装	与市场和部门比较的 P/S, $EV/EBITDA$
	食品	P/S 的相对指标
	奢侈品	P/S, $(P/S)/GROWTH$, EV/S, $(EV/E)/EBITDA$ 的增长率
信息技术	早期发展	P/S, P/B
	初步盈利	P/E, PEG
	中后期发展	P/E
	电讯	$(EV/E)/EBITDA$ 的增长率, EV/S, $P/CUSTOMER$

(续表)

行业	细分	常用价值比率
交通	航空	EV/EBITDA
	公路客运	P/S
公用事业		P/S，P/CE
采掘业		EV/RESERVE，EV/RESOURCE，EV/ANNUAL CAPABILITY
制造业	钢铁	P/B，EV/ANNUAL CAPABILITY
	消费品制造	P/E
	机械制造	P/E
	生物制药业	PEG
基础设施业		EV/EBITDA，P/B

补充材料 5-6　德勤关于价值比率及可比公司选择的经验总结

根据德勤咨询的相关实践，选择价值比率和可比公司需要考虑以下因素：

第一，选择与行业最相关的倍数，如银行业收购多采用市净率，矿业收购多采用市价与金属量/矿石量比率；

第二，应将重点放在与目标公司的业务、风险和成长潜力最为相似的可比公司上；

第三，应首先将重点放在本土公司上，其次考虑外国公司；

第四，与业务单一的公司相比，业务多样化的公司将面临多种机遇与风险；

第五，交易不活跃股票和突然有大量股票交易的股票，其市值具有更大的波动性；

第六，对于周期性行业，应注意不能重复考虑周期性因素，即不能同时调整盈利水平和盈利倍数；

第七，应避免在缺乏合理解释的情况下，选取某些有争议的同业公司作为可比公司；

第八，必须清楚地陈述选取可比公司的理由和标准，除非有重大变动，否则都应保持选择标准的一致性。

步骤五，做好比较分析，包括定量和定性。

这是指将目标企业和可比企业进行对比分析，可采用定性与定量相结合的方式，以便后续对价格乘数作出调整。

第一，定性分析。这要求分析师关注那些直接影响企业价值的因素，并评估这些因素如何在目标企业和可比企业之间造成差异。具体主要包括：①企业规模；②市场竞争地位；③管理效率及其可持续性；④无形资产状况，专利、商标、品牌等无形资产对企业的长期价值存在重要影响；⑤产品的多样化程度，产品或服务的多样性可降低风险，并提高市场竞争力；⑥所辐射市场的异质性，不同地域市场可减少地缘政治风险；⑦对供应商与客户的依赖度，过度依赖单一供应商或客户，可能会增加企业经营风险；⑧产品所处生命周期，即产品所处阶段会影响企业的增长潜力与盈利能力。

在实操中,评估人员通常可采用两种模型,来分析上述因素。①波特五力分析模型,通过分析行业竞争状况、潜在的新进入者威胁、替代品的威胁、供应商的议价能力和买家的议价能力,来评估目标公司在行业中的整体吸引力和盈利潜力。② SWOT 分析模型,通过对目标公司和可比公司的优势(Strengths)、劣势(Weaknesses)、机会(Opportunities)和威胁(Threats)进行分析,来识别各自的内部优劣势和外部机会威胁。

如果目标企业与可比企业有显著差异,导致风险增加或成长性降低,则其价格乘数应低于参考企业。反之,如果目标企业的风险较低且成长性较高,其价格乘数应高于可比企业。

第二,定量分析。该分析主要侧重于比较企业的财务表现,包括盈利能力、资产回报率、负债水平等。这些分析有助于揭示企业经营状况与行业平均水平之间的优劣关系,明确现存差异对企业资产价值的影响。同时,定量分析还便于了解目标企业与可比企业在风险、成长性等方面的差异,为调整价格乘数进一步提供依据,以确保估值的准确性。

定量分析的具体方法主要包括两种:①趋势分析法(纵向比较),主要通过分析企业的历史财务数据,来判断后续企业营收的变化趋势。②同行业对比法(横向比较),即将企业的财务指标与可比企业进行比较,以评估其在行业内的相对地位。

步骤六,调整价值比率。

在市场法的实践过程中,确定合适的可比公司与价值比率是其中较为关键的步骤。但在将这些价值比率用于估算前,评估人员必须对它们的取值进行适当调整。这种调整往往不是简单地采用可比公司价值比率的平均值或中位数进行代入,因为很难找到与目标公司在所有相关方面完全相同的可比公司。因此,能否准确调整可比公司的价值比率,对评判市场法估值的合理程度至关重要。

价值比率的调整方法主要有主观调整法、矩阵法和回归法三种。

第一,主观调整法。该方法是指资产评估师结合实际经验,通过分析价值比率的影响因素在可比资产与待估资产之间的差异,对可比资产的价值比率进行调整,进而得到待估资产的价值比率的方法。该方法侧重评估师的主观分析,但在分析思路上通常需要遵循价值比率变化的客观规律。如在使用市净率(P/B)进行比较分析时,评估师应关注净资产收益率(ROE)与 P/B 之间的关系,据此对待估资产的价值比率进行合理调整,而非毫无根据地随意分析。

通常,影响价值比率的因素往往有多个,选取的可比资产也倾向于多个。当运用主观调整法时,常规操作首先以目标资产的情况为基准,对每个可比资产价值比率的每一个影响因素进行打分;其次根据打分结果计算每个可比资产的每个影响因素的调整系数(常用均值法);再次所有因素的调整系数进行累乘,得到与每个可比资产相应的综合调整系数,并根据该系数求取目标资产的调整后价值比率;最后,采用算术均值或其他方法,根据多个目标资产的调整后价值比率,确定最终的价值比率。

第二,矩阵法。该方法主要按某些关键变量的大小,将价值比率划分为四个象限,通过分析不同象限的估值情况,来判定估值的合理性。以市净率(P/B)为例,我们可以结合净资产收益率(ROE)的不同水平将相关资产分为四个象限,进而形成一个矩阵,其中每个象限分别代表不同水平的 ROE 与 P/B 的组合,如图 5-1 所示。通常,矩阵的左下和右上象限代表合理的估值区域,而左上和右下象限则可能表示估值过高或过低。当然,这种方法的一个基本前提假设是 ROE 与 P/B 之间存在线性关系。如果相关资产之间的风险增长等差异较大,矩阵法很可能不适用。

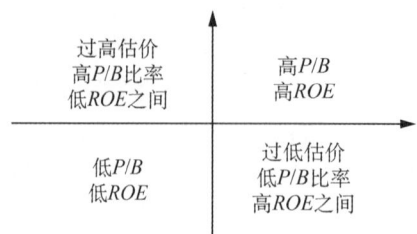

图 5-1 矩阵法

第三,回归法。矩阵法在识别极端估值时较为有效,但在区分那些没有明显高估或低估的资产时容易显得不够精确。回归法可以避免这方面的缺陷,为价值比率的调整提供新思路。回归法通过收集大量可比资产的价值数据,构建价值关于价值比率影响因素的回归方程,运用统计学方法来估计它们之间的相关性,并进而确定待估资产的价值比率。

【案例 5-1】

回归法调整 HZ 银行市净率

现拟采用市场法中的市净率,对 HZ 银行的股票价值进行评估。为准确调整该银行的市净率,评估人员建立银行每股价格关于每股净资产的回归方程(见下式),拟合得到的回归系数即为市净率。

$$P = \alpha + \beta \times B$$

式中,P——每股价格;

B——每股净资产;

β——市净率;

α——截距项。

需要注意的是,评估人员运用回归法估计价值比率,应优先确保市场上有足够多的可比资产且相关数据可获得,因为只有当样本量达到统计意义时,回归法才可以适用。

通过分析各银行的财务指标情况,评估人员最终选取 16 家上市商业银行作为参照物,将它们的每股价格和每股净资产数据代入回归方程进行估计。截至目前,所有可比银行的基本情况如表 5-5 所示。

表 5-5 可比银行基本情况

金额单位:元

可比公司	总股本(股)	归属母公司股东的权益	归属母公司股东的净利润	每股收盘价	每股净资产
A 银行	14 348 824 165	122 996 336 685	19 177 210 893	12.39	8.57
B 银行	4 990 528 316	35 495 880 166	5 989 582 490	10.90	7.11

(续表)

可比公司	总股本(股)	归属母公司股东的权益	归属母公司股东的净利润	每股收盘价	每股净资产
C银行	26 714 732 987	104 108 000 000	17 581 000 000	5.02	3.90
D银行	21 576 608 885	134 006 000 000	25 769 000 000	12.81	6.21
E银行	2 968 933 194	18 833 743 000	2 310 912 000	9.94	6.34
F银行	5 992 450 630	91 995 287 274	18 520 582 153	24.05	15.35
G银行	6 227 561 881	42 545 984 000	6 803 030 000	11.44	6.83
H银行	324 794 117 000	542 071 000 000	94 873 000 000	2.68	1.67
I银行	56 259 641 398	222 773 000 000	39 042 000 000	5.48	3.96
J银行	349 018 545 827	820 430 000 000	165 156 000 000	4.24	2.35
K银行	40 434 790 000	81 364 467 000	12 790 228 000	3.96	2.01
L银行	250 010 977 486	696 792 000 000	134 844 000 000	4.59	2.79
M银行	279 147 223 195	644 165 000 000	104 418 000 000	3.23	2.31
N银行	39 033 344 054	120 175 000 000	21 509 000 000	5.25	3.08
O银行	2 883 820 529	15 876 639 000	2 321 986 000	12.40	5.51
P银行	3 485 013 762	33 512 876 000	6 283 816 000	15.79	9.62

根据每股收盘价与净资产的拟合关系图(见图5-2)可知,各散点基本分布在拟合线附近,两者总体呈线性正相关,即净资产的上升会引起股价的上涨,因此前文构建的线性模型是合理的。

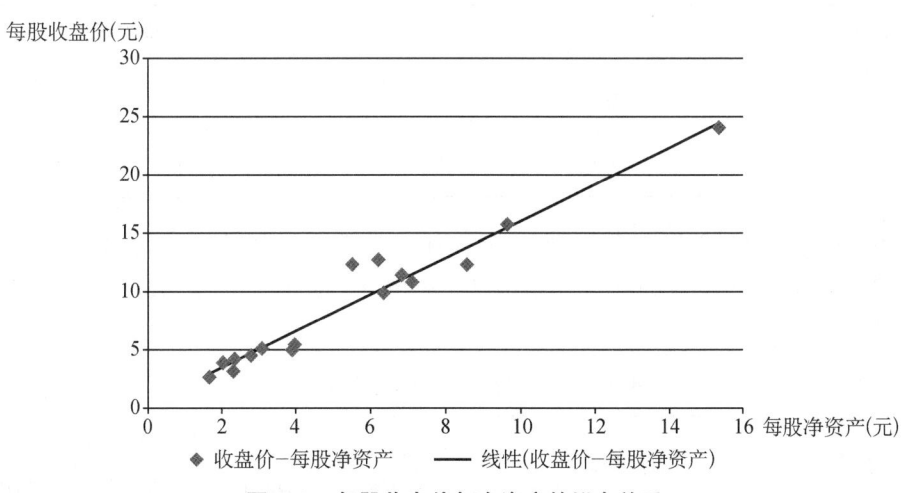

图5-2 每股收盘价与净资产的拟合关系

根据拟合得到的回归结果,α和β的估计值均显著,分别为0.061和1.561,从F统计量(4 643.55)和R^2(0.59)的情况也可以看出模型整体显著,回归结果较可靠。由此,我们确定能综合反映可比公司市净率的值为1.561。

已知评估基准日 HZ 银行归属于母公司的净资产为 499 724 818.97 元,股本(实收资本)为 452 763 700 元,可得每股净资产为 1.104 元。结合回归方程得到的调整后市净率,HZ 银行的股票价评估值为 1.783 9 元,全部股权价值为 807 685 164.4 元。

【案例 5-2】

其他方法调整 W 银行市盈率

现 JL 公司计划收购 W 银行部分股权,拟采用上市公司比较法对该部分股权价值进行评估。根据当前资本市场特点及 W 银行股权交易历史,评估人员对国内银行类上市公司的市盈率(P/E)、市净率(P/B)等价格乘数进行了比较分析,认为市盈率(P/E)指标最适合此次评估。

据此确定基本思路如下:根据调查取得的评估基准日银行类可比上市公司的市盈率平均数,结合《2010 年金融企业业绩评价标准值》银行业绩效评价指标,计算在"良好"标准下,待估企业参照行业市盈率的调整系数,最终得出调整后市盈率。

(1) 选择可比公司。本次评估对可比公司的选择标准包括:已发行人民币 A 股;属于银行业;至少有 3 年上市历史;近 3 年为盈利公司;为区域性银行或者以前为区域性银行。查看 A 股市场上的 16 家银行业上市公司,根据上述五项原则,最后选取 4 家银行为本次评估中的样本银行。

(2) 确定基准价格乘数。主要根据各样本银行的市盈率,采用其平均值 7.56 作为待估银行的基准市盈率。具体计算过程如表 5-6 所示。

表 5-6 国内银行类可比上市公司市盈率表

单位:倍

可比公司	市盈率(动态)	可比公司	市盈率(动态)
A 银行	7.98	D 银行	6.88
B 银行	7.93	平均	7.56
C 银行	7.46		

根据 W 银行 2012 年度报表,我们可以计算其资产及经营状况的相关指标,并将这些指标与银监会标准进行比较,发现 W 银行的总体运营状况较好,具体如表 5-7 所示。

表 5-7 W 银行监管指标的历史情况

指标类型	指标名称	银监会的监管标准	监管指标值		
			2010 年	2011 年	2012 年
资本充足情况	资本充足率	≥8%	16.94%	16.92%	16.19%
	核心资本充足率	≥4%	13.11%	13.69%	13.69%
	杠杆率	≥4%	5.97%	6.27%	6.70%

(续表)

指标类型		指标名称	银监会的监管标准	监管指标值		
				2010年	2011年	2012年
信用风险指标	资产质量	不良资产率	≤4%	1.02%	0.78%	0.58%
		不良贷款率	≤5%	1.67%	1.23%	0.94%
		贷款损失准备充足率	≥100%	170.79%	187.02%	207.48%
		拨备覆盖率	≥150%	291.95%	340.58%	379.88%
		贷款拨备率	≥2.5%	4.87%	4.18%	3.58%
	集中度风险	单一集团客户授信集中度	≤15%	10.54%	9.32%	7.76%
		单一客户贷款集中度	≤10%	7.10%	5.43%	4.68%
		最大十家集团客户授信集中度	无	82.17%	73.51%	63.23%
		最大十家客户贷款集中度	无	51.41%	39.71%	34.94%
流动性风险指标		流动性比例	≥25%	45.87%	47.35%	52.10%
		流动性覆盖率	≥100%	422.68%	493.16%	299.60%
		净稳定资金比例	≥100%	201.34%	193.02%	119.68%
		流动性缺口率	≥-10%	57.32%	45.42%	-9.70%
		核心负债依存度	≥60%	72.92%	67.77%	68.65%
		存贷款比例	≤75%	56.64%	58.03%	59.51%
		人民币超额备付率	无	4.50%	5.92%	5.21%
盈利性指标		资产利润率	≥0.6%	1.31%	1.66%	1.67%
		资本利润率	≥11%	19.86%	24.95%	23.87%
		成本收入比	≤35%	31.53%	31.14%	33.92%
		中间业务收入比率	无	8.99%	8.37%	7.13%
		非利息收入占比	无	12.78%	8.69%	8.73%

（3）调整市盈率。

通常，资本市场的上市公司是同行业的佼佼者，而区域银行在同等条件下，相比其他全国性银行略逊色，故选取金融企业绩效评价（参考《企业绩效评价标准值（2012）》）"良好"标准下的评价指标与W银行进行对照，根据相应指标的绝对值和相对值，计算出"良好"标准下的调整系数，如表5-8所示。

表5-8　W银行经营指标与金融企业绩效评价指标"良好"标准比较

指标	良好	W银行	权数	差异绝对值	差异相对值	综合调整系数
资产利润率	1.40%	1.67%	17.65%	0.27%	19.29%	3.40%
资本利润率	20.10%	23.87%	11.76%	3.77%	18.76%	2.21%

(续表)

指标	良好	W银行	权数	差异绝对值	差异相对值	综合调整系数
成本收入比	33.00%	33.92%	5.88%	−0.92%	−2.79%	−0.16%
利润增长率	56.00%	22.52%	5.88%	−33.48%	−59.79%	−3.52%
不良贷款率	1.20%	0.94%	11.76%	0.26%	21.67%	2.55%
拨备覆盖率	209.90%	379.88%	5.88%	169.98%	80.98%	4.76%
杠杆率	4.80%	6.70%	5.88%	1.90%	39.58%	2.33%
资本充足率	11.90%	16.19%	17.65%	4.29%	36.05%	6.36%
核心资本充足率	10.00%	13.69%	17.65%	3.69%	36.90%	6.51%
合计						24.44%

根据《金融企业绩效评价办法》第二十一条，金融企业发放较多涉农贷款、中小企业贷款，提供较多农业保险的，给予适当加分，以充分反映不同金融企业社会贡献。具体的加分办法如下。

第一，涉农贷款加分。金融企业提供的涉农贷款占比超过10%加1分，超过15%加1.5分，超过20%加2分，超过25%加2.5分，超过30%加3分。其中，涉农贷款占比＝年末涉农贷款余额/年末贷款余额×100%。

第二，中小企业贷款加分。金融企业提供的中小企业贷款占比超过20%加1分，超过25%加1.5分，超过30%加2分，超过35%加2.5分，超过40%加3分，其中，中小企业贷款占比＝年末中小企业贷款余额/年末贷款余额×100%。

由W银行贷款的产业分类统计数据可得，涉农贷款占比为58%，按上述加分办法，W银行可加3分；中小企业贷款占比为约为30%，W银行可加2分。据此，进一步上调W银行的综合调整系数为32%。

调整市盈率＝动态市盈率×调整系数平均值＝7.56×(1+32%)＝9.993

步骤七，利用调整后的价值比率计算评估值。

根据价值比率本身的财务逻辑，结合调整后的价值比率，计算待估资产的价值。此处需要特别注意，可比资产与待估资产之间是否存在流通性差异等特殊情况。如果确实存在，需要扣除流通性折扣或增加控制权溢价等，才能得到准确的评估值。

补充材料 5-7 流通性折扣的计算基数

有时股价体现的是企业所有资产（而非主营业务）的预期收益，更倾向于反映企业整体价值。在这种情况下，根据《上市公司并购重组市场法评估研究》（赵立新和刘萍，2012），评估股权价值的常用计算公式如式(5-9)所示：

股权评估值＝(全投资价值比率×待估资产相关财务参数−付息负债＋
　　　　　营运资金保有量调整)×(1−缺少流通性折扣)×(1＋控制权溢价率)＋
　　　　　非经营性资产、溢余资产净值

(5-9)

由式(5-9)可知,流通性折扣的计算前提是扣除付息债务后,但实务中也存在一种操作,是在扣除付息债务前,即采用式(5-10):

$$
\begin{aligned}
股权评估值 =& [全投资价值比率 \times 待估资产相关财务参数 \times (1-缺少流通性折扣) - \\
& 付息负债 + 营运资金保有量调整] \times (1+控制权溢价率) + \\
& 非经营性资产、溢余资产净值
\end{aligned}
$$

(5-10)

这两个公式对应的都是股价体现企业所有资产的情况,但核心区别在于流通性折扣的计算基数不同。理论上,流通性折扣反映的是非上市公司与上市公司的股票在市场变现方面的差异,因此应该在单独股权价值的基础上进行打折,而非企业价值。全投资价值比率与待估资产相关财务参数的乘积,反映的是待估资产所在企业的整体情况,因此只有在扣除付息债务后,才能得到相应的股权价值,该值也才能作为流通性折扣的计算基数。可见,公式(5-9)是正确的。

补充材料 5-8　控制权与流动性因素的披露问题

通常,资产评估报告会披露目标资产的控制权与流动性情况。由于部分股东权益价值并不必然等于股东全部权益价值和股权比例的乘积,因此在评估实务中,如果经济行为是全部股权转让或股份制改制,则不需要说明控制权问题;但如果经济行为是部分股权转让,则必须表述"本次评估未考虑可能存在的控制权溢价或缺乏控制权的折价对评估价值的影响"。

关于流动性如何披露的问题,《资产评估执业准则》明确规定:"资产评估师应当在评估报告中披露评估结论是否考虑了流动性对评估对象价值的影响。"这要求不管有没有考虑流动性,都应该披露评估师的具体操作。所以,实务中如果未考虑流动性因素,应在报告中表述"本次评估未考虑流动性因素对评估对象价值的影响";如果考虑了流动性因素,则可以表述为"本次评估时考虑了流动性因素对评估对象价值的影响"。

5.2　交易案例比较法

相对于上市公司比较法而言,交易案例比较法的实务应用并没有那么广泛,通常多在可比公司为非上市公司的情况下予以考虑。但在原理上两种方法完全类似,操作步骤也相近,只是交易案例比较法中的可比对象一般是并购案例或本企业近期的资产交易案例。

同时,交易案例比较法的调整因素不涉及流动性,相反主要包含交易时间、交易条件等方面。由于交易案例的信息获取通常存在难度,有时甚至信息量十分有限,因此评估过程更应关注这些因素对评估结果的影响,重点须考虑:交易对象是否存在控制权差异,交易时间与估价时点之间的不同,交易协同效应的区别,以及企业规模、管理水平、市场占有率、增长率和风险程度等方面的差距。

目前,交易案例的信息获取渠道,主要有汤森路透、彭博、CVSource 和 Wind 等服务商。这些服务商提供的内容主要包括并购交易动态资讯、宏观经济与具体行业数据、市场与交易数据、交易深度信息等,平台功能则集中于信息查询与筛选、分类统计、图表制作、参数计算、案例对比、中介机构业绩排名等。国内各产权交易所也是可能的渠道。虽然近年产权交易所的信息披露逐渐规范化,但总体信息并不完善,其中最核心的问题是大量交易都不公布最终成交价格,导致对交易案例评估应用的支撑力有限。

5.2.1 常见的比较因素

1) 交易条款

交易案例比较法中的成交价格往往与交易条款有关。所谓交易条款是指交易附带的条件,具体可包括价格条款、支付条款、风险转移条款、补偿与责任条款、合同主体、标的物描述、履行期限与地点、权利与义务、保密条款、不可抗力条款等,这些内容对交易能否达成以及最终的成交价格都存在直接影响。

2) 交易方式

资产并购通常包括协议方式和公开交易方式两种,不同的交易方式对交易价格会存在一定影响。通常认为,公开交易方式更能促成公平交易,但有时公开交易的成交价格并不是市场价格,而是对于特定投资者的投资价值,其参考性需要针对评估业务的具体情况作出相应调整。此外,对于非公开的协议方式,其较易受某些主观因素影响,交易价格的公允性易受影响,因此针对协议交易案例的信息搜集工作,评估人员通常要做到更全面详尽。

3) 交易时间

上市公司比较法在选取可比资产时对交易时间的灵活度较大,通常可以找出交易时间与评估时点完全相同或非常接近的可比资产,因此该方法在操作内容上极少涉及交易时间的比较与修正。但交易时间的差异在交易案例比较法中常常存在,绝大多数情况下可比资产的交易时点都与评估时点存在一定差距,实务中评估工作最大限度能保证的也就是选择尽可能与评估时点相近的成交案例作比较,但交易时间的调整工作仍是一项重点。

对于上述交易时间因素,评估人员可以采用恰当的方式进行修正,其中较为常用的修正方式就是参考产权交易市场上的相关指数确定修正系数。但由于目前国内产权交易市场上的相关指数尚不容易获得,评估人员可以考虑根据数据公司提供的交易案例统计数据,自行设定一个"产权交易指数",并以此为基础进行对比交易案例法的交易时间因素修正。

【案例 5-3】

交易时间调整示例

现根据 CVSource 提供的相关产权交易数据,计算交易时间调整系数。具体以 2010 年第一季度并购交易案例的 P/E 均值(15.64)为标准,将其设定为 1 000,通过计

算其他季度并购交易案例的 P/E 均值与该值的比例,得出各季度的交易指数,计算公式如下:

$$本季度并购交易指数 = \frac{本季度并购案例 P/E 均值}{15.64} \times 1\,000$$

按照上述公式计算得到 2008 年第一季度至 2014 年第四季度并购交易指数,如表 5-9 所示。

表 5-9 非上市公司股权并购交易指数表

时间		案例数	静态市盈率平均值	并购交易指数(定基,以 2010 年第一季度为 1 000)	并购交易指数(环比,以上季度为 1 000)
2008 年	第一季	201	15.63	999.36	—
	第二季	265	18.31	1 170.72	1 171.47
	第三季	177	16.76	1 071.61	915.35
	第四季	275	15.69	1 003.20	936.16
2009 年	第一季	188	15.70	1 003.84	1 000.64
	第二季	240	15.33	980.18	976.43
	第三季	264	17.56	1 122.76	1 145.47
	第四季	352	16.46	1 052.43	937.36
2010 年	第一季	227	15.64	1 000.00	950.18
	第二季	337	15.15	968.67	968.67
	第三季	373	18.22	1 164.96	1 202.64
	第四季	392	18.23	1 165.60	1 000.55
2011 年	第一季	262	21.11	1 349.74	1 157.98
	第二季	335	19.85	1 269.18	940.31
	第三季	302	22.40	1 432.23	1 128.46
	第四季	389	21.36	1 365.73	953.57
2012 年	第一季	245	18.88	1 207.16	883.90
	第二季	320	21.56	1 378.52	1 141.95
	第三季	293	22.30	1 425.83	1 034.32
	第四季	208	22.31	1 426.47	1 000.45
2013 年	第一季	126	20.33	1 299.87	911.25
	第二季	180	21.27	1 359.58	1 046.48
	第三季	207	22.26	1 422.74	1 046.46
	第四季	400	21.77	1 391.47	978.02

(续表)

时间		案例数	静态市盈率平均值	并购交易指数（定基，以2010年第一季度为1 000）	并购交易指数（环比，以上季度为1 000）
2014年	第一季	251	21.81	1 394.42	1 002.12
	第二季	276	22.90	1 463.66	1 049.65
	第三季	336	23.72	1 516.09	1 035.83
	第四季	246	25.33	1 618.80	1 067.75

进一步根据上述交易指数，确定交易时间因素修正系数。通过查找可比资产交易日所在季度的非上市公司股权并购指数以及评估时点非上市公司股权并购指数，我们得到交易时间修正系数公式如下：

$$交易时间修正系数 = \frac{评估基准日并购指数}{可比资产交易日并购指数}$$

4）地域因素

地域因素对金融资产的影响相对较弱，通常不作考虑。但在交易案例比较法中，地域差异（或者表现为交易所的不同）往往与税收、交易费等区域性的政策制度有关，有时还会涉及区域交易量及交易活跃程度对待估资产交易的影响，因此也需要予以关注。

综合而言，上述4个因素是交易案例比较法考虑的最主要方面，有时直接利用这些因素调整可比资产的交易价格即可，有时则通过对价值比率的修正来间接得到待估资产的交易价格。对于有资料表明存在交易附加条款或交易不公允现象的案例，评估人员可以直接将其删除，还可以选择尽可能多的可比资产，通过充分稀释个别可比资产的不利影响，来得到最为合理的评估结果。

5.2.2 操作步骤

理论上，交易案例比较法的操作步骤基本与上市公司比较法相同，评估结果的计算也都倾向于通过对价值比率的综合修正来得出，仅可比资产的选取原则与比较因素存在本质差异。交易案例比较法是以适宜的已成交资产作为比较对象，从交易活动及资产本身的角度确定比较因素；而上市公司比较法是与上市资产进行比较，且通常以影响价值比率的因素作为比较范畴。因此，此处重点罗列最核心的操作步骤以及其中有别于上市公司比较法的地方。

1）选择可比交易案例

评估人员在搜集和筛选交易案例时，应首先建立一系列标准，确保案例的选择是客观且可靠的。由于上市公司的信息更为透明详尽，通常优先考虑涉及上市公司的交易案例。其次，要确保交易案例在各种价值影响因素方面与待估资产具备可比性，尽量避免选择差异过大的交易案例。具体主要包括经营业务相同或相似、成交日期与估价时点相近、控制权状态相同等。最后，所选交易案例要能提供充足且客观的信息，以确保评估的准确性。在理想情况下，与待估资产具有可比性的交易案例应属于同一行业。若同行业内的可参考案例有限,评估人员需寻找其他行业的交易案例作为补充,同时还要尽可能保障可比案例与待估资产在投资特性上具有相似性,如市场环境、产品类型、增长潜力、业务周期等因素。

补充材料 5-9　未完成交易的选取

是否只包括已完成的可比交易,还是同时包括完成的及待定的交易,是一个需要根据项目实际情况来确定的具体问题。已完成的交易通常会提供更好的市场交易依据,但有时可能披露的信息非常有限,因此也不一定是最佳选择。如果公布的但未完成的交易信息确实可信,采纳该案例总归有胜于无,因此可以将其纳入可比案例范畴内。同时,这些因素应该在确定是否使用交易案例比较法评估资产价值时,就全方位考虑到,而非在确定具体评估方法后才展开讨论。理论上,除了已完成的以及待定的可比交易,过去的交易、良性报价(如已获得融资担保的报价)、目标资产的潜在 IPO 机会等,都可以成为可用的信息。

补充材料 5-10　交易案例的时间跨度

通常,在识别可比交易时,需要调查评估时点之前几年内所发生的交易,然后再从中挑选相关性较大的案例用于评估。因此,交易案例的时间跨度应该合适且有一定的长度,毕竟较短时期内的交易活动往往有限,不利于保障可比案例的数量。同时,并购案例的价值比率不像股票市场那样易随时间有较大波动,有一定跨期性并不一定会对评估结果造成负面影响。

2)调整可比交易案例

在选定交易案例与价格比率后,评估人员应深入分析交易案例的相关情况,确定交易案例与待估资产的比较基础是一致的。如果可比案例与待估资产之间存在显著的会计政策及计量差异,评估人员须提前采取措施消除这些差异。此外,评估人员对非正常与非经常项目以及交易价格中包含的非现金项目也须进行适当调整。其中,须重点考虑的内容包括以下四个方面。

第一,限制性股权。当并购涉及的股份存在转让限制时,如《中华人民共和国公司法》规定股份在上市后一定期限内不得转让,这导致交易价格会低于完全流通的股份价格,进而对评估造成影响。

第二,雇佣和非竞争协议。若并购协议中包含股权卖方要求买方签署的雇佣或咨询服务协议,其费用的现值会体现在交易价格中。同时,如果买方要求卖方在交易后一段时间内不得从事竞争业务,并为此提供补偿,这部分补偿也会从交易价格中扣除。

第三,留任薪酬。为了留住待估公司的关键管理人才,收购方可能承诺在这些人达到特定业绩目标时给予奖励,这部分预期奖励成本也会计入并购交易价格中。

第四,分期付款。在某些情况下,卖方同意买方分期支付并购款项,如果分期付款的利率不等于市场利率,则会使用交易日的市场利率来重新调整并购交易价格。

3) 确定价值比率

明确交易涉及的仅是股权价值还是股权加负债的整体价值,这决定了评估应当选取股权资本乘数还是投入资本乘数。

第一,股权资本乘数。根据不同的业务情境,评估人员可以选用多种股权资本乘数。在交易案例比较法中,常用的股权资本乘数包括:①市盈率,通常用于资本密集度、折旧方法和税率相似的企业间的并购估值;②价格/税前利润,常用于企业在资本密集度和折旧方法上相似且不考虑税率差异的情况;③市销率,多适用于同一行业内具有统一利润率或市销率,并且与销售利润率强相关的公司;④价格/权益现金流,更适用于两个上市公司之间的并购,若目标公司为非上市公司,则不太适用。

第二,投入资本乘数。在交易案例比较法中,常用的投入资本乘数包括:①投入资本价格/税后营业净利润,适用于资本密集度、折旧方法和税率相似的企业间的并购;②投入资本价格/息税前利润,适用于不考虑税率差异且资本密集度和折旧方法相似的企业间的并购;③投入资本价格/息税折旧及摊销前利润,适用于忽略资本密集度和折旧方法差异的企业间的并购;④投入资本价格/投入资本现金流,尽管评估人员倾向于使用这个乘数,但实际中由于数据获取困难,其计算较为复杂。

4) 比较分析与估值

此处与上市公司比较法不同的地方主要在于,比较因素需要围绕交易及资产情况进行选取,即不单要考虑与资产相关的企业财务与运营现状,还要特别突出具体交易条件等方面的差异。在比较因素确定后,根据各可比案例得出的综合修正系数主要用于调整价值比率,而非资产交易价格,因为多数情况下交易案例比较法仍然是建立在价值比率基础上进行的,而不是资产交易的成交价格。如果因为使用多个价值比率而得到不同的评估结果,评估人员应考虑为这些结果分配适当的权重,以形成合理的估值结论。这要求评估人员具备敏锐的洞察力和专业的判断力,以确保权重分配的合理性。

【案例 5-4】

MJ 公司拟股权转让 WF 基金公司全部权益

现 MJ 公司拟股权转让 WF 基金公司全部权益,须采用市场法评估 WF 基金公司全部权益价值,评估过程如下。

1) 选取评估模型

基金管理公司的业务性质属于"受人之托、代理理财"的范畴,其主要业务收入来源为基金管理费收入。基金管理费一般是根据基金的投资类型,按照基金管理资产规模的一定百分比计提。因此,基金管理资产规模在一定程度上能反映公司的收入规模和股权价值。理论上,基金管理资产规模与基金的投资收益、销售渠道、研投能力、公司品牌等联系密切,而与基金管理公司的资本金多少没有直接关系。

基于上述特征,传统行业常用的市净率(P/B)并不适宜评估基金管理公司的股权价值。与市盈率(P/E)相比,价格与管理资产规模比率(Price/AUM,P/A)更能反映股权价值和资产管理规模之间的关系。因此,本次评估最终选用市场法中的 P/A 乘数模型进行估价。

2) 确定评估思路

P/A 乘数模型的原理是将待估基金管理公司与市场近期已交易的基金管理公司进行比较,找出待估资产与每个交易案例之间的差异,并据此对交易案例的成交价格进行调整,得出多个供参考的评估值,最后通过综合分析所有评估值,确定待估资产的评估结果。

针对多个可比交易案例,评估人员应该主要从交易标的、交易时间、交易方式、交易价格、行业排名、人员资质、管理费率等方面进行比较,借这些因素对可比案例的交易价格作出修正。P/A 乘数模型在基金公司股权价值评估中的常用计算公式为:

待估资产价值＝待估基金公司的资产管理规模×调整后的 P/A

调整后的 P/A ＝待估资产相对于各可比案例的 P/A 修正值的均值

待估资产相对于可比案例 i 的 P/A 修正值＝可比案例 i 的交易日 P/A × 以待估资产为基准的可比案例 i 的综合修正系数

可比案例 i 的综合修正系数 $=\prod$（可比案例 i 各比较因素的调整系数）

$=\prod$（100/可比案例 i 各比较因素的评分）

式中,i 表示第 i 个可比交易案例,具体取值 1,2,3,4。

3) 待估基金基本情况

截至评估时点 2020 年 6 月 5 日,WF 基金旗下共有 5 只基金(具体情况见表 5-10),基金资产份额共计 64.15 亿份,基金资产净值共计 35.86 亿元。

表 5-10 WF 基金旗下共有 5 只基金基本情况

项目	××精选混合型证券投资基金	××永利债券型证券投资基金	××永定股票型证券投资基金	××周期策略股票型证券投资基金
基金代码	××××××	A 类×××××× B 类××××××	××××××	××××××
基金类型	混合型	债券型证券投资基金	股票型证券投资基金	股票型证券投资基金
基金经理	×××	×××	×××	×××
基金管理人	××基金管理有限公司	××基金管理有限公司	××基金管理有限公司	××基金管理有限公司
注册登记人	××基金管理有限公司	××基金管理有限公司	××基金管理有限公司	××基金管理有限公司
基金托管人	××银行	××银行	××银行	××银行
基金合同生效日期	2005 年××月××日	2008 年××月××日	2008 年××月××日	2009 年××月××日
投资目标	以资产配置为导向,在股票、债券、短期金融工具等之间进行动态选择,在控制风险的前提下追求基金财产的长期稳健增值	在充分控制风险和保持资产良好流动性的前提下,力争为基金份额持有人获取较高的投资回报	在合理控制风险的基础上,追求基金资产的长期稳健增值,为投资人创造超额收益	本基金通过各类资产的策略性配置和有效的风险管理,追求基金资产的长期稳健增值

(续表)

项目	××精选混合型证券投资基金	××永利债券型证券投资基金	××永定股票型证券投资基金	××周期策略股票型证券投资基金
投资理念	坚持"价值投资"的投资理念,认为"价值投资"就是以对投资对象的价值分析为前提,在价值分析的基础上进行投资决策。"价值投资"包括三个要素:基本面分析、管理分析和安全边际分析	通过合理的资产配置,在有效控制风险的前提下,通过定量分析方法,深入挖掘债券的投资价值,实现基金的保值增值	综合成长与价值两个因素,选择具有比较优势的股票进行投资。以价值研究为基础,兼顾成长机会,在挖掘价值被低估的股票的同时,充分追求公司业绩高速增长所带来的成长性收益。在充分研究和控制风险的基础上,通过主动投资组合管理,实现资产增值,分享中国 GDP 的高速增长	严格遵循价值投资理念,采用"自上而下"的资产配置策略,深入研究宏观经济、产业和行业发展状况,根据经济周期理论以及宏观经济的发展,对基金组合进行策略配置,以追求较高的风险调整后收益
投资范围	灵活配置股票、债券和短期金融工具,并动态调整。通常,股票投资比例范围是基金资产的 30%~85%;债券和短期金融工具的投资比例范围是基金资产的 15%~70%;投资于龙头企业的股票比例不低于基金股票资产的 80%	本基金主要投资于固定收益类证券,包括国债、金融债、企业(公司)债、次级债、可转债(含分离交易可转债)、资产支持证券、央行票据、短期融资券、回购等固定收益证券品种,以及法律法规或中国证监会允许基金投资的其他金融工具或金融衍生工具。为提高基金收益水平,本基金可以参与新股申购及二级市场股票投资。本基金对债券类资产及中国证监会批准的允许基金投资的其他固定收益类金融工具的投资比例不低于基金资产的 80%,对股票等权益类证券的投资比例不超过基金资产的 20%,对现金和到期日不超过 1 年的政府债券的投资比例不低于基金资产	本基金的投资范围为具有良好流动性的金融工具,包括国内依法发行上市的股票、债券、货币市场工具、权证、资产支持证券以及法律法规或中国证监会允许基金投资的其他金融工具。如法律法规或监管机构以后允许基金投资的其他品种,基金管理人在履行适当程序后,可以将其纳入投资范围。本基金的投资组合比例为:股票等权益类资产占基金资产的比例为 60%~95%,现金、债券资产、权证以及中国证监会允许基金投资的其他证券品种占基金资产的比例为 5%~40%,现金或者到期日在 1 年以内的政府债券不低于基金资产净值的 5%,权证投资占基	本基金股票投资占基金资产的比例为 60%~95%;除股票资产以外的其他资产投资占基金资产的比例为 5%~40%,其中,权证投资占基金资产净值的比例为 0~3%;现金及到期日在 1 年以内的政府债券不低于基金资产净值的 5%。如法律法规或监管机构以后允许基金投资其他品种,基金管理人在履行适当程序后,可以将其纳入投资范围

(续表)

项目	××精选混合型证券投资基金	××永利债券型证券投资基金	××永定股票型证券投资基金	××周期策略股票型证券投资基金
		净值的5%。此外,如法律法规或中国证监会允许基金投资其他品种,基金管理人在履行适当程序后,可以将其纳入本基金的投资	金融资产净值的比例不超过3%。若法律法规或中国证监会对基金投资权证的比例有新的规定,适用新的规定。股票指数期货及其他金融工具的投资比例符合法律法规和监管机构的规定	
业绩比较基准	上证180指数收益率×55%+上证国债指数收益率×45%	中信标普全债指数	沪深300指数收益率×80%+上证国债指数收益率×20%	沪深300指数收益率×75%+中债总全价指数收益率×25%
收益风险特征	本基金为主动管理的混合型基金,其长期平均风险程度低于股票型基金,高于货币市场型基金。本基金力争在严格控制风险的前提下,谋求实现基金财产的长期稳定增长	本基金为债券型基金,属于证券市场中的较低风险品种,其长期平均风险和预期收益率低于混合型基金,高于货币市场基金	本基金为主动投资的股票型基金,属于风险较高、收益较高的证券投资基金产品。本基金的风险与预期收益都高于混合型基金、债券型基金和货币市场基金	本基金为主动投资的股票型基金,属于证券投资基金产品中高风险、高收益的基金品种,其风险收益预期高于货币市场基金、债券型基金和混合型基金
基金分红	在符合基金分红条件的前提下,每年至少分红1次,最多4次;投资人可选择现金红利或红利再投资,本基金默认的收益分配方式是现金分红	在符合基金分红条件的前提下,每年最多分红12次,每季度至少1次;投资人可选择现金红利或红利再投资,本基金默认的收益分配方式是现金分红	在符合有关基金分红条件的前提下,本基金每年收益分配次数最多为6次,分配比例不低于可分配收益的50%,本基金默认的收益分配方式是现金分红	在符合有关基金分红条件的前提下,本基金收益每年最多分配12次,每次基金收益分配比例不低于该次可供分配利润的25%,本基金默认的收益分配方式是现金分红
管理费	年费率1.5%	年费率0.7%	年费率1.5%	年费率1.5%
托管费	年费率0.25%	年费率0.2%	年费率0.25%	年费率0.25%
销售服务费	—	年费率0.4%(仅A类收取)		
估价时点基金资产净值(亿元)	28.67	A类0.54 B类0.44	0.79	5.42

4) 筛选可比交易案例

由于我国基金行业的资产管理规模在2007年发生了跨越式发展,基金管理公司业绩同步大幅提升,因此 2008 年之前的交易案例不适宜用于此次评估。根据市场调查所获取的公开信息资料,选取近期四个交易作为可比案例,具体情况如下。

案例①:A 基金管理有限公司股权交易。

A 基金管理有限公司成立于 1998 年××月××日,是中国内地首批成立的五家基金管理公司之一。注册资本为 1 亿元人民币,总部设在深圳,在北京、上海设有分公司。A 基金公司的股东为××××。公司经营范围包括基金募集、基金销售、资产管理和中国证监会许可的其他业务,是一家为客户提供专业投资服务的资产管理机构。根据 2019 年第四季度统计数据,A 基金管理有限公司的管理资产规模处于第 4 位(不含社保基金、企业年金和特定客户资产),盈利水平在业内较好。所选交易案例为 A 基金管理有限公司对外披露的最近一次交易,具体时间为 2019 年 9 月。

案例②:B 基金管理有限公司股权交易。

B 基金管理有限公司是由国有银行直接发起设立并控股的合资基金管理公司。公司成立于 2005 年××月××日,注册资本为 2 亿元人民币,注册地在北京。公司经营范围包括基金募集、基金销售、资产管理和中国证监会许可的其他业务,是一家为客户提供专业投资服务的资产管理机构。根据 2019 年第四季度统计数据,B 基金管理有限公司的管理资产规模处于第 12 位(不含社保基金、企业年金和特定客户资产)。所选交易案例为 B 基金管理有限公司对外披露的最近一次交易,具体时间为 2019 年 10 月。

案例③:C 基金管理有限公司股权交易。

C 基金管理有限公司于 2005 年××月经中国证监会批准设立,注册资本为 1 亿元人民币,注册地为重庆,目前总部设在北京。公司经营范围主要是基金募集、基金销售、资产管理和中国证监会批准依法从事的其他业务。根据 2019 年第四季度统计数据,C 基金管理有限公司的管理资产规模处于第 52 位(不含社保基金、企业年金和特定客户资产)。所选交易案例为 C 基金管理有限公司对外披露的最近一次交易,具体时间为 2019 年 6 月。

案例④:D 基金管理有限公司股权交易。

D 基金管理有限公司于 2003 年××月成立,注册资本为 1.3 亿元人民币,注册地为上海。公司经营范围包括基金募集、基金销售、资产管理和中国证监会许可的其他业务,是一家为客户提供专业投资服务的资产管理机构。根据 2019 年第四季度统计数据,D 基金管理有限公司的管理资产规模处于第 57 位(不含社保基金、企业年金和特定客户资产)。所选交易案例为 D 基金管理有限公司对外披露的最近一次交易,具体时间为 2020 年 3 月。

可比交易案例详情如表 5-11 所示。

表 5-11 可比交易案例详情表

项目	A 公司股权交易	B 公司股权交易	C 公司股权交易	D 公司股权交易
交易股权比例	24%	20%	19%	23%
交易时间	2019 年 9 月	2019 年 10 月	2019 年 6 月	2020 年 3 月
交易形式	挂牌	挂牌	挂牌	挂牌
转让方	××证券股份有限公司	××运输(集团)总公司	××有限公司	××集团有限责任公司

(续表)

项目	A公司股权交易	B公司股权交易	C公司股权交易	D公司股权交易
受让方	××集团有限公司	××银行股份有限公司	××信托有限公司	××有限公司
是否关联方	否	是	是	否
成交价格（万元）	262 800	25 820	5 225	7 650
成交时业务资质	公募基金、社保基金、企业年金、特定客户资产管理	公募基金、社保基金、企业年金、特定客户资产管理	公募基金	公募基金
注册资本（亿元）	1	2	1	1.3
成交时管理公募基金数量（只）	19	13	4	6
成交时管理公募基金规模（亿元）	1 388	456	74	44
成立日期	1998年××月	2005年××月	2005年××月	2003年××月
2020年5月行业排名	4	12	52	57
2020年5月市场份额	5.2%	2.17%	0.28%	0.17%
交易日每股交易价格(元/股)	109.5	6.46	2.75	2.55
交易日P/A	7.89%	2.83%	3.72%	7.53%

由于基金公司管理的社保基金、企业年金、特定客户资产等非公募基金的资产规模信息并不公开，且待估对象尚未具备以上业务资质，本次评估在计算P/A指标时，只考虑公募基金的资产管理规模。客观上，非公募基金的资产管理规模都相对较小，收费总额占比较低，许多中小基金管理公司都尚未具备该类业务资质，因此评估不考虑非公募基金不会对评估结果造成不利影响。

5) 调整各因素差异

本次评估主要从交易形式、业务资质种类、行业排名、人员资质和管理费率等因素出发，分析待估资产与可比交易案例之间的差异，并据此对P/A指标进行修正。相关因素比较情况如表5-12所示。

表5-12 可比交易案例与待估对象比较分析

项目	A基金管理有限公司	B基金管理公司	C基金管理有限公司	D基金管理有限公司	WF基金管理有限公司
交易形式	挂牌	挂牌	挂牌	挂牌	拟挂牌

（续表）

项目	A基金管理有限公司	B基金管理公司	C基金管理有限公司	D基金管理有限公司	WF基金管理有限公司
业务资质（种类）	4	4	1	1	1
行业排名	4	12	52	57	58
人员资质（研究生学历及以上的注册证券从业人员数）（名）	148	86	21	26	34
平均管理费率	1.32%	1.09%	1.48%	1.19%	1.48%

根据表5-12的信息，评估人员以待估资产的情况为基准（分值设定为100），通过专业分析与判断，对各可比交易案例的相关因素进行打分，优于待估资产的因素得分高于100，相反则低于100。各可比案例的具体得分情况如表5-13所示。

表5-13 可比交易案例各因素评分汇总

项目	A基金管理有限公司	B基金管理公司	C基金管理有限公司	D基金管理有限公司	WF基金管理有限公司
交易形式	100	100	100	100	100
业务资质	110	110	100	100	100
行业排名	110	108	102	100	100
人员资质	108	105	98	98	100
管理费率	95	90	100	90	100

将待估资产的基准得分除以可比交易案例相应因素的评分，我们可以得到所有案例各因素的修正系数，各可比案例的综合修正系数是相应因素修正系数的累乘值。根据综合修正系数与各案例交易日的P/A指标，我们可以得到待估资产相对于各可比案例的P/A指标，最后采用算术平均的方法，计算得到最终的待估资产P/A值。具体计算过程如表5-14所示。

表5-14 可比交易案例的修正系数及待估资产的调整后P/A

项目	A基金管理有限公司	B基金管理公司	C基金管理有限公司	D基金管理有限公司
交易情况修正系数	1.00	1.00	1.00	1.00
业务资质修正系数	0.91	0.91	1.00	1.00
行业排名修正系数	0.91	0.93	0.98	1.00
人员资质修正系数	0.93	0.95	1.02	1.02
管理费率修正系数	1.05	1.11	1.00	1.11
综合修正系数	0.8086	0.8924	0.9996	1.1322

(续表)

项目	A基金管理有限公司	B基金管理公司	C基金管理有限公司	D基金管理有限公司
交易日 P/A	7.89%	2.83%	3.72%	7.53%
修正后的交易日 P/A	6.35%	2.52%	3.72%	8.54%
待估资产 P/A	5.28%			

6) 得出评估结果

根据调整得到的待估资产 P/A 值以及 WF 公司在基准日的资产管理规模可得,该公司的全部股权价值为 18 951.58 万元。具体计算式如下:

WF 全部股权价值=基准日资产管理规模×全部股权价值
　　　　　　　　=基准日资产管理规模×调整后 $P/A=358\,600×5.28\%$
　　　　　　　　=18 951.58(万元)

5.3 市场法与收益法的比较

在评估金融资产时,市场法与收益法基于不同的假设及原理,各自具备相应的优势与局限,以适应不同的评估场景与业务需求。市场法以市场交易为依据,更注重比较分析,适合于信息透明、交易活跃的外部环境。而收益法更侧重对资产内在价值和未来潜力的探讨,需要对未来收益进行预测,适合于评估成长性较强的资产,或在信息不完全透明的市场环境下使用。在实际应用中,评估人员通常会根据评估目的、目标资产的特性以及市场环境的具体情况,灵活选择或结合使用这两种方法,以得到最合理的评估结果。

5.3.1 适用前提

市场法的适用性取决于相似资产或交易的可比性。这种方法假定存在充足的、与目标资产在规模、业务领域、市场地位等方面相似的资产或交易。因此,评估人员需要对市场进行深入分析,确保可比对象在关键属性上与目标资产相似或相近。此外,市场法对市场信息获取的便利性和全面性都要求较高。

收益法对评估人员的专业判断和预测能力提出了较高要求。由于其评估结果依赖于对未来现金流的预测,评估人员需要对目标资产的业务模式、市场环境、竞争态势等有深刻理解。此外,收益法对与资产高度相关的内部信息准确性也有较高要求,评估人员需要能够获取相应的财务报表、业务计划、市场发展策略等信息。

5.3.2 评估假设与原理

市场法的核心假设是市场效率,即市场价格能够准确反映资产的所有相关信息。在实践中,评估人员常通过寻找市场上的交易案例或上市公司,利用比较分析来调整得出目标资产的市场价值。然而,市场条件的波动性和特殊性要求评估人员对可比资产的调整工作具备该有的准确性,以确保评估结果的科学合理。

收益法则主要基于对企业未来盈利能力的预测。评估人员需要选取适宜的估值模型,预测资产未来能产生的现金流,并使用适当的折现率,计算得到资产的评估值。这种方法强调对内在价值的理解与评定,而非市场上的瞬时价格。因此,收益法更能反映资产的长期效益及潜在成长性。

5.3.3 评估结果的选取

在市场法中,评估人员通过比较已完成的类似交易或类似资产的市场价格来估算目标资产的价值。这要求评估人员具备高度的判断力,以识别和调整那些可能影响估值大小的相关因素,如特定行业的发展趋势、企业的地理位置、特定时间点的市场状况等。因此,市场法对信息的收集、筛选以及处理应用方面的要求较高,且这些能力会直接影响评估结果的准确性。

而在收益法中,选择合适的贴现率以及准确预测未来收益成为评估工作的关键点。贴现率的确定需要考虑企业面临的风险、预期收益率以及资本成本等因素。未来现金流的计算则对评估人员的财务运算逻辑以及预测能力等,提出了较高要求。同时,收益法更注重对企业内部信息的挖掘与分析,总体工作量较大且繁杂,还突出了对未来趋势的研判。

本章小结

市场法通过对比上市公司或交易案例来估算目标资产的价值,是一种基于市场数据的方法。上市公司比较法和交易案例比较法各有优缺点,前者依赖公开市场数据,透明度高,但需谨慎处理市场波动的影响;后者基于真实交易,反映市场实际支付意愿,但数据获取和交易条件的复杂性需加以注意。在实际应用中,可结合这两种方法,以提高估值的准确性和可靠性。

上市公司比较法通过比较目标资产与上市资产的差异,来估算目标资产的价值。其具体步骤主要包括:第一,选择可比上市公司,即选择与目标资产在业务性质、规模、成长性等方面相似或相近的上市公司作为可比对象。第二,计算价值比率,从市盈率(P/E)、市净率(P/B)、市销率(P/S)等指标中选取合适的价值比率,并确定相应的比较因素。第三,调整价值比率,根据目标资产与可比资产的具体差异,计算相应修正系数,进而调整得到目标资产的价值比率。第四,计算评估值,将调整后的价值比率应用到目标资产的财务指标上,得出最终评估结果。

交易案例比较法通过比较目标资产与最近发生的类似交易案例来完成评估。其具体步骤涉及:第一,选择可比交易案例,重点考虑近期发生的、与目标资产所在行业、规模、地理位置等方面相似的交易案例。第二,收集交易信息,包括交易价格、交易条件、交易双方的财务状况等。第三,计算价值比率,从这些交易案例中提取价值比率,如交易价格与被收购公司盈利、销售额、资产等的比率。第四,调整价值比率,根据目标资产与交易案例之间的差异,计算相应修正系数,对价值比率进行调整。第五,计算评估值,将调整后的价值比率应用到目标资产的财务数据上,从而得出评估结果。

> **课程思政**
>
> 市场法的应用前提是健康有序的市场环境,针对"有效市场"理论的中国实践,习近平总书记强调要"建设规范、透明、开放、有活力、有韧性的资本市场"。相应地,评估师在实务工作中须具备:一是防范资本无序扩张的政治自觉,如在互联网企业估值中,增加"反垄断修正系数",对滥用市场支配地位的企业主动调减乘数;二是体现共同富裕的价值取向,如消费类企业估值引入"普惠性修正因子",对下沉市场渗透率较高的企业给予一定溢价;三是遵循创新发展理念,如针对碳资产等新型金融资产,搜集并分析国内外先进可比案例,筛选有效数据进行评估试验。

思考题

1. 关于上市公司比较法:
   (1) 为什么选择可比公司是上市公司比较法的关键步骤?如何定义和选择可比公司?选择不当会带来哪些估值偏差或误导?
   (2) 市盈率是最常用的价值比率倍数之一,通过它可以评估公司当前股价相对于其每股收益的合理性。市盈率倍数的计算方法是什么?在估值过程中,市盈率倍数如何反映公司未来盈利预期?市盈率在上市公司比较法中的作用是什么?
   (3) 市净率和市盈率是常用的价值比率,但它们衡量的方面不同,一个是资产价值,另一个是盈利能力。市净率和市盈率分别适用于哪些估值场景?它们在不同市场条件下的表现如何?比较市净率和市盈率在估值中的不同应用场景和适用条件。
   (4) 即使业务相似,公司之间的增长率也可能存在显著差异,这会影响估值结果。那么,评估人员如何通过调整价值比率来反映目标公司与可比公司的增长差异?哪些因素需要特别考虑?
   (5) 财务指标可以帮助评估人员评估公司的财务健康和运营效率,是选择可比公司的重要依据。哪些财务指标(如收入、利润率、资产回报率)在选择可比公司时最为关键?这些指标如何影响估值?市场情绪如何影响上市公司比较法的估值结果?
   (6) 不同的行业有不同的市场特性和估值标准,这会影响估值结果。不同行业的特点如何影响价值比率的选择和调整?行业特性在估值中起到什么作用?
   (7) 新兴市场的公司可能面临更多的不确定性和市场波动,这会影响估值结果。在新兴市场应用上市公司比较法有哪些挑战?如何应对这些挑战以提高估值的准确性?
2. 关于交易案例比较法:
   (1) 为什么选择可比交易是交易案例比较法的关键步骤?
   (2) 交易案例比较法依赖于对类似交易的比较,选择合适的可比交易至关重要。如何定义和选择可比交易?选择不当会带来哪些估值偏差或误导?
   (3) 如何处理交易条件的差异,如现金支付与股票支付?

(4) 市场条件和经济环境在不同时间点可能存在显著差异，这会影响交易价格和价值比率。交易时间点的市场条件变化如何影响估值？在使用交易案例比较法时，如何应对这些时间因素的影响？

(5) 目标公司与交易案例公司在各方面可能存在差异，需要通过调整倍数来反映这些差异。调整倍数的必要性是什么？常见的调整依据和方法有哪些？

(6) 跨国并购涉及不同国家和地区的市场和法律环境，这会影响估值结果。在跨国并购中应用交易案例比较法有哪些挑战？如何应对这些挑战以提高估值的准确性？

(7) 获取充分、准确的交易数据是进行估值的基础，但在实际操作中往往面临困难。获取交易数据的主要难题是什么？有哪些策略和方法可以帮助获取足够的交易数据？

扫码做题

【拓展材料5-1】AC证券公司股权价值评估

【拓展材料5-2】ZM集团股权价值评估

【拓展材料5-3】WB影视公司股权价值评估

第6章 CHAPTER 6

期权定价法

—— 与前后章的逻辑关系 ——

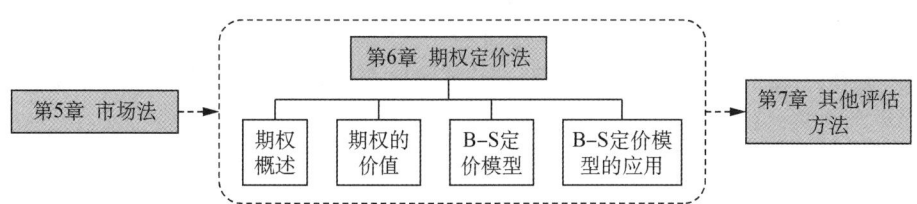

—— 学习目标 ——

① 理解期权的基本概念、看涨期权和看跌期权的区别;
② 熟悉期权合约的主要条款与要素;
③ 掌握不同类型期权(如欧式期权和美式期权)的特性和区别;
④ 掌握期权定价模型及其应用。

 导入材料

中国银行原油宝案例

原油宝是中国银行(简称"中行")于2018年推出的个人账户原油交易产品,挂钩境外原油期货合约(如 WTI、布伦特原油),允许客户通过100%保证金进行多空双向交易,不带杠杆。其本质是银行作为做市商提供的非标准化衍生品,客户无法交割实物,仅通过价格波动赚取差价。原油宝的设计类似于期权产品,客户可以通过购买原油宝,参与原油价格的波动过程,从中获利或规避价格风险。相关核心要素如下。

标的资产:原油价格(通常以布伦特原油或 WTI 原油为参考)。

投资期限:通常为1个月至1年不等,客户可以根据自身需求选择合适的投资期限。

收益结构:原油宝的收益与原油价格的波动直接相关,通常采用看涨或看跌期权的结构。

风险和收益:客户可以通过原油宝产品参与原油价格的涨跌过程,但需要支付一定的费用,类似于期权费。如果市场价格不符合预期,客户可能面临本金损失的风险。

原油宝产品的运作机制通常涉及以下几个方面。

客户购买原油宝：客户通过中行购买原油宝产品，支付一定的投资金额。

原油期权合约：中行利用客户的投资金额在原油期货市场上购买相应的期权合约（看涨期权或看跌期权），这些期权合约决定了原油宝产品的收益结构。

市场价格波动：在投资期限内，原油价格的波动决定了原油宝的收益情况。如果原油价格按照客户预期的方向变化，客户可以获得相应的收益；如果价格未如预期变化，客户可能面临亏损。

到期结算：投资期限结束时，中行根据期权合约的市场表现结算客户的投资收益或损失，并将结果返还给客户。

2020年4月，WTI原油5月期货合约出现了历史上的首次负值结算价，即−37.63美元/桶。这一异常现象导致购买中行"原油宝"产品的投资者遭受了巨大损失，其中一些投资者不仅本金全亏，还出现了"穿仓"现象，即倒欠银行资金。

中行在事件发生后与大多数投资者达成了和解，承担了穿仓部分的损失，并根据和解方案的不同，向投资者承担了一定比例的本金损失。然而，也有部分投资者对和解方案不满，选择通过法律途径维权。

在法律诉讼方面，江苏省南京市鼓楼区人民法院对涉及"原油宝"事件的民事诉讼案件进行了审理。根据法院的判决，中行需要承担投资者的穿仓损失以及一部分本金损失，具体比例根据不同情况而定。例如，在某些案例中，中行承担了投资者全部穿仓损失及20%的本金损失。

此外，中行及相关责任人也受到了监管机构的处罚。原中国银保监会对中行及其分支机构进行了罚款，并暂停了相关业务，同时要求中行全面梳理相关人员的责任并进行整改。

"原油宝"事件不仅对投资者造成了损失，也对中行的风险管理和产品设计提出了警示，促使金融机构加强内控和风险评估，保护投资者的合法权益。

资料来源：由编者根据新浪财经相关资讯（https://finance.sina.com.cn/roll/2023-12-27/doc-imzzmmez8849528.shtml）编写。

期权定价模型是估算衍生品价值的基石。它的评估原理完全不同于其他各章所讨论的传统评估方法，是一种基于定价视角且充分依托金融逻辑的评估方法，在金融资产评估领域举足轻重。从发展脉络来看，最初的B-S模型利用随机微分方程和几何布朗运动，描述了资产价格的变动，为期权定价提供了理论基础。随着二叉树模型（Binomial Model）和蒙特卡罗模拟（Monte Carlo Model）等方法的出现，期权定价模型的适用面进一步扩大，美式期权、实物期权等更为复杂的衍生品估价问题也得到了解决。

6.1 期权概述

期权等衍生品的诞生相对较晚，但历史上很早就出现了具有期权特征的金融工具，如17世纪的荷兰就发生过类似期权交易的金融交易。自20世纪70年代以来，B-S模型的提出使期权定价具备了切实可行性,标志着期权定价与交易开始真正进入系统化的发展阶段。随着期权定价理论的不断创新,它在资产评估领域中的应用也越来越广泛。

较突出的是实物期权评估,它为评估人员提供了全新的不同于传统评估方法的估价视角与工具。实物期权是指与实物资产相关的期权,如扩张期权、放弃期权等,它们代表了对实物资产未来潜在价值的控制权。2011年,中国资产评估协会(以下简称"中评协")颁布了《实物期权评估指导意见(试行)》。2017年9月8日,中评协发布修订后的《实物期权评估指导意见》(中评协〔2017〕54号),对实物期权评估作出进一步规范。这一指导意见为评估师提供了实物期权评估的基本原则、方法和步骤,有助于提高评估的准确性和一致性。

实物期权评估的意义在于,它能够帮助企业和投资者更好地理解和量化实物资产的潜在价值,这些往往是传统资产评估方法难以捕捉的。尽管实物期权评估提供了一种新的评估视角,但它也带来了一些挑战,如实物期权定价通常比金融期权更为复杂,需要更多的前提假设和参数测算。此外,实物期权评估的不确定性较高,评估人员需要具备较高的专业能力和相关经验,并保持终身学习与实践的习惯。

6.1.1 期权的定义

期权(Option)是一种金融衍生工具,它赋予持有者在未来某一特定日期或之前以预定价格买入或卖出某一标的资产的权利,而非义务。这意味着期权的持有者有权选择是否行使这一权利,但期权的卖方(或发行者)则必须在持有者行使期权时履行合约中的义务。期权具备多个要素。

(1) 到期日。它指权持有方有权履约的最后一天。期权持有方在到期日要么执行期权,要么放弃期权。

(2) 执行价格(或约定价格、行权价格)。它指期权合约所规定的,期权买方在行使期权时的实际执行价格,即期权卖方据以向期权出售者买进或卖出一定数量的某种商品或金融资产的价格,也称执行价、敲定价或履约价格。这一价格是在期权合约买卖时确定的,在期权有效期内,无论相应物品的市场价格上涨或下跌到什么水平,只要期权购买者要求执行该期权,期权出售者都必须按此约定价格履行其义务。

(3) 期权价格。期权是一种纯粹的权利(不附有相应的义务),这种权利的市场价值便是期权价格。对于持有方而言,这是得到权利所付出的代价,因而期权价格也称期权费。它是期权买方在期权交易中可能的最大损失额。

(4) 实值和虚值。从期权约定价格与标的物市场价格之间的关系来看,期权有三种状况——实值期权、虚值期权和平值期权。对于看涨期权而言,实值期权是指标的物的市场价大于约定价,即 $S>X$;虚值期权是指标的物的市场价小于约定价,即 $X>S$;平值期权是指标的物市场价等于约定价,即 $S=X$。看跌期权则与之相反。

6.1.2 期权的分类

第一,按期权所赋予的权利不同,期权可分为看涨期权(Call Option)和看跌期权(Put Option)两种类型。

(1) 看涨期权。看涨期权是指期权的买方有权利在期权到期日或到期日之前的任一时间以约定的价格购买一定数量标的资产的权利,期权的购买者为获得这项权利要支付一定的费用,即期权价格。

看涨期权交易总结如表 6-1 所示。

表 6-1 看涨期权交易总结

交易者	现在	到期日
看涨期权购买者	支付看涨期权的价格,获得执行期权的权利	如果标的资产的价格(S)>执行价格(X),则购买者执行期权 毛利润 = $S - X$ 净利润 = $S - X -$ 看涨期权的价格
看涨期权出售者	获得看涨期权费的收入,同意当购买者在期权到期日或到期日之前的任一时间提出执行期权的要求时,以执行价格出售标的资产	如果 $S < X$,则购买者不执行期权 购买者的损失=看涨期权的价格=看涨期权出售者的收益

看涨期权损益图(图 6-1)表示到期时看涨期权的现金损益状况。对看涨期权的购买方来说,当期权到期时标的资产的价格低于执行价格时,其净收益为负值,数值上等于为购买看涨期权支付的价格。当标的资产的价格高于执行价格时,毛收益就是标的资产价格与执行价格之差,净收益则是毛收益与看涨期权价格的差值。

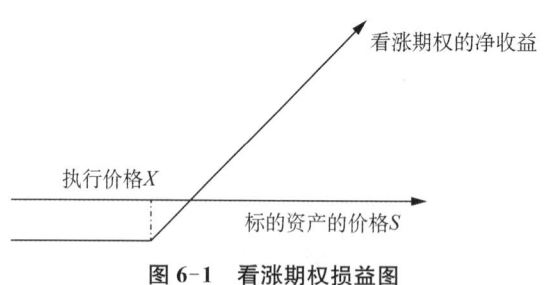

图 6-1 看涨期权损益图

(2) 看跌期权。看跌期权赋予期权的购买者在期权到期日或到期日之前以固定的价格出售标的资产的权利。期权的买者为获得这项权利而支付期权费,即期权价格。

看跌期权交易总结如表 6-2 所示。

表 6-2 看跌期权交易总结

交易者	当期	到期日
看跌期权购买者	支付看跌期权的价格,获得执行期权的权力	如果标的资产的价格(S)<执行价格(X),则购买者执行期权 毛利润 = $X - S$ 净利润 = $X - S -$ 看跌期权的价格
看跌期权出售者	获得期权费的收入,同意当购买者在期权到期日或到期日之前的任一时间提出执行期权的要求时,以执行价格购买标的资产	如果 $S > X$,则购买者不执行期权 购买者的损失=看跌期权的价格=看跌期权出售者的收益

当标的资产价格大于执行价格时,看跌期权的净收益为负值,等于看跌期权的价格,

当标的资产价格低于执行价格时,毛收益等于执行价格与标的资产价格之差,如图 6-2 所示。

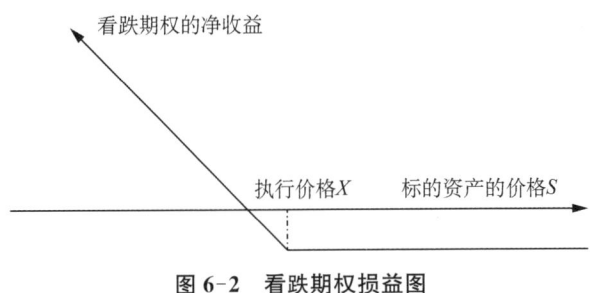

图 6-2　看跌期权损益图

第二,按照期权交易方的不同,在期权市场中,交易双方分别为期权买方(Holder)和期权卖方(Writer)。两者的收益风险情况有所不同。

(1) 期权买方。期权买方是支付期权费(Option Premium)购买期权的人,其获得在未来行使期权的权利。买方有权在期权到期日或之前按事先约定的行权价格(Strike Price)买入或卖出标的资产,但没有义务必须行使期权。买方的风险是有限的,即支付的期权费。如果期权到期时没有行使价值,买方的最大损失为支付的期权费。买方的潜在收益取决于标的资产的价格变化。特别是在看涨期权的情况下,标的资产价格越高,买方的收益越大。

从看涨期权买方来看,支付期权费购买看涨期权,预期标的资产价格会上涨。如果到期时标的资产价格高于行权价格,买方可以行使期权以低价买入标的资产,然后在市场上高价卖出,从而获利。从看跌期权买方来看,支付期权费购买看跌期权,预期标的资产价格会下跌。如果到期时标的资产价格低于行权价格,买方可以行使期权以高价卖出标的资产,然后在市场上低价买入,从而获利。

(2) 期权卖方。期权卖方是收取期权费并承担在期权被行使时履行合约义务的人。卖方有义务在买方行使期权时,以约定的行权价格买入或卖出标的资产。卖方必须履行合约中的义务。卖方的收益是有限的,即收取的期权费。这是卖方在期权交易中获得的全部收入。卖方面临潜在的无限损失,特别是在看涨期权的情况下。如果标的资产价格大幅上涨,卖方必须以较低的行权价格卖出标的资产,这可能导致巨额亏损。

从看涨期权卖方来看,收取期权费出售看涨期权,预期标的资产价格不会大幅上涨。如果到期时标的资产价格高于行权价格,买方行使期权,卖方必须以较低的行权价格卖出标的资产,面临潜在的无限损失。从看跌期权卖方来看,收取期权费出售看跌期权,预期标的资产价格不会大幅下跌。如果到期时标的资产价格低于行权价格,买方行使期权,卖方必须以较高的行权价格买入标的资产,面临较大的损失。

第三,按可以执行的时间不同,期权可以分为欧式期权(European Option)和美式期权(American Option)。这两种行权方式在期权持有者行使权利的时间上存在明显区别。

(1) 欧式期权。欧式期权是一种只能在到期日当天行使的期权。买方只有在期权到期日这一天才能决定是否行使期权。如一个投资者购买了一张欧式看涨期权,到期日为 2024 年 12 月 31 日。该投资者只能在 2024 年 12 月 31 日这一天行使期权,不能在此之前的任何时间行使。由于只能在到期日行使,欧式期权的定价和风险管理相对简单,通常利用B-S模型进行定价。欧式期权主要用于指数期权和某些国际市场的期权交易。

（2）美式期权。美式期权是一种可以在到期日之前的任何时间行使的期权。如一个投资者购买了一张美式看跌期权，到期日为2024年12月31日。该投资者可以在2024年12月31日之前的任何时间行使期权，如2024年6月或11月。由于可以在到期日前任何时间行权，美式期权提供了更多的灵活性，但其定价则更为复杂。通常，利用二叉树模型或蒙特卡罗模拟进行定价。美式期权主要用于个股期权和某些商品期权交易。目前，在世界各主要期权市场上，美式期权的交易量远大于欧式期权的交易量。

第四，按照期权市场和交易的不同，可分为场内期权（Exchange-Traded Options）和场外期权（Over-the-Counter Options）。

（1）场内期权。场内期权是在交易所挂牌交易的标准化期权合约。场内期权具有以下特点：第一，标准化合约。所有的场内期权合约都是标准化的，这意味着合约的条款，如标的资产、行权价格、到期日期等，都是由交易所预先设定的。第二，透明的价格。场内期权的交易价格是公开的，所有市场参与者都可以实时获取价格信息。这种透明性有助于形成公平的市场价格。第三，高流动性。由于交易所集中撮合交易，场内期权市场通常具有较高的流动性，投资者可以相对容易地买入或卖出期权合约。第四，清算机制。交易所提供中央清算服务，作为买卖双方的中介，确保合约的履行，从而降低对手方违约的风险。第五，监管环境。场内期权市场受到严格监管，交易所和监管机构共同确保市场的公平性和稳定性。

一个投资者在芝加哥期权交易所（CBOE）购买一份标准化的苹果公司股票看涨期权合约，合约条款由交易所预先设定，包括行权价格和到期日。该投资者可以在交易所实时查看期权价格，并在需要时轻松买入或卖出该期权。目前世界上主要交易所和产品如下：①芝加哥期权交易所，全球最大的期权交易所，提供各种股票期权、指数期权和ETF期权。②纽交所（Arca），美国著名的交易所，提供广泛的股票和指数期权交易。③欧洲期权市场，包括Eurex等交易所，提供大量欧洲市场的股票和指数期权。

（2）场外期权。场外期权是在场外市场交易的非标准化期权合约。场外期权具有以下特点：第一，定制化合约。场外期权合约可以根据交易双方的需求进行定制，包括标的资产、行权价格、到期日期等。这种灵活性使得场外期权能够满足特定的投资需求。第二，流动性较低。由于场外期权没有集中交易平台，其流动性通常较低，交易双方可能需要花费更多时间和精力找到合适的交易对手。第三，价格透明度低。场外期权的交易价格不公开，只有交易双方知道具体的交易条款和价格。这种缺乏透明度可能导致市场信息的不对称。第四，对手方违约风险。由于没有中央清算机构，场外期权交易完全依赖于交易双方的信用，这增加了对手方违约的风险。第五，灵活的交易环境。尽管存在上述风险，场外期权的灵活性使其在特定情况下（如定制风险管理策略或对冲复杂风险）具有独特的优势。

一个企业与一家银行签订场外期权合约，用于对冲未来外汇波动风险。该合约包括特定的行权价格、到期日以及特定的货币对。由于合约是定制的，企业和银行可以根据实际需要调整条款，以更好地满足风险管理需求。

期权市场的场内期权和场外期权各有优缺点，满足了不同投资者的需求，如表6-3所示。场内期权以其高透明度、高流动性和低违约风险,适合于标准化交易及广泛的市场参与者;而场外期权以其高度的灵活性和定制化能力,适用于特定需求的风险管理和交易策略。投资者可以根据自身的需求和风险偏好,选择适合的期权市场进行交易,合理运用期权工具来优化投资组合、管理资产风险。

表6-3 场内期权与场外期权的比较

特点	场内期权	场外期权
合约标准化	是	否
价格透明度	高	低
流动性	高	低
对手方违约风险	低(有中央清算机构)	高
灵活性	低	高
监管环境	严格	较少

第五,期权可以根据其标的资产进行分类,主要包括股票期权(Stock Option)、指数期权(Index Option)、外汇期权(Forex Option)和商品期权(Commodity Option)。这些不同类型的期权用于不同的市场和交易需求,各自具有独特的应用场景和风险管理功能。

(1) 股票期权。股票期权是以单个股票为标的资产的期权,是最常见的期权类型之一。股票期权赋予持有者在未来某一日期以预定价格买入或卖出特定股票的权利。股票期权主要用于对冲和投机单个股票的价格波动。投资者可以通过购买看涨期权获利于股票价格的上涨,或者通过购买看跌期权获利于股票价格的下跌。主要应用场景如下:①对冲风险。如一个投资者持有苹果公司的股票,担心其价格下跌。该投资者可以购买苹果公司的看跌期权来对冲价格下跌的风险。②投机。如一个投资者看好特斯拉公司的未来表现,购买其看涨期权以期在价格上涨时获利。

示例:假设某投资者购买了一份苹果公司股票的看涨期权,行权价格为150美元,到期日为3个月后。该投资者支付了5美元的期权费。如果在到期日,苹果公司股票的市场价格上涨至170美元,投资者可以以150美元的价格买入股票,然后以170美元的市场价格卖出,从而实现每股20美元的利润(扣除期权费后的净收益为15美元)。

(2) 指数期权。指数期权是以股票指数(如S&P 500、NASDAQ-100等)为标的资产的期权。指数期权用于对冲和投机整个市场或特定市场板块的风险。指数期权主要用于对冲整个市场的系统性风险或投机市场整体走势。投资者可以通过购买指数看涨期权获利于市场指数的上涨,或通过购买指数看跌期权获利于市场指数的下跌。主要应用场景如下:①对冲市场风险。如一个基金经理担心整个市场会下跌,可以购买S&P 500指数的看跌期权来对冲整个市场下跌的风险。②投机市场走势。如一个投资者预期未来几个月NASDAQ-100指数会大幅上涨,可以购买该指数的看涨期权以期在指数上涨时获利。

示例:假设某投资者购买了一份S&P 500指数的看涨期权,行权价格为4 000点,到期日为3个月后。该投资者支付了10美元的期权费。如果在到期日,S&P 500指数上涨至 4 200 点,投资者可以按 4 000 点的行权价格行使期权,然后按 4 200 点的市场价格结算,从而实现 200 点对应的利润(扣除期权费后的净收益为"190 点")。

(3) 外汇期权。外汇期权是以货币对(如 EUR/USD、USD/JPY 等)为标的资产的期权。外汇期权用于管理和对冲外汇风险。外汇期权主要用于对冲和投机外汇市场的波动。企业、金融机构和投资者可以通过购买看涨期权获利于特定货币对的上涨,或通过购买看跌期权获利于特定货币对的下跌。主要应用场景如下:①对冲外汇风险。如一家出口公司预期未来收到大量美元支付,但担心美元贬值,可以购买 EUR/USD 的看涨期权来对冲美元贬值的风险。②投机外汇走势。如,一个投资者预期未来欧元会相对于美元升值,可以购买 EUR/USD 的看涨期权以期在欧元升值时获利。

示例:假设某投资者购买了一份 EUR/USD 货币对的看涨期权,行权价格为 1.200 0,到期日为 3 个月后。该投资者支付了 0.02 美元的期权费。如果在到期日,EUR/USD 的市场价格上涨至 1.250 0,投资者可以按 1.200 0 的行权价格买入欧元,然后按 1.250 0 的市场价格卖出,从而实现每单位 0.050 0 美元的利润(扣除期权费后的净收益为 0.030 0 美元)。

(4) 商品期权。商品期权是以商品(如石油、黄金、农产品等)为标的资产的期权。商品期权用于对冲和投机商品价格波动的风险。商品期权主要用于对冲和投机商品市场的价格波动。生产商、贸易商和投资者可以通过购买看涨期权获利于商品价格的上涨,或通过购买看跌期权获利于商品价格的下跌。主要应用场景如下:①对冲商品价格风险。如一个石油生产商担心未来石油价格下跌,可以购买石油看跌期权来对冲石油价格下跌的风险。②投机商品价格走势。如一个投资者预期未来黄金价格会上涨,可以购买黄金看涨期权以期在价格上涨时获利。

示例:假设某投资者购买了一份石油看涨期权,行权价格为 60 元/桶,到期日为 3 个月后。该投资者支付了 2 元的期权费。如果在到期日,石油价格上涨至 70 元/桶,投资者可以按 60 元/桶的行权价格买入石油,然后按 70 元/桶的市场价格卖出,从而实现每桶 10 元的利润(扣除期权费后的净收益为 8 元)。

每种期权都有其特定的应用场景和功能,能够满足不同市场参与者的需求。股票期权用于单个股票的对冲和投机,指数期权用于整个市场的对冲和投机,外汇期权用于外汇风险管理和投机,商品期权用于商品价格波动的风险管理和投机。通过合理利用这些期权工具,投资者可以有效管理风险,优化投资组合,实现更高的投资收益。

第六,期权可以根据其特性进行分类,主要分为标准期权(Vanilla Option)和奇异期权(Exotic Option)。这两类期权在条款、特性和应用场景上有显著差异。

(1) 标准期权。标准期权是具有标准条款的期权,包括固定的行权价格和到期日。它们是最常见和最简单的期权类型,通常用于基本的风险管理和投机策略。其特点有:第一,标准化。标准期权的条款是预先设定的,包括行权价格、到期日和标的资产。第二,简单易懂。由于其标准化条款,标准期权相对简单易懂,适合大多数投资者。第三,高流动性。由于交易量大且标准化,标准期权通常具有较高的市场流动性。应用场景主要有:①风险管理。投资者可以通过购买看涨期权来对冲标的资产价格上涨的风险,或通过购买看跌期权来对冲标的资产价格下跌的风险。②投机。投资者可以利用标准期权进行投机,期望通过标的资产价格的波动获利。

示例:假设某投资者购买了一份标准看涨期权,标的资产为苹果公司股票,行权价格为 150 美元,到期日为 6 个月后。投资者支付了 10 美元的期权费。如果在到期日,苹果公司股票的市场价格上涨至 170 美元,投资者可以以 150 美元的价格买入股票,然后以 170 美元的市场价格卖出,从而实现每股 20 美元的利润(扣除期权费后的净收益为 10 美元)。

(2)奇异期权。奇异期权具有非标准条款和复杂特性,用于满足特定的风险管理和投机需求。它们比标准期权更复杂,通常用于特定市场条件或策略的高级金融工具。其特点有:第一,定制化。奇异期权的条款可以根据交易双方的需求进行定制,具有高度的灵活性。第二,复杂性。奇异期权的结构和定价通常比标准期权更复杂,需要更深入的金融知识和定价模型。第三,应用广泛。由于其定制化特性,奇异期权可以用于各种特定的风险管理和投机策略。

奇异期权的类型有:①障碍期权(Barrier Option)。这种期权在标的资产价格达到或突破某个预定水平(障碍)时激活或失效,分为敲入期权(Knock-In Option)和敲出期权(Knock-Out Option)。②亚式期权(Asian Option)。这种期权的行权价格或结算价格基于标的资产在一定期间内的平均价格,减少了短期价格波动的影响。③复合期权(Compound Option)。这种期权的标的资产本身也是一份期权,即期权的期权。其通常用于复杂的风险管理策略。④数字期权(Digital Option)。这种期权在标的资产价格达到某一水平时支付固定金额,类似于全有或全无期权。

以障碍期权为例,假设某投资者购买了一份敲入看涨期权,标的资产为石油,行权价格为 60 元,障碍价格为 70 元,到期日为 6 个月后。如果在到期日之前,石油价格曾达到或超过 70 元,则期权生效,投资者可以以 60 元的价格购买石油。如果石油价格从未达到 70 元,则期权失效,投资者损失期权费。

以亚式期权为例,假设某投资者购买了一份亚式看涨期权,标的资产为黄金,行权价格为 1 500 元,到期日为 6 个月后。期权的结算价格为期权期间内黄金每日收盘价的平均值。如果平均价格高于 1 500 元,投资者可以按 1 500 元的价格购买黄金,并按平均价格卖出获利。

以复合期权为例,假设某投资者购买了一份看涨复合期权,其标的资产是一份 3 个月后的看涨期权,行权价格为 50 元,行权费为 5 元。如果 3 个月后,标的期权的价值超过 5 元,投资者可以购买该期权,然后根据标的期权的条款行使获利。

以数字期权为例,假设某投资者购买了一份数字看涨期权,标的资产为欧元/美元货币对,支付 500 美元。如果在到期日,欧元/美元汇率高于 1.200 0,投资者将获得 1 000 美元的固定支付。如果汇率不高于 1.200 0,投资者将失去期权费。

标准期权具有固定的条款和简单的结构,适合大多数投资者进行基本的风险管理和投机。奇异期权具有更复杂和定制化的特性,用于满足特定的市场需求和高级策略。通过了解和应用这些期权工具,投资者可以更有效地管理风险,优化投资组合,并在复杂的市场环境中寻求收益。

6.1.3 到期日的回报与收益

期权的到期日是指期权合约中规定的期权持有者可以行使其权利的最后日期。到期日是期权定价和收益计算的重要因素之一,因为期权的价值随时间的推移而变化。

（1）看涨期权的到期日回报与收益。看涨期权的到期日回报取决于标的资产在到期日的市场价格(S)和执行价格(X)之间的差异。具体计算如下：当 $S > X$ 时,持有者可以以行权价格购买标的资产,然后以市场价格出售,从而获利。回报为 $S-X$。当 $S \leqslant X$ 时,持有者不会行使期权,因为以市场价格购买标的资产更便宜。期权的回报为零。持有者的净收益还需要扣除期权费(c),具体公式如下：

$$净收益 = \max(S-X, 0) - c$$

（2）看跌期权的到期日回报与收益。看跌期权的到期日回报也取决于标的资产在到期日的市场价格(S)和执行价格(X)之间的差异。具体计算如下：当 $S < X$ 时,持有者可以以行权价格出售标的资产,然后以市场价格买回,从而获利。回报为 $X-S$。当 $S \geqslant X$ 时,持有者不会行使期权,因为以市场价格出售标的资产更有利。期权的回报为零。持有者的净收益同样需要扣除期权费(p),具体公式如下：

$$净收益 = \max(X-S, 0) - p$$

6.2 期权的价值

6.2.1 期权的理论价值

期权的理论价值也称为公允价值或内在价值,是指在特定市场条件下期权的合理定价。期权的理论价值是指在理想条件下,根据数学模型计算出的期权的合理价格。期权的价值由多个因素决定,包括内在价值(Intrinsic Value)和时间价值(Time Value)两部分,即：

$$期权价格 = 内在价值 + 时间价值$$

1) 期权的内在价值

期权的内在价值是指期权合约本身所具有的价值,也就是期权多方行权时可以获得的收益的现值。例如,如果股票 XYZ 的市场价格为每股 60 元,而以该股票为标的资产的看涨期权执行价格为每股 50 元,那么这一看涨期权的购买方只要执行此期权即可获得 1 000 元,即 (60−50)×100 = 1 000 元（股票期权通常为美式期权且一张期权合约的交易单位为 100 股股票）。这 1 000 元的收益就是看涨期权的内在价值。

从例子中我们可以很明显地看到,一个期权合约有无内在价值以及内在价值的大小,取决于该期权执行价格与其标的资产市场价格之间的关系,即与期权是实值、虚值还是平价有很大的关系。具体来看,理解期权的内在价值,需要注意两个方面的问题。

其一,欧式期权和美式期权内在价值存在一定的差异。

由于欧式期权只能在到期日执行,所以到期前的任一时刻,欧式期权的内在价值应该是到期时该期权内在价值的现值。对于欧式看涨期权来说,其内在价值为 (S_T-X) 的现值。其中,如果标的资产在期权存续期内没有现金收益,S_T 的现值就是当前的市价(S),而对于支付现金收益的资产来说,S_T 的现值则为 $S-D$,其中 D 表示在期权有效期内标的资产现金收益的现值。无收益资产欧式看涨期权的内在价值等于 $S-Xe^{-r(T-t)}$，而有收益资产欧式看涨期权的内在价值等于 $S-D-Xe^{-r(T-t)}$。同理，无收益资产欧式看跌期权的内在价值都为 $Xe^{-r(T-t)}-S$，有收益资产欧式看跌期权的内在价值都为 $Xe^{-r(T-t)}+D-S$。

美式期权与欧式期权的最大区别在于其可以提前执行，因此，美式期权的内在价值就应该等于其即时执行的收益，而无需对执行价格(X)进行贴现。但是，我们在后文将证明，美式看涨期权当中，如果标的资产是没有现金收益的，在期权到期前提前行使无收益美式看涨期权是不明智的。因此无收益资产美式看涨期权价格等于欧式看涨期权价格，其内在价值也就等于 $S-Xe^{-r(T-t)}$。另外，有收益资产美式看涨期权虽然有提前执行的可能，但可能性较小，因此一般都认为其内在价值也等于 $S-D-Xe^{-r(T-t)}$，即也等于相应的欧式看涨期权内在价值。对于美式看跌期权来说，由于提前执行有可能是合理的，因此其内在价值与欧式看跌期权不同。其中，无收益资产美式期权的内在价值等于 $X-S$，有收益资产美式期权的内在价值等于 $X+D-S$。

因此，欧式期权和美式期权内在价值的主要差异就在于贴现与否，但现实生活中常常不考虑贴现问题，而将它们视为相同，都采用美式期权即时执行的内在价值。

其二，期权的内在价值应大等于零。

将期权的内在价值与实值、虚值和平价等相联系，从理论上说，实值期权内在价值为正，虚值期权内在价值为负，而平价期权内在价值为零。但从实际来看，期权买方是不会执行虚值期权（即标的资产市低于执行价格的看涨期权和标的资产市价高于执行价格的看跌期权）的，因此内在价值至少等于零。

图 6-3 给出了看涨和看跌期权的价值曲线，其中直线部分为内在价值，直线与曲线之间的差距表示时间价值，期权在标的资产价格等于执行价格时处于平价点。由图 6-3 可知，在执行价格不变的情况下，标的资产的市场价格决定了期权内在价值的大小。因为对于看涨（看跌）期权来说，平价点及其左（右）侧的期权内在价值为零，平价点右（左）侧的期权内在价值为正数，并且现货价格越高（低），内在价值越大。相反，在现货价格不变的情况下，执行价格决定了期权内在价值的大小。因为当执行价格提高（降低）时，图 6-3a 和图 6-3b 中的两条内在价值线将向右（左）移动，也就意味着在同一市场价格水平上，看涨期权的内在价值减少，看跌期权的内在价值则增大。

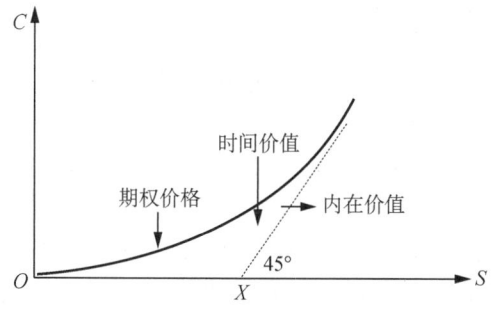

图 6-3a　看涨期权价值曲线

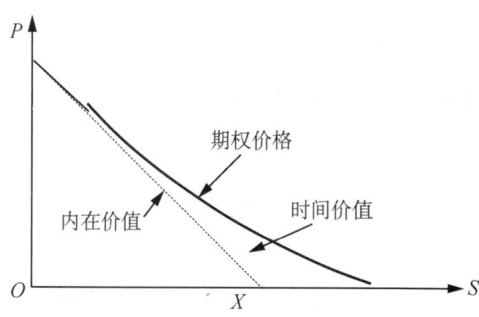

图 6-3b　看跌期权价值曲线

2) 期权的时间价值

内在价值是决定期权价格的主要因素,但并非唯一的因素。在现实市场中,各种期权通常是以高于内在价值的价格交易的,平价期权和虚值期权在这一点上尤其明显:虽然这两类期权的内在价值为零,但在到期以前,它们总是以高于零的价格被买卖。这是因为期权价格中还包含着一个重要的部分,即期权的时间价值。

与我们平时所理解的时间价值(即无风险利率,货币持有者暂时放弃货币所获得的回报)不同,期权的时间价值是指在期权有效期内标的资产价格波动为期权持有者带来收益的可能性所隐含的价值。换言之,期权的时间价值实质上是期权在其到期之前获利潜力的价值。我们知道,期权的买方通过支付期权费,获得了相应的权利,即近于无限的收益可能和有限的损失。这意味着标的资产价格发生同样的上升和下降,所带来的期权价值的变化是不对称的,这一不对称性使期权总价值超过了其内在价值,也是期权时间价值的根本来源。

与内在价值不同,期权的时间价值通常不易直接计算,因此,它一般是运用期权的总价值减去内在价值求得的。例如,某债券的市场价格目前为105元,而以该债券为标的资产、执行价格为100元的看涨期权则以6.5元成交。那么,该看涨期权的内在价值为5元(105−100),而它的时间价值则为1.5元(6.5−5)。

影响期权时间价值大小的主要因素如下。

第一,到期时间。期权时间价值代表到期之前期权带来收益的可能性,因此,距离到期的时间越长,期权时间价值一般来说越大。对于美式期权来说,这一点显然是肯定的;而欧式期权由于只能在到期日执行,所以这一关系不一定成立,但总的来说其时间价值也是随着时间的延长而增大的。这意味着在一般情况下,期权的边际时间价值都是正的。

但是,我们应注意到,随着时间的延长,期权时间价值的增幅是递减的。这就是期权的边际时间价值递减规律。换言之,对于到期日确定的期权来说,在其他条件不变时,随着时间的流逝,其时间价值的减小是递增的。这意味着,当时间流逝同样时,期限长的期权的时间价值减小幅度将小于期限短的期权的时间价值减小幅度。这一点对组建和分析期权差期组合和对角组合是很重要的。

第二,标的资产价格的波动率。标的资产价格的波动率是指证券资产收益率单位时间内的标准差,因此,标的资产价格的波动率是用来衡量标的资产未来价格变动不确定性的指标。由于期权买方的最大亏损额仅限于期权价格,而最大盈利额则取决于执行期权时标的资产市场价格与执行价格的差额,波动率越大,无论是看涨期权还是看跌期权,期权的时间价值都应越大。

第三,内在价值。期权的时间价值还受到内在价值的影响。以无收益资产看涨期权为例,由于期权的到期期限已确定,当 $S = Xe^{-r(T-t)}$ 时,标的资产的现货价格上涨的空间最大,使相同期限内期权获利的可能性也最大,因此期权的时间价值最大;但当 $S - Xe^{-r(T-t)}$ 的绝对值增大时,现货价格进一步上涨的空间将越来越有限,期权的时间价值表现为递减趋势,具体如图6-4所示。对于深度实值的期权而言,无论到期期限多长,其时间价值都趋近于零,期权的总价值几乎等于内在价值。

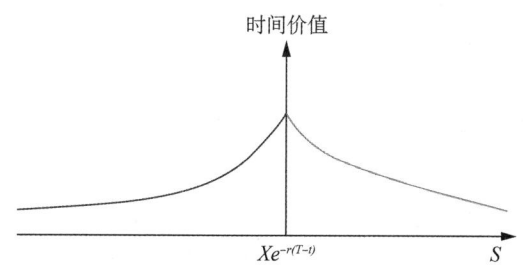

图 6-4 无收益资产看涨期权时间价值与 $(S-Xe^{-r(T-t)})$ 的关系

【例题 6-1】 期权内在价值与时间价值的关系

假设 A 股票(无股利)的现行市价为 9.05 元,现有两种以 A 股票为标的资产的看涨期权,执行价格分别为 $X_1=10$ 元,$X_2=8$ 元,有效期是 1 年。已知 1 年期的无风险利率为 10%(按连续复利计),两种看涨期权的内在价值分别为 0 元和 1.81 元。试问哪一种期权的时间价值更高?

解:假设这两种期权的时间价值相等,都等于 2 元,根据期权价值的理论构成可知,第一种期权的价格为 2 元,第二种期权的价格为 3.81 元。为了比较这两种期权,我们假定 1 年后出现如下三种情况。

情况一:到期日股票价格 $S_T=14$ 元。此时期权持有者可以从期权 1 中获利 1.79 元 $(14-10-2e^{0.1})$,从期权 2 中获利 1.79 元$(14-8-3.81e^{0.1})$。期权 1 的获利金额等于期权 2 的获利金额。

情况二:$S_T=10$ 元。此时期权 1 亏损 2.21 元$(2e^{0.1})$,期权 2 也亏损 2.21 元$(3.81e^{0.1}-2)$。期权 1 的亏损金额等于期权 2 的亏损金额。

情况三:$S_T=8$ 元。此时期权 1 亏损 2.21 元$(2e^{0.1})$,而期权 2 亏损 4.21 元$(3.81e^{0.1})$。期权 1 的亏损金额小于期权 2 的亏损金额。

由此可见,无论 A 股票的价格如何变化,期权 1 均优于或等于期权 2。这显然不符合金融市场的真实情况,因此期权 1 的时间价值不应等于而应高于期权 2。

我们再来比较如下两种期权。假设 $X_1=10$ 元,$X_3=12$ 元,其他条件与上例相同。显然,期权 1 的内在价值为零,期权 3 的内在价值虽然也等于零,但 $S-Xe^{-r(T-t)}$ 却等于 -1.81 元。通过同样的分析,我们也可以得出期权 1 的时间价值应高于期权 3 的结论。综合这三种期权,我们就可以得出无收益资产看涨期权的时间价值在 $S=Xe^{-r(T-t)}$ 点最大的结论。

通过同样的分析,我们还可以得出如下结论:有收益资产看涨期权的时间价值在 $S=D+Xe^{-r(T-t)}$ 时最大,而无收益资产欧式看跌期权的时间价值在 $S=Xe^{-r(T-t)}$ 时最大,有收益资产欧式看跌期权的时间价值在 $S=Xe^{-r(T-t)}-D$ 时最大,无收益资产美式看跌期权的时间价值在 $S=X$ 时最大,有收益资产美式看跌期权的时间价值在 $S=X-D$ 时最大。

6.2.2 期权价值的决定因素

根据期权的理论价值构成,凡是影响内在价值和时间价值的因素,都会影响期权价格。具体而言,期权价格的影响因素主要有六个方面。

1) 标的资产的市场价格与期权的执行价格

标的资产的市场价格与期权的执行价格是影响期权价格最主要的因素。因为这两个价格及其相互关系不仅决定着内在价值,而且进一步影响着时间价值。由于看涨期权在执行时,其收益等于标的资产当时的市价与执行价格之差,标的资产的价格越高、执行价格越低,看涨期权的价格就越高。对于看跌期权而言,由于执行时其收益等于执行价格与标的资产市价的差额,标的资产的价格越低、执行价格越高,看跌期权的价格就越高。

2) 期权的有效期限

对于美式期权而言,由于它可以在有效期内任何时间执行,有效期越长,期权买方获利机会就越大,而且有效期长的期权包含了有效期短的期权的所有执行机会,因此有效期越长,期权价格越高。

对于欧式期权而言,由于它只能在期末执行,有效期长的期权就不一定包含有效期短的期权的所有执行机会。这就使欧式期权的有效期与期权价格之间的关系显得较为复杂。例如,基于同一股票的两份欧式看涨期权,一种有效期 1 个月,另一种有效期 2 个月,假定在 6 周后标的股票将有大量红利支付,由于支付红利会使股价下降,在这种情况下,有效期短的期权价格甚至会大于有效期长的期权。

在一般情况下(即剔除标的资产支付大量收益这一特殊情况),有效期越长,标的资产的风险就越大,空头亏损的风险也越大,因此即使是欧式期权(或者说不论欧式期权还是美式期权),有效期越长,其期权价格也越高,即期权的边际时间价值(Marginal Time Value)为正值。另外,期权经常被作为避险保值的工具,而期权费则是保值者为了套期保值所支付的价格,因此有效期越长,意味着保险时间越长,避险者所支付的保险费也应当越高。

3) 标的资产价格的波动率

标的资产价格的波动率对期权价格具有重要的影响。从期权理论价值的构成来看,波动率主要影响的是期权的时间价值。波动率越大,则在期权到期时,标的资产市场价格涨跌达到实值期权的可能性也就越大,而如果出现虚值期权,期权买方亏损有限。因此,无论是看涨期权还是看跌期权,其时间价值以及整个期权价格都随着标的资产价格波动率的增大而增大,随标的资产价格波动率的减小而降低。

值得注意的是,与决定和影响期权价格的其他因素不同,在期权定价时,标的资产价格在期权有效期内的波动率是一个未来的未知数。因此,在期权定价时,要获得标的资产价格的波动率,只能通过近似估计得到。估计波动率的方法主要有两种。一种是利用过去所观察得到的标的资产价格波动的历史数据,用以估计未来价格的波动率。这一方法求得的波动率被称为"历史波动率"(History Volatility)。另一种方法则是利用期权定价模型,设定波动率为未知数,将期权的市场价格和相应的各个参数代入,推算出波动率,这种被推算出来的波动率则被称为"隐含波动率"(Implied Volatility)。

4) 无风险利率

影响期权价格的另一个重要因素是无风险利率,尤其是短期无风险利率。利率对期权价格的影响是比较复杂的,需要进行区别分析。从不同的角度分析,结论各不相同。

首先，利率对期权价格的影响主要体现在对标的资产价格以及贴现率的影响上。这一影响又需要从两个方面加以探讨。

一方面，我们可以从比较静态的角度考察，即比较不同利率水平下的两种均衡状态。如果在一种状态下无风险利率较高，则标的资产的预期收益率也应较高，这意味着对应于标的资产现在特定的市价(S)，未来预期价格 $E(S_T)$ 较高。同时，由于贴现率较高，未来同样的预期盈利的现值就较低。这两种效应都将减少看跌期权的价值。但对于看涨期权来说，前者将使期权价格上升，而后者将使期权价格下降。由于前者的效应大于后者，对应于较高的无风险利率，看涨期权的价格也较高。

另一方面，我们可以从动态的角度考察，即考察从一个均衡被打破到形成另一个均衡的过程。在标的资产价格与利率呈负相关时（如股票、债券等），若无风险利率提高，原有均衡被打破，为了使标的资产预期收益率提高，均衡过程通常是通过同时降低标的资产的期初价格和预期未来价格来实现的，只是前者的降幅更大。同时，贴现率也随之上升。对于看涨期权来说，两种效应都将使期权价格下降，而对于看跌期权来说，前者效应为正，后者为负，前者效应通常大于后者，因此其净效应是看跌期权价格上升。由于动态角度得到的结论与静态角度正好相反，在具体运用时要注意根据实际情况的不同，采纳适宜的角度进行全面深入的分析。

其次，就利率本身对期权价格的影响而言，利率的变动对看涨期权价格有正向影响，对看跌期权的价格有负向影响。

这种影响在股票期权中表现得尤其明显。因为对于买进股票的投资者而言，买进股票本身与买进以该股票为标的资产的看涨期权在某种程度上具有替代性，那么买进看涨期权相对节省的资金显然可以带来机会收益，所以看涨期权价格将随无风险利率上升而上涨。同样，买进看跌期权则和直接卖出股票具有一定的替代性，在利率较高的时候，投资者显然倾向于选择直接卖出股票，获得资金用于再投资而赚取较高的利息收益，而买入看跌期权却需要支付期权费，因此利率和看跌期权价格呈负向关系。

除了以上分析，也有学者从期权费机会成本的角度来判断无风险利率对期权价格的影响。期权费是在期权交易初期以现金方式直接支付的，因而具有机会成本，而这一机会成本显然取决于利率的高低。当无风险利率较高时，期权价格机会成本较高，投资者将把资金从期权市场转移到其他市场，从而导致期权价格下降；反之，当无风险利率较低时，较低的机会成本显然将带来期权价格的上升。综上所述，无风险利率对期权价格的影响是非常复杂的，评估人员需要全面分析评估业务的实际情况，综合判定各视角下无风险利率对期权价格的具体影响，并从中选择最核心、最重要的影响路径，得出相应的结论。

5）标的资产的收益

标的资产分红或者是获得相应现金收益的时候，期权合约并不进行相应的调整。这样，标的资产进行分红付息，将减少标的资产的价格，这些收益将归标的资产的持有者所有，同时执行价格并未进行相应调整。因此，在期权有效期内标的资产产生的现金收益将使看涨期权价格下降，而使看跌期权价格上升。

综上所述，决定和影响期权价格的因素很多，而且各因素对期权价格的影响也很复杂，既有影响方向的不同，又有影响程度的不同；各个影响因素之间，既有相互补充的关系,又有相互抵消的关系。表 6-4 对这些主要影响因素作了一个基本的总结。

表 6-4 期权价格的主要影响因素

变量	欧式看涨	欧式看跌	美式看涨	美式看跌
标的资产的市场价格	+	−	+	−
期权执行价格	−	+	−	+
有效期限	不定	不定	+	+
标的资产价格的波动率	+	+	+	+
无风险利率	不定	不定	不定	不定
标的资产的收益	−	+	−	+

6.2.3 期权平价定理

1) 欧式看涨期权与看跌期权之间的平价关系

(1) 无收益资产的欧式期权。在标的资产没有收益的情况下,为了推导欧式看涨期权(C)与欧式看跌期权(P)间的关系,我们假设存在如下两个组合。

组合 A:一份欧式看涨期权加上金额为 $X\mathrm{e}^{-r(T-t)}$ 的现金。

组合 B:一份有效期和执行价格与看涨期权相同的欧式看跌期权加上一单位标的资产。

由于金额为 $X\mathrm{e}^{-r(T-t)}$ 的现金以无风险利率投资,期权到期时正好获得等于执行价格 X 的资金,因此在期权到期时,两个组合的价值均为 $\max(S_T, X)$。由于欧式期权不能提前执行,两组合在时刻 t 必须具有相等的价值,即:

$$c + X\mathrm{e}^{-r(T-t)} = p + S \tag{6-1}$$

式中,c——欧式看涨期权的价格;

p——欧式看跌期权的价格;

X——期权的执行价格;

r——无风险利率;

T——期权的到期期限,是从当前距离期权到期日的时间间隔,通常以年为单位;

S——标的资产的当前价格(Spot Price)。

这就是无收益资产欧式看涨期权与看跌期权之间的平价关系(parity)。它表明欧式看涨期权的价值可根据相同执行价格和到期日的欧式看跌期权的价值推导出来;反之,亦然。如果式(6-1)不成立,则存在无风险套利机会。套利活动将最终促使式(6-1)成立。

(2) 有收益资产的欧式期权。在标的资产有收益的情况下,我们只要把组合 A 中的现金调整为 $D + X\mathrm{e}^{-r(T-t)}$,因为组合 B 中持有的标的资产还能够获得现金收益,D 即为这笔现金收益的现值。据此,可以得到有收益资产的欧式看涨期权和看跌期权之间的平价关系。

$$c + D + X\mathrm{e}^{-r(T-t)} = p + S \tag{6-2}$$

式中，D——标的资产的收益，其他参数的含义同公式(6-1)。

从看涨期权和看跌期权的平价关系中，我们可以对看涨期权和看跌期权的特性有更深入的了解。以看涨期权为例，首先，根据公式(6-2)可得 $c=p+S-Xe^{-r(T-t)}-D$，也就是说在其他条件相同的情况下，如果红利的现值 D 增加，那么期权的价值会下跌。其次，在没有红利的条件下，根据公式(6-1)可得 $c=p+S-Xe^{-r(T-t)}$，因此，看涨期权等价于借钱买入股票，并买入一个看跌期权来提供保险。与直接购买股票相比，看涨期权买方的优势在于保险和可以利用杠杆效应。看跌期权也可以进行类似分析。

2) 美式看涨期权和看跌期权之间的关系

(1) 无收益资产的美式期权。

由于 P(欧式)$>p$(美式)，从公式(6-1)中我们可得：

$$P > c + Xe^{-r(T-t)} - S$$

对于无收益资产看涨期权来说，由于 c(美式)$=C$(欧式)，因此：

$$P > C + Xe^{-r(T-t)} - S$$
$$C - P < S - Xe^{-r(T-t)} \tag{6-3}$$

为了推导出 C 和 P 之间更严密的关系，我们假设存在以下两个组合。

组合 A：一份欧式看涨期权加上金额为 X 的现金。

组合 B：一份美式看跌期权加上一单位标的资产。

如果美式期权没有提前执行，则在 T 时刻组合 B 的价值为 $\max(S_T, X)$，而此时组合 A 的价值为 $\max(S_T, X) + Xe^{r(T-t)} - X$。因此，组合 A 的价值大于组合 B。如果美式期权在 τ 时刻提前执行，则在 τ 时刻，组合 B 的价值为 X，而此时组合 A 的价值大于等于 $Xe^{r(\tau-t)}$。因此，组合 A 的价值也大于组合 B。这就是说，无论美式组合是否提前执行，组合 A 的价值都高于组合 B，因此在 t 时刻，组合 A 的价值也应高于组合 B，即：

$$c + X > P + S$$

$c=C$，因此，

$$C + X > P + S$$
$$C - P > S - X$$

结合式(6-3)，我们可得：

$$S - X < C - P < S - Xe^{-r(T-t)} \tag{6-4}$$

美式期权可能提前执行，因此我们得不到美式看涨期权和看跌期权的精确平价关系，但我们可以得出结论：无收益美式期权必须符合式(6-4)的不等式。

(2) 有收益资产美式期权。同样，我们只要把组合 A 的现金改为 $D+X$，就可得到有收益资产美式期权必须遵守的不等式：

$$S - D - X < C - P < S - D - Xe^{-r(T-t)} \tag{6-5}$$

6.3 Black-Scholes 期权定价模型

自期权交易产生以来(尤其是股票期权),学者们一直致力于期权定价问题的研究探讨。1973 年,美国芝加哥大学教授 Fischer Black 和 Myron Scholes 发表《期权定价与公司负债》一文,提出了著名的 B-S 期权定价模型,在学术界和实务界都引起了强烈反响。Myron Scholes 也因此获得了 1997 年诺贝尔经济学奖。之后,其他各类期权定价模型纷纷被提出,最著名的是 1979 年由 John C. Cox、Stephen A. Ross 和 Mark Rubinstein 提出的二叉树模型。在原理上,B-S 期权定价模型的七个假设条件如下。

假设一,期权标的资产为一风险资产(B-S 期权定价模型中为股票),当前时刻市场价格为 S。S 遵循几何布朗运动[①],即:

$$\frac{dS}{S} = \mu dt + \sigma dz \tag{6-6}$$

式中,dS——股票价格瞬时变化值;

dt——极短瞬间的时间变化值;

dz——均值为零,方差为 dt 的无穷小的随机变化值($dz = \varepsilon \sqrt{dt}$,称为标准布朗运动);

μ——股票价格在单位时间内的期望收益率(以连续复利表示);

σ——股票价格的波动率,即证券收益率在单位时间内的标准差,μ 和 σ 都是已知的。

根据几何布朗运动的特征可知,股票价格的变化是随机的,且具有正态分布增量。因此,股票价格在短时期内的变动(即收益)来源于两个方面:一是单位时间内已知的一个收益率变化 μ,被称为漂移率,可以被看成一个总体的变化趋势;二是随机波动项,即 σdz,可以看作随机波动使得股票价格变动偏离总体趋势的部分。

假设二,在期权有效期内,标的资产没有现金收益支付。综合假设一和假设二,标的资产价格的变动是连续而均匀的,不存在突然的跳跃。

假设三,没有交易费用和税收,不考虑保证金问题,即不存在影响收益的任何外部因素。综合假设二和假设三,投资者的收益仅来源于价格的变动,而没有其他影响因素。

假设四,该标的资产可以被自由地买卖,即允许卖空,且所有证券都是完全可分的。

假设五,在期权有效期内,无风险利率 r 为常数,投资者可以此利率无限制地进行借贷。

假设六,期权为欧式看涨期权,其执行价格为 X,当前时刻为 t,到期时刻为 T。

假设七,不存在无风险套利机会。

6.3.1 欧式看涨期权的 B-S 模型

在上述假设条件的基础上,Black 和 Scholes 得到了如下适用于无收益资产欧式看涨

[①] 有关股票价格及其衍生品所遵循的随机过程的详细介绍,可参见郑振龙主编的《金融工程(第五版)》,高等教育出版社 2020 年版。

期权的一个微分方程：

$$\frac{\partial f}{\partial t}+rS\frac{\partial f}{\partial S}+\frac{1}{2}\sigma^2 S^2\frac{\partial^2 f}{\partial S^2}=rf$$

式中，f 为期权价格，其他参数符号的意义同前。

通过求解这个微分方程，得到如下适用于无收益资产的欧式看涨期权定价公式：

$$c=SN(d_1)-Xe^{-r(T-t)}N(d_2) \qquad (6-7)$$

$$d_1=\frac{\ln(S/X)+(r+\sigma^2/2)(T-t)}{\sigma\sqrt{T-t}}$$

$$d_2=\frac{\ln(S/X)+(r-\sigma^2/2)(T-t)}{\sigma\sqrt{T-t}}=d_1-\sigma\sqrt{T-t}$$

式中，c——无收益资产欧式看涨期权价格；

$N(\ )$——标准正态分布变量的累积概率分布函数（即这个变量小于 x 的概率），根据标准正态分布函数特性，我们有 $N(-x)=1-N(x)$。

1）期权价格的影响因素

根据前述内容，期权价格的影响因素主要包括标的资产市场价格、执行价格、波动率、无风险利率、到期时间和现金收益。由公式(6-7)可知，除假设限定的标的资产无现金收益外，其他参数都包括在内，且影响方向与前文分析的一致。

2）风险中性定价原理

根据公式(6-7)，我们可以注意到期权价格与标的资产的预期收益率无关，即前文提及几何布朗运动时出现的预期收益率 μ 在期权定价公式中消失了。由于人们至今仍没有找到计算证券预期收益率的准确方法，公式(6-7)不包含预期收益率显然更利于精准定价。期权价格与 μ 的无关性，大大降低了期权定价的难度和不确定性。

进一步考虑，受制于主观风险收益偏好的标的证券预期收益率 μ 并未包括在期权的价值决定公式中，公式中出现的变量为标的证券当前市价(S)、执行价格(X)、时间(t)、证券价格的波动率(σ)和无风险利率 r，它们全都是客观变量，独立于主观变量——风险收益偏好。既然主观风险偏好对期权价格没有影响，这使我们可以利用 B-S 期权定价模型所揭示的期权价格的这一特性，作出一个可以大大简化我们工作的简单假设：在对衍生证券定价时，所有投资者都是风险中性的。

在所有投资者都是风险中性的条件下（有时我们称之为进入了一个"风险中性世界"），所有证券的预期收益率都可以等于无风险利率 r，这是因为风险中性的投资者并不需要额外的收益来吸引他们承担风险。同样，在风险中性条件下，所有现金流量都可以通过无风险利率进行贴现求得现值。这就是风险中性定价原理。

应该注意的是，风险中性假定仅仅是一个人为假定，但通过这种假定所获得的结论不仅适用于投资者风险中性情况，也适用于投资者厌恶风险的所有情况。投资者厌恶风险程度决定了股票的预期收益率，而股票的预期收益率决定了股票升跌的概率。然而，无论投资者厌恶风险程度如何，也无论该股票上升或下降的概率如何，该期权的价值都等于一个定值。

3) 对期权定价公式的经济理解

首先,从 B-S 期权定价模型自身的求解过程来看,$N(d_2)$ 实际上是在风险中性世界中 S_T 大于 X 的概率,或者说是欧式看涨期权被执行的概率,因此,$e^{-r(T-t)}XN(d_2)$ 是 X 的风险中性期望值的现值,更朴素地说,可以看成期权可能带来的收入现值。$SN(d_1) = e^{-r(T-t)}S_T N(d_1)$ 是 S_T 的风险中性期望值的现值,可以看成期权持有者将来可能支付的价格的现值。因此,整个欧式看涨期权公式就可以被看作期权未来期望回报的现值。

其次,$\Delta = N(d_1) = \dfrac{df}{dS}$,显然反映了标的资产变动一个很小的单位时,期权价格的变化量,或者说,如果要避免标的资产价格变化给期权价格带来的影响,1 个单位的看涨期权多头,就需要 Δ 单位的标的资产空头加以保值。事实上,$\Delta = N(d_1)$ 是复制交易策略中股票的数量,$SN(d_1)$ 就是股票的市值,$-e^{-r(T-t)}XN(d_2)$ 则是复制交易策略中负债的价值。

最后,从金融工程的角度来看,欧式看涨期权可以分拆成两部分:资产或无价值看涨期权(Asset-or-Noting Call Option)多头和现金或无价值看涨期权(Cash-or-Nothing Option)空头。其中,$SN(d_1)$ 对应资产或无价值看涨期权的价值,$Xe^{-r(T-t)}N(d_2)$ 对应 X 份现金或无价值看涨期权的价值。这是因为,对于一个资产或无价值看涨期权来说,如果标的资产价格在到期时低于执行价格,该期权没有价值;如果高于执行价格,则该期权支付一个等于资产价格本身的金额。根据前文对 $N(d_2)$ 和 $SN(d_1)$ 的分析,我们可以得出该期权的价值为 $e^{-r(T-t)}S_T N(d_1)$ 的结论。同样,对于(标准)现金或无价值看涨期权,如果标的资产价格在到期时低于执行价格,该期权没有价值;如果高于执行价格,则该期权支付 1 元,由于期权到期时价格超过执行价格的概率为 $N(d_2)$,则 1 份现金或无价值看涨期权的现值为 $e^{-r(T-t)}N(d_2)$。

6.3.2 欧式看跌期权的 B-S 模型

B-S 期权定价模型给出的是无收益资产欧式看涨期权的定价公式,根据欧式看涨期权和看跌期权之间的平价关系,我们可以得到无收益资产欧式看跌期权的定价公式:

$$p = c + Xe^{-r(T-t)} - S = Xe^{-r(T-t)}N(-d_2) - SN(-d_1) \tag{6-8}$$

【例题 6-2】 欧式看涨期权和看跌期权的计算

某种不支付红利股票的市场价格为 20 元,无风险利率为 5%,该股票的年波动率为 4%。求基于该股票的执行价格为 20 元、期限为 1 年的欧式看涨期权和看跌期权的价格。

解:根据已知条件有 $S=20, K=20, r=0.05, s=0.04, T=1$,计算 d_1、d_2、$N(d_1)$ 和 $N(d_2)$。

$$d_1 = \frac{\ln(20/20) + (0.05 + 0.04^2/2) \times 1}{0.04 \times \sqrt{1}} = 1.27$$

$$d_2 = d_1 - 0.04 \times \sqrt{1} = 1.23$$
$$N(d_1) = N(1.27) = 0.8980$$
$$N(d_2) = N(1.23) = 0.8907$$

欧式看涨期权的价格为：

$$c = SN(d_1) - Ke^{-rT}N(d_2) = 20 \times 0.8980 - 20e^{-0.05 \times 1} \times 0.8907 = 1.0148(元)$$

应用平价关系，看跌期权的价格为：

$$p = 20 \times (1 - 0.8907)e^{-0.05 \times 1} - 20 \times (1 - 0.8980) = 0.0394(元)$$

6.3.3 无收益资产美式期权的定价公式

美式期权允许持有者在到期日前的任何时间行权，而欧式期权仅能在到期日行权。通常情况下，灵活性更高的美式期权应具有更高的价值。然而，在标的资产无收益情况下，理性投资者为了追求时间价值和机会成本，不会提前行使看涨期权，导致理论上美式看涨期权的价值等同于欧式看涨期权。由于 $C=c$，无收益资产美式看涨期权的价值可按式(6-7)计算。此外，由于美式看跌期权与看涨期权之间不存在明确的平价关系，美式看跌期权还没有确切的计算公式，但可以采用数值方法和解析近似方法求得。

【例题 6-3】 准美式期权的计算

某公司股票现价为 40 元，现针对该股的美式看涨期权执行价格为 35 元，ln(股价)的方差为 0.05，无风险利率为 4%，有效期为 8 个月，预计期间将支付 3 次股息：1 个月后、4 个月后和 7 个月后，每次股息额度均为 0.8 元。请评估该期权最可能的价值。

$$S = 40, X = 35, \sigma^2 = 0.05, r = 4\%, T = \frac{8}{12}$$

第一个除息日前夕，没有支付股息：

$$S_1 = S = 40, T_1 = \frac{1}{12}$$

$$d_1 = 2.1525, d_2 = 2.0880, N(d_1) = 0.9843, N(d_2) = 0.9816$$

$$c_1 = 40 \times 0.9843 - 35 \times e^{-4\% \times \frac{1}{12}} \times 0.9816 = 5.130(元)$$

第二个除息日前夕：

$$S_2 = 40 - \frac{0.8}{1 + 4\% \div 12} = 39.2027, T_2 = \frac{4}{12}$$

$$d_1 = 1.0462, d_2 = 0.9171, N(d_1) = 0.8523, N(d_2) = 0.8205$$

$$c_2 = 39.2027 \times 0.8523 - 35 \times e^{-4\% \times \frac{4}{12}} \times 0.8205 = 5.075(元)$$

第三个除息日前夕：

$$S_3 = 40 - \frac{0.8}{1 + 4\% \div 12} - \frac{0.8}{1 + 4\% \times \frac{4}{12}} = 38.4079, T_3 = \frac{7}{12}$$

$$d_1 = 0.7669, d_2 = 0.5961, N(d_1) = 0.7784, N(d_2) = 0.7244$$

$$c_3 = 38.4079 \times 0.7784 - 35 \times e^{-4\% \times \frac{7}{12}} \times 0.7244 = 5.127(元)$$

到期日，

$$S_4 = 40 - \frac{0.8}{1+4\% \div 12} - \frac{0.8}{1+4\% \times \frac{4}{12}} - \frac{0.8}{1+4\% \times \frac{7}{12}} = 37.6261, \quad T_4 = \frac{8}{12}$$

$$d_1 = 0.6336, \quad d_2 = 0.4510, \quad N(d_1) = 0.7368, \quad N(d_2) = 0.6740$$

$$c_4 = 37.6261 \times 0.7368 - 35 \times e^{-4\% \times \frac{8}{12}} \times 0.6740 = 4.754(元)$$

最终取 4 个计算结果中的最大值作为最终的期权价值，即 5.130 元。

支付股息会降低期权的预期价值，尤其当期权的时间溢价小于由股息支付减少的资产价值额度时，投资者会在除息日前夕实施看涨期权。我们通过下式比较，亦同样得到支付股息会降低期权的预期价值的结论。

$$X\left[1 - e^{-r \times \frac{(4-1)}{12}}\right] = X\left[1 - e^{-r \times \frac{(7-4)}{12}}\right] = 0.3483 < 0.8$$

$$X\left[1 - e^{-r \times \frac{(8-7)}{12}}\right] = 0.1165 < 0.8$$

因此，我们可运用 B-S 模型对每一可能的执行日进行评估，最终取最大值作为期权价值。这种评估方法称为准美式期权（pseudo-american option）估价法。另外，我们还可采用二叉树模型进行评估，具体先利用股价标准差估算 u 和 d（此处 $p=0.5$），然后结合股息支付情况计算每一单位时期末的股价（本题可采用每月末股价，实际股价须减去当月股息），计算每一节点的期权价值，同时考虑提前实施的可能性，最后计算期权的期初价值。

6.3.4 支付股息时的 B-S 模型调整

对于有收益资产，其期权定价公式显然与前面不同。如果收益可以准确预测（或者说是已知的），那么有收益资产的欧式期权定价并不复杂。此时，我们可以把标的资产价格分解成两部分，即期权有效期内已知现金收益的现值部分和有风险的部分。当期权到期时，这部分现值将由于标的资产支付现金收益而消失。因此，我们只要用 S 表示有风险部分的标的资产价格，用 σ 表示风险部分遵循随机过程的波动率①，就可直接套用式（6-7）和式（6-8）分别计算出有收益资产的欧式看涨期权和看跌期权的价值。

当标的资产已知收益的现值为 I 时，我们只要用 $(S-I)$ 代替式（6-7）和式（6-8）中的 S，即可求出固定收益资产的欧式看涨和看跌期权价格。当标的资产的收益为按连续复利计算的固定收益率 q（单位为年）时，我们只要将 $Se^{-q(T-t)}$ 代替式（6-7）和式（6-8）中的 S，就可以求出连续复利收益率下标的资产的欧式看涨和看跌期权价格。通常，股票指数期权、外汇期权和期货期权的标的资产可以看作支付连续红利，因此适用于这一定价公式。此外，对于有收益资产的美式期权，由于有提前执行的可能，我们无法得到精确的解

---

① 从理论上说，风险部分的波动率并不完全等于整个证券价格的波动率，有风险部分的波动率近似等于整个证券价格波动率乘以 $S/(S-V)$，这里 V 是红利现值。但在本书中，为了方便见起，我们假设两者是相等的。

析解,仍然需要用数理方法求出。

6.4 Black-Scholes 期权定价模型的应用

6.4.1 评估组合保险成本

证券组合保险是指事先能够确定最大损失的投资策略。比如,在持有相关资产的同时买入看跌期权就是一种组合保险。假设你掌管着价值1亿元的股票投资组合,这个股票投资组合与市场组合十分类似。你担心类似于1987年10月19日的股灾会吞噬你的股票组合,这时购买一份看跌期权也许是合理的。显然,期权的执行价格越低,组合保险的成本越小,不过也许我们需要一个确切的评估,然而市场上可能根本就没有对应的期权,要准确估算成本十分困难,此时B-S期权定价公式就十分有用。比如,如果10%的损失是可以接受的,那么执行价格就可以设为9 000万元,然后再将利率、波动率和保值期限的数据代进公式,就可以合理估算保值成本。

6.4.2 评估可转换债券

可转换债券是一种可由债券持有者转换成股票的债券,因此可转换债券相当于一份普通的公司债券和一份看涨期权的组合,即:

$$V_{CB}=V_B+V_C \tag{6-9}$$

式中, V_{CB} ——可转换债券的价值;

V_B ——可转换债券的纯债券价值;

V_C ——可转换债券的转换权价值。

在实际中 V_C 的估计是十分复杂的,因为 V_C 对利率非常敏感,而B-S期权定价模型假定无风险利率不变,对 V_C 显然不适用。同时,从可转换债券中隐含的期权的执行与否会因为股票股利和债券利息的问题复杂化,许多可转换债券的转换比例会随时间变化。

此外,绝大多数可转换债券是可赎回的。可赎回债券的分解更加复杂。对债券持有者而言,它相当于一份普通的公司债券、一份看涨期权多头(转换权)和一份看涨期权空头(赎回权)的组合。可赎回的可转换债券对股票价格变动很敏感,而且对利率也非常敏感。当利率下降的时候,公司可能会选择赎回债券。当然,利率上升的时候债券价值也会上升。

【案例6-1】

LS 可转债评估

北京LS公司是一家以提供公共关系服务为基础的品牌管理服务企业,主要从事品牌传播、产品推广、危机管理、活动管理、数字媒体营销等一体化的链条式服务。公司于2010年在深圳证券交易所上市,并于2015年发行总额为14亿元的可转换公司债券。该可转债的基本情况如下:发行日为2015年12月18日,到期日为2021年12月18日,每张面值100元,按面值平价发行,期限为6年。第一年到第六年的票面利率分别为

0.50%、0.70%、1.00%、1.50%、1.80%和2.00%,每年付息一次,到期还本。可转债发行首日股票价格为7.02元,初始转股价格为15.3元。上市日期为2016年1月8日,起息日期为2015年12月18日。

(1) 纯债券价值计算。

在不考虑转股的情况下,把可转换债券视为纯债券,其价值的计算方法和普通债券一样,即债券持有期间获得的各期现金流量的贴现值之和。用公式表示如下:

$$B = \sum_{t=1}^{n} \frac{I}{(1+i)^t} + \frac{P}{(1+i)^n}$$

式中,B——普通债券部分的价值;

I——债券每年的利息;

P——债券的本金;

i——折现率;

n——从现在起至到期日的年限。

将期初的利息同样计入,根据每年票面利率,可得 LS 公司可转债票面利息,如表 6-5 所示。

表 6-5 LS 公司可转债票面利息

年份	2016	2017	2018	2019	2020	2021
票面利率	0.50%	0.70%	1.00%	1.50%	1.80%	2.00%
票面利息(元)	0.5	0.7	1	1.5	1.8	2

若以当前 5 年以上银行贷款利率 4.90% 作为年实际复利利率 R,则:

$$年连续复利 i = \ln(1+R) = \ln(1+4.90\%) = 4.78\%$$

$$B = 100 \times 0.50\% + \frac{100 \times 0.70\%}{(1+4.78\%)^1} + \frac{100 \times 1.00\%}{(1+4.78)^2} + \frac{100 \times 1.50\%}{(1+4.78)^3} + \frac{100 \times 1.80\%}{(1+4.78)^4} + \frac{100 \times (1+2.00\%)}{(1+4.78)^5} = 85.64(元)$$

(2) 转换权价值计算。

首先,测算 LS 公司股票价格波动率。股票价格波动率的计算方法是:以一定时间内的股票价格为基础,设 $(n+1)$ 为观察次数,S_i 为第 i 个时间间隔末的股票价格。令 $U_i = \ln(S_i/S_{i-1})$,因为 $S_i = S_{i-1} e^{U_i}$,所以 U_i 是第 i 个时间间隔后的连续复利收益,U_i 的标准差即为该段时间内股票价格的日波动率,设为 σ_1,则 σ_1 的估计值为:

$$\sigma_1 = \sqrt{\frac{1}{n-1} \sum_{i=1}^{n} (U_i - \bar{U})^2}$$

评估以 LS 公司转债评估基准日前 90 个交易日(2016 年 8 月 4 日至 2016 年 12 月 16 日)的收盘价为基础来计算其股票价格波动率,得到:

$$\bar{U} = -0.001\,137\,45$$

$$\sum_{i=1}^{n}(U_i-\bar{U})^2=0.024\,163\,45$$

进一步,LS 公司股票日波动率 $\sigma_1=1.66\%$。若以全年 238 个交易日计算,可得:

$$\text{股票价格年波动率}\,\sigma=\text{股票价格日波动率}\times\sqrt{\text{年交易日数}}$$
$$=1.66\times\sqrt{238}=25.61\%$$

其次,计算转换权价值,具体采用 B-S 期权定价模型计算可转债的转换权价值:

$$c=N(d_1)-X\mathrm{e}^{-r(T-t)}N(d_2)$$

$$d_1=\frac{\ln\left(\frac{S}{X}\right)+\left(r+\frac{\sigma^2}{2}\right)(T-t)}{\sigma\sqrt{T-t}}$$

$$d_2=\frac{\ln\left(\frac{S}{X}\right)+\left(r-\frac{\sigma^2}{2}\right)(T-t)}{\sigma\sqrt{T-t}}=d_1-\sigma\sqrt{T-t}$$

相关参数定值如下:

选取国债利率作为无风险利率,参考 2015 年 5 年期凭证式国债的到期收益率 4.32%,以年连续复利表示的无风险利率 $r=\ln(1+4.32\%)=4.23\%$。根据同花顺数据,评估基准日 LS 股票价格为 9.38 元,即 $S=9.38$。评估基准日离到期日的时间 $T-t=5$(年)。由表 6-6 显示的 LS 公司可转债转股价格变动公告可知,评估基准日转股价格为 15.25 元,即 $X=15.25$ 元。

表 6-6 LS 公司可转债转股价格变动公告

序号	价格变动类型	公告日期	转股价格生效日期	执行日期	转股价格(元)	转股比例
1	调整转股价	2017-07-17	2017-07-19	2017-07-19	9.77	10.235
2	调整转股价	2017-06-21	2017-06-26	2017-06-26	9.93	10.071
3	修正转股价	2017-05-27	2017-06-01	2017-06-01	10.00	10.000
4	调整转股价	2017-02-28	2017-03-03	2017-03-03	14.95	6.689
5	调整转股价	2016-07-13	2016-07-18	2016-07-18	15.25	6.557
6	初始转股价	2015-12-16	2015-12-16	2016-06-27	15.30	6.536

将以上数据代入 B-S 模型,可得:

$$d_1=\frac{\ln(9.38/15.25)+(4.23\%+25.61\%^2/2)\times5}{25.61\%\times\sqrt{5}}=-0.172\,6$$

$$d_2=\frac{\ln(9.38/15.25)+(4.23\%-25.61\%^2/2)\times5}{25.61\%\times\sqrt{5}}=-0.684\,8$$

查正态分布累计概率表得:$N(d_1)=0.432\,5$,$N(d_2)=0.248\,3$,因此:

$$c' = 9.38 \times 0.4325 - 15.25 \times e^{-4.23\% \times 5} \times 0.2483 = 0.9921$$

由转股比例可得,每张 LS 可转债的转换权价值为:

$$c = 0.9921 \times 6.56 = 6.5082(元)$$

③ 评估结果。

LS 公司可转债整体价值等于普通债券部分的价值与转换权部分价值之和:

$$85.64 + 6.51 = 92.15(元)$$

事实上,LS 公司可转债在评估基准日的开盘价为 108.88 元,明显高于评估所得的理论价值,且发行价(100 元)也高于评估值。造成这一价差的原因除市场高估该债券价值外,B-S 期权定价模型本身假定到期日转换的前提也会压缩转换权的价值,因此若用美式期权思路定价,可能会获得更符合市场预期的评估结果。此外,转股价格向下修正、赎回条款、回售条款等也会影响结果,而此次评估恰巧没有深入考虑这些因素。

6.4.3 评估认股权证

认股权证通常是与债券或优先股一起发行的,它的持有人拥有在特定时间以特定价格认购一定数量的普通股,因此认股权证其实是一份看涨期权。不过,两者之间还是存在细微的差别,看涨期权执行的时候,发行股票的公司并不会受到影响,而认股权证的执行将导致公司发行更多的股票,因此,认股权证的执行存在稀释效应,在估值的时候必须考虑这一点。

【案例 6-2】

AK 公司购股权证评估

AK 公司是一家房地产公司,已发行 1 963.7 万份股票,当前交易价格为 0.38 元。2×21 年 3 月公司发行 180 万份期权,期限为 4 年,执行价格为 2.25 元,当前每份期权的交易价为 0.12 元。已知股票不付股息,ln(股价)的标准差为 93%,4 年期国库券利率为 4.9%。试评估购股权证的价值。

由于购股权证会对股价有所稀释,股票现价调整如下:

$$S = (0.38 \times 19.637 + 0.12 \times 1.8)/(19.637 + 1.8) = 0.3582(元)$$

X = 购股权证的实施价格 = 2.25 元,t = 购股权证的有效时间 = 4 年,r = 对应于期权寿命的无风险利率 = 4.9%,σ^2 = 股价方差 = 0.93^2,y = 股息报酬率 = 0

代入 B-S 模型可得:

$$d_1 = 0.0474, N(d_1) = 0.5189, d_2 = -1.8126, N(d_2) = 0.0349$$

$$c = 0.3582 \times 0.5189 - 2.25 \times e^{-4.9\% \times 4} \times 0.0349 = 0.12(元)$$

看涨期权当前的交易价格正好与 B-S 期权定价模型的估计值相同。

6.4.4 评估债转股

部分投资机构对债转股存在一定认识误区,认为债转股后,企业不需要偿还本息,因此不利于金融机构,这显然是不对的。因为在企业经营严重困难、无法按时还本付息的时候,银行才会选择债转股,这时债务预期回报率已经很低了。转股之后银行追求的是股权回报率,若有收效,股权回报率是要高于债权回报率的。

借鉴实物期权的思路,我们认为可以用期权思维来看待债转股中金融机构的收益,如图 6-5 所示。如果金融机构不实施债转股,直接进入破产清算程序,则现金回收比率极低;如果债转股后企业重组成功,企业股权价值升值,金融机构择机退出,收回更大比例现金,甚至不排除获得超额回报;如果重组失败,企业破产清算,但由于金融机构持有股权,清偿顺序偏后,几乎不可能回收现金,金融机构付出期权费为机会成本——企业直接破产清算的现金回收。因此,持有不良债权相当于持有对标的资产的看涨期权,债权人有权利在合适的价格上执行期权,持有看涨期权的目的在于从未来标的资产的升值中获利。

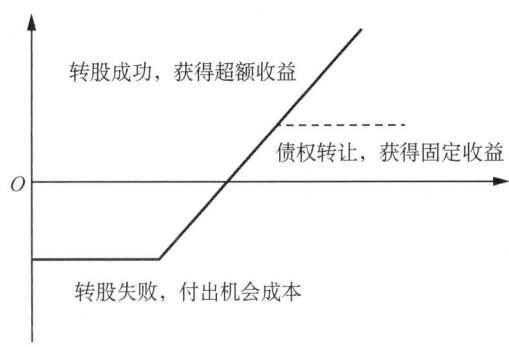

图 6-5 债转股的转股权价值分析

根据上述原理,对于实施债转股的企业而言,其股权价值可以利用 B-S 期权定价公式计算得到,即:

$$C = Pe^{-qT}N(d_1) - Xe^{-rT}N(d_2) \tag{6-10}$$

$$d_1 = \frac{\ln\frac{P}{X} + \left(r + \frac{\theta^2}{2}\right)T}{\theta\sqrt{T}}$$

$$d_2 = d_1 - \theta\sqrt{T}$$

$$q = r - m + \lambda\theta$$

式中,P——企业整体价值;

X——企业总债务面值;

T——企业剩余债务的平均有效期限;

θ——股票价格的波动率;

r——无风险利率;

q——股利支付率,等于 $r-m+\lambda\theta$;

$N(\ )$——累计分布函数;

m——单位时间内资产的预期收益率;

λ——债转股企业的市场价格风险。

在得到企业的股权价值 C 后,我们可以计算出企业的债权价值为 $P-C$,由于假设债权人将债权转为股权的债务面值为 Y,因此可知,Y 的实际价值为 $(P-C)\dfrac{Y}{X}$,则实施债转股的理性定价比例 η 应为:

$$\eta=\frac{\dfrac{Y}{X}(P-C)}{C}=\frac{Y}{X}\left(\frac{P}{C}-1\right) \tag{6-11}$$

【案例 6-3】

YB 企业债转股评估

已知 YB 化工企业的整体价值为 133 466 万元,企业现在已经陷入财务困境,其对金融资产管理公司的债务面值为 104 396 万元。现假设企业债务没有利息债,且 5 年后到期。无风险利率为 2.65%,企业的期望收益率为 9.65%。企业价值变动的标准差 $\theta=3.61\%$(该数值根据化工行业市盈率表提供的数据计算得出),企业的市场风险价格为 $\lambda=0.5$(不同企业的市场风险价格有不同的价值)。

根据公式(6-10),计算得到 $c=68\ 657$(万元),$d_1=4.725$,$d_2=4.644\ 3$。

假设金融资产管理公司对面值为 23 655 万元的债务进行转股,我们利用实施债转股的理性定价比例公式可以得出金融资产管理公司的股权比例应为:

$$\eta=\frac{Y}{X}\left(\frac{P}{C}-1\right)=\frac{23\ 655}{104\ 396}\times\left(\frac{133\ 466}{66\ 678}-1\right)=22.70\%$$

【案例 6-4】

W 银行股票缺少流动性折扣估算(与[案例 5-2]连贯)

针对 W 银行股权价值的评估,案例[5-2]主要分析了待估银行市盈率的调整方法。由于所选 4 家可比公司为沪深两市上市银行,而 W 银行业务的股份尚未在资本市场上流通,其股权流动性明显弱于上市公司,故还需要考虑缺少流动性折扣 ξ 对股权价值的影响。本案例将进一步说明如何运用 B-S 期权定价模型计算 W 银行的缺少流动性折扣 ξ。具体公式如下:

$$p=Xe^{-rT}\times N(-d_2)-Se^{-qT}\times N(-d_1)$$

$$d_1=\frac{\ln\left(\dfrac{S}{X}\right)+\left(r-q+\dfrac{\sigma^2}{2}\right)\times T}{\sigma\times\sqrt{T}}$$

$$d_2=d_1-\sigma\times\sqrt{T}$$

式中，p——看跌期权价格；

X——期权执行价格，也就是限制期满后可以卖出的价格；

S——现行股权价格，即基准日股票交易均价；

r——连续复利计算的无风险收益率（采用周复利收益率）；

q——连续复利计算的股票股息率（采用周复利收益率）；

T——期权限制时间（采用按周计算）；

$N(\ )$——标准正态密度函数；

σ——股票波动率（采用按周计算）。

① 期权限制时间。

本次评估按一般股票首发上市发起人股票锁定期3年，确定期权限制时间，即限制流通期T为156周。

② 无风险收益率。

与期权限制时间相对应，本次评估选取基准日中国债券信息网公布的银行间固定利率国债收益率（到期3年）3.157%作为无风险利率。由于计算采用的时间间隔为周，我们将年收益率换算为周收益率。

$$r = \sqrt[52]{(1+3.157\%)} - 1 = 0.0687\%$$

③ 股票股息率。

根据Wind资讯系统查询得到的可比银行近三年分红情况，计算它们的平均股息率，并换算为周股息率（表6-7）。具体公式如下：

$$q = \sqrt[52]{(1+R)} - 1$$

表6-7 近3年可比银行平均股息率

可比银行	普通股获利率			平均值	换算为周股息率
	2009年12月31日	2010年12月31日	2011年12月31日		
A银行	0.91%	2.94%	2.18%	2.011%	0.038%
B银行	1.57%	1.19%	2.16%	1.638%	0.031%
C银行	0.87%	3.42%	2.04%	2.111%	0.040%
D银行	0.88%	2.02%	2.33%	1.743%	0.033%

④ 期权执行价格。

本次评估设定期权执行价为X，也就是限制期满后的可以卖出的价格，按到期3年和年份无风险报酬率计算执行价格的现值。

$$X = S \times (1+3.157\%)^3$$

式中，S——评估基准日收盘价。

可比银行在评估基准日的收盘价及股权执行价格如表6-8所示。

表 6-8　可比银行在评估基准日的收盘价及股权执行价格

单位：元/股

可比银行	收盘价	期权执行价格
A 银行	10.66	11.70
B 银行	9.2	10.10
C 银行	16.69	18.32
D 银行	9.3	10.21

⑤ 波动率。

通过 Wind 资讯系统，进一步查询可比银行股价的历史波动率，具体如表 6-9 所示。

表 6-9　可比银行历史波动率

可比银行	波动率	可比银行	波动率
A 银行	0.047 1	C 银行	0.057 9
B 银行	0.047 3	D 银行	0.046 4

⑥ 计算 d_1 和 d_2。

将上述数据代入 B-S 看跌期权公式，可计算得到 d_1 和 d_2，具体如表 6-10 所示。

表 6-10　可比银行 d_1、d_2 计算结果

可比银行	d_1	d_2
A 银行	0.19	−0.40
B 银行	0.21	−0.38
C 银行	0.27	−0.45
D 银行	0.20	−0.38

⑦ 计算看跌期权价值 p。

根据 B-S 模型，计算得出可比银行的看跌期权 p，具体如表 6-11 所示。

表 6-11　可比银行看跌期权价值

可比银行	看跌期权价值 p	可比银行	看跌期权价值 p
A 银行	2.72	C 银行	5.06
B 银行	2.31	D 银行	2.31

⑧ 计算非流动性折扣 ξ。

根据可比银行看跌期权与基准日股票交易价格（S）的比重，确定它们各自的缺少流通性折扣 ξ，最终按可比银行缺少流通性折扣的均值作为 W 银行的缺少流通性折扣，结果为 26.45%。具体如表 6-12 所示。

表 6-12 可比银行与待估银行的缺少流动性折扣

可比银行	缺少流动性折扣率 ξ	可比银行	缺少流动性折扣率 ξ
A 银行	25.54%	D 银行	24.82%
B 银行	25.10%	平均数	26.45%
C 银行	30.33%		

本章小结

在本章中，我们详细探讨了期权定价的理论与应用，重点介绍了期权的基本概念、分类及其主要定价模型。期权作为一种金融衍生工具，赋予持有者在未来某一特定日期或之前以预定价格买入或卖出标的资产的权利，而非义务。通过对看涨期权和看跌期权的定义与特性的分析，我们发现，期权价值等于内在价值与时间价值之和。内在价值等于零和期权立即执行时所具有的价值这两者之中的较大值。期权时间价值在内在价值为零时最大，并随标的资产市场价格与执行价格之间差额的绝对值变大而递减。随着时间的延长，期权时间价值是递增的，但增幅是递减的。标的资产价格波动率越高，时间价值也越大。无风险利率对期权价格的影响较复杂，应具体问题具体分析。综合而言，期权价格的影响因素有：标的资产的市价、期权的执行价格、期权的有效期、标的资产价格的波动率、无风险利率、标的资产的收益。

在期权定价模型中，B-S 期权定价模型无疑是最具代表性和影响力的一个。该模型通过假设标的资产价格服从几何布朗运动，并考虑无风险利率、波动率和时间等因素，提供了计算欧式期权价格的解析解。在为衍生证券定价时，通常假设所有投资者都是风险中性的，这就是风险中性定价原理。它可以大大简化衍生证券的定价，得出的结论也适用于投资者厌恶风险的情况。B-S 期权定价模型可用于为欧式期权和美式看涨期权定价。美式看跌期权定价只能用二叉树模型等数值方法以及解析近似方法求出。在运用 B-S 期权定价模型为期权定价时，无风险利率和标的资产价格波动率是两个需要估计的重要参数。B-S 期权定价模型常用于评估组合保险成本、可转债定价、认股权证和债转股。

课程思政

期权定价法对不确定性的考量，有助于引发评估从业人员对当前金融资产评估行业的自省。综合而言，行业面临三重转型挑战与机遇：市场格局变化、服务需求升级和竞争环境重塑。一方面，传统评估市场（如国企改制）结构深刻调整，新兴市场（如数据资产、碳排放权、ESG 投资评估）范围不断扩大。这种转型要求行业在理论方法、准则技术和专业能力上实现创新突破。另一方面，"传统低端服务供大于求"与"新兴高端服务能力不足"并存，结构性矛盾突出。政府部门和相关监管部门对传统评估项目实行备案管理，评估方法成熟，执业风险较低，导致买方市场价格竞争激烈。而在数字经济、跨境并购、创新企业估值等高端领域，专业能力尚不能满足市场需求。面对这些挑战,行业应积极探索转型升级路径;在理论创新上,加强数据资产、碳排放权等新型价值评估研究,填补国际评估准则空白领域;在业务拓展上,服务"一带一路"建设,支持中资企业海外并购;在技术赋能上,应用大数据、人工智能技术开发智能评估平台,推进评估数字化转型,构建全流程一体化业务平台,将数字化嵌入融、投、管、退各环节。

思考题

1. 关于期权概述:
   (1) 什么是期权?请解释期权赋予持有者的权利和义务。
   (2) 根据行权方式,期权可以分为哪两种类型?请描述它们的主要区别。
   (3) 按标的资产分类,期权可以有哪些类型?请举例说明股票期权和指数期权的应用场景。
   (4) 场内期权和场外期权有什么区别?请列举其各自的优缺点。
   (5) 期权买方和卖方的角色及风险分别是什么?
2. 关于期权的价值:
   (1) 期权的内在价值和时间价值分别是什么?如何计算?
   (2) 列举并解释影响期权价格的6个主要因素。
   (3) 根据欧式看涨期权与看跌期权之间的平价关系,请解释为什么存在无风险套利机会时,平价关系会促使市场自我调节。
3. 关于B-S模型:
   (1) B-S模型的基本假设是什么?请列出欧式看涨期权的B-S定价公式。
   (2) 讨论B-S模型在现实金融市场中的局限性和在实际应用中可能遇到的挑战。
   (3) 计算基于无红利支付股票的欧式看跌期权的价格,假设执行价格为50元,现价为50元,有效期为3个月,无风险年收益率为10%,年波动率为30%。
   (4) 若2个月后预期支付的红利为1.5元,则上题中的计算结果会有何变化?

扫码做题

【拓展材料6-1】BM公司汇率掉期评估

【拓展材料6-2】HF公司股票期权公允价值评估

【拓展材料6-3】流通受限股权评估

第 7 章
CHAPTER 7
其他金融资产评估方法

——与前后章的逻辑关系——

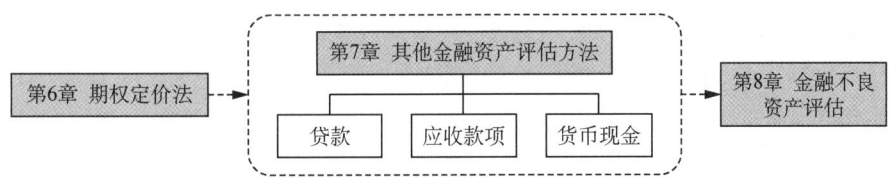

——学习目标——

① 理解其他评估方法及其所适用的主要金融资产类别;
② 掌握针对贷款的两种评估方法的基本思路与实践应用;
③ 掌握针对应收款项的五种评估方法的基本思路与实践应用;
④ 掌握针对货币资金评估方法的基本思路与实践应用。

 **导入材料**

2023 年应收账款 ABS 市场运行情况

2023 年,应收账款 ABS 发行规模小幅回落,特定品种及非全额增信产品受市场关注。2023 年,应收账款 ABS 发行主体头部效益依旧明显,仍以央企、地方国企为主,基础资产以建筑企业工程应收账款为主,发行利率整体波动下降后小幅提升。2023 年,应收账款 ABS 小部分证券信用等级调升,交易所二级市场较为活跃。

本文所指的应收账款 ABS 涵盖应收账款债权、保理债权及应收票据三种,所采用的数据是基于 Wind 基础上剔除部分非应收账款 ABS 数据整理得出。2019—2023 年,应收账款 ABS 整体发行规模呈现先升后降趋势,但发行规模在全部资产证券化产品占比却呈现逐年上升趋势,可见应收账款 ABS 一直占据重要地位。2023 年,在市场融资需求偏弱、企业债券融资节奏放缓的影响下,应收账款 ABS 发行规模虽小幅回落,但发行单数有所上升。2023 年应收账款 ABS 发行规模为 3 125.73 亿元,同比下降 0.57%,发行单数 269 单,同比提升 8.03%。

2023 年,应收账款 ABS 发行主体共 127 家,较 2022 年减少 3 家。前五大发行主体产品发行规模占应收账款 ABS 总发行规模的 30.97%,占比较 2022 年

(24.37%)有所提升,头部效应愈发明显。2023年,中铁建商业保理有限公司稳居应收账款ABS发行规模第一位置,发行规模557.51亿元,较2022年增加183.42亿元,同比增长49.03%,主要系部分产品接续发行所致。

2023年应收账款ABS涉及的基础资产以建筑企业的工程应收账款为主(发行规模占比75.91%);其次为商贸企业的贸易应收账款、医药流通企业对医院的应收账款以及工程机械企业的应收账款。未来随着基建投资的稳步推进,在国家鼓励盘活应收账款等优质存量资产的政策影响下,预计建筑企业的工程应收账款将继续在应收账款ABS发行市场中保持很高占比。

在证券级别方面,近五年应收账款ABS优先级证券信用等级集中于AAAsf和AA+sf,且占比保持稳定。2023年,AAAsf级应收账款ABS共发行290支,发行规模2 757.47亿元,占比为88.22%;AA+sf级应收账款ABS共发行48支,发行规模174.07亿元,占比为5.57%。2023年,据Wind数据,共有2单应收账款ABS的3支优先级证券信用等级上调(其中2支由AA+sf提升至AAAsf,1支由BBB+sf提升至AA−sf)。

以往已发行应收账款ABS项下优先级证券多由发行主体关联企业、担保公司或债务加入方提供增信,但在央国企收紧提供对外担保的政策背景下,市场各方开始探索非全额增信模式应收账款ABS。据不完全统计,2022—2023年,非全额增信应收账款ABS优先级证券发行规模分别约为177.45亿元和381.61亿元,占当年应收账款发行总规模的比重分别为5.64%和12.21%,发行主体一般为央国企下属公司。整体看,近两年来,应收账款ABS中非全额增信模式占比有升高的趋势,在符合央国企对于增信额度收紧的调整方向的同时,也一定程度反映了投资人对于应收账款类资产脱离主体信用的认可度的提升。

2023年,应收账款ABS二级市场成交金额为2 040.80亿元,同比上升9.25%,二级市场活跃度有所提升。从全量ABS二级市场成交情况来看,应收账款ABS属于第一大交易品种,成交金额占全市场12.32%,相较于其他品类较为活跃。

在发行市场方面,因交易门槛及存续规模限制,银行间市场成交金额明显低于交易所市场。2023年共有420支应收账款ABS证券参与交易所二级市场交易,成交金额为1 558.25亿元,占全市场比重为76.35%,共交易4 194次。2023年共有109支应收账款ABS证券参与银行间二级市场交易,成交金额为482.55亿元,占全市场的比重为23.65%,共交易441次。

资料来源:联合资信(https://www.fxbaogao.com/detail/4194984.)

前面介绍的收益法、市场法和期权定价法,是金融资产评估领域最重要的三种估值方法,各自都广泛适用于多类金融资产。但对于贷款、应收账款、应收票据等相对小众的金融资产而言,其资产价值依赖于企业主体存在,资产特性也与企业的经营活动及财务收支息息相关,评估工作通常需要采用其他方法才能顺利完成。因此,本章按照资产类型进行划分,依次介绍贷款、应收款项和货币资金的概念、资产特性、评估方法与案例应用。其中,应收账款和货币资金的评估都以成本法为基础,但鉴于具体操作存在差异,本章仍根据它们各自的适用方法，分类进行探讨。

考虑到对内容架构全面性的诉求，此处针对本章未涉及的金融资产及其评估方法进行简要说明。例如，债券是非常典型的一类金融资产，其评估方法以收益法和市场法为主。但在收益法的具体命名上，通常根据债券的本息支付方式来确定，核心思路仍是利息现值与面值现值的总和，与收益法原理完全相同，因此本章不作相关介绍。又如衍生品，其种类多样、内涵丰富，且未来趋势性强。但由于目前相关评估场景少，衍生品也多用于满足投资方套期保值的目的，实务一般直接参考二级市场价格进行估值，即所谓的市场法。若从内在价值的角度去测算，则更多的工作属于定价范畴，而非单纯评估，因此本章也不作相关介绍。

7.1 贷款

贷款指银行、信用合作社等金融机构借给单位或个人的货币资金，借款人应按照合同约定还本付息的金融资产。广义的贷款指贷款、贴现、透支等出贷金额的总称。贷款将金融机构所集中的货币和货币资金投放出去，可以满足社会扩大再生产对补充资金的需要，促进经济发展，银行可以通过贷款利息收入，增加自身的财富累积。贷款的有偿使用原则，推动企业优化经营管理，同时作为分配资金的重要方式，它也是调节和管理经济的有效杠杆。

贷款按照不同的标准存在多种分类方式，如按贷款主体经济性质、贷款占用形态、币种、利率、用途等。此处主要介绍与评估工作紧密相关的四种分类。

(1) 按贷款期限分为中长期贷款、中期贷款和短期贷款。其中，长期贷款指期限在5年以上(不含5年)的贷款；中期贷款指期限在1年以上(不含1年)5年以下(含5年)的贷款；短期贷款指期限在1年以内(含1年)的贷款。

(2) 按担保方式分为信用贷款、担保贷款和票据贴现。其中，信用贷款指依据借款人的信誉发放的贷款。担保贷款包含保证贷款、抵押贷款和质押贷款三种。第一种，保证贷款指按规定的保证方式以第三人承诺在借款人不能偿还贷款时，按约定承担一般保证责任或者连带责任而发放的贷款；第二种，抵押贷款指按规定的抵押方式以借款人或第三人的财产作为抵押物发放的贷款；第三种，质押贷款指按规定的质押方式以借款人或第三人的动产或权利作为质物发放的贷款。票据贴现则指贷款人以购买借款人未到期商业票据的方式发放的贷款。

(3) 按经营属性分为自营贷款、委托贷款和特定贷款。其中，自营贷款指贷款人以合法方式筹集的资金自主发放的贷款，其风险由贷款人承担，并由贷款人收回本金和利息；委托贷款指由政府部门、企事业单位及个人等委托人提供资金，由贷款人(即受托人)根据委托人确定的贷款对象、用途、金额、期限、利率等代为发放、监督使用并协助收回的贷款；特定贷款指经国务院批准，并对贷款可能造成的损失采取相应补救措施后，责成国有独资商业银行发放的贷款。

(4) 按风险程度分为正常贷款、关注贷款、次级贷款、可疑贷款和损失贷款，后三类合称为不良贷款。其中，正常贷款指借款人能够履行合同、正常还本付息，不存在任何影响贷款本息及时全额偿还的消极因素的贷款；关注贷款指借款人有能力偿还贷款本息，但存在一些可能对偿还产生不利影响的因素，贷款损失的概率不超过5%的贷款；次级贷款指借款人的还款能力已出现明显问题,需要通过处分资产或对外融资乃至执行抵押担保来还款付息的贷款,贷款损失概率为30%～50%;可疑贷款指借款人无法足额偿还贷款本息,即使执行抵押或担保,也肯定要造成一部分损失的贷款,贷款损失概率为50%～75%;损失贷款指无论采取什么措施或履行什么程序,借款人已无偿还本息的可能,或者虽然能收回极少部分,但其价值微乎其微的贷款,贷款损失的概率为75%～100%。根据风险程度的分类,各类贷款的转化规律通常如图7-1所示。

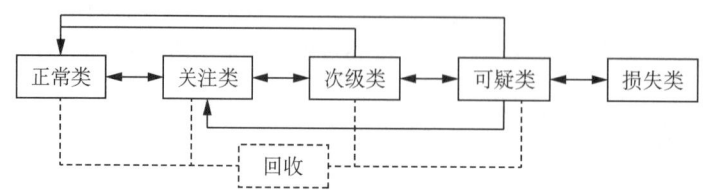

图7-1 贷款在不同风险程度之间的转化规律

不良贷款隶属于不良资产,其评估工作具备一定的独立性,有别于其他金融资产,因此,针对不良贷款的评估操作将主要在第八章中重点介绍。此处我们围绕贷款整体介绍相关评估方法。通常,对于还款额较为明确的贷款,我们可以采用收益法进行估价,即将各期还款现金流按贷款合同初始利率折现得到的现值之和作为评估值。其中,还款现金流包括借款人或担保人交付的偿债资金,以及实现抵(质)押权获得的收益。与传统评估方法不同之处在于,贷款价值的评估方法主要还包括迁移率模型和滚动率模型。

7.1.1 迁移率模型

贷款迁移率模型是测算贷款组合风险损失的方法。自我国2006年发布《企业会计准则第22号——金融工具确认和计量》以来,迁移率模型的重要性就得到了确认。该文件指出,商业银行采用组合方式对贷款进行减值测试时,可以根据自身风险管理模式和数据支持程度,选择合理的方法确认和计量减值损失,如迁移率模型法等。

具体而言,贷款迁移率模型基于一组具有相同信贷风险特征(如评级、贷款人类型或逾期期限)的贷款,分析其在特定历史时段的损失数据,估算该类贷款的综合损失率,并以此乘以当期报表日的同类贷款总额,得出相应的风险损失额。由此,贷款评估值可根据以下公式计算得到:

$$贷款评估值 = 贷款账面价值 - 风险损失额 \quad (7-1)$$

贷款迁移率模型的操作步骤包括:第一,根据外部评级、内部评级、逾期期限、风险程度等标准,将贷款组合划分为不同的子层;第二,利用历史贷款金额的变动情况,计算各子层之间的迁移率,构建贷款组合的迁移矩阵;第三,采用具体方法(如贴现现金流等),计算最低子层的损失率;第四,根据最低子层的损失率、各子层之间的迁移率得到不同子层相应的损失率;第五,计算整个贷款组合的预计风险损失总额。

【案例7-1】

TJ银行贷款评估

现拟采用迁移率模型对TJ银行某贷款组合的价值进行评估。已知该贷款组在

2×16年12月31日的账面余额为2 465万元,其中,正常类1 710万元,关注类315万元,次级类140万元,可疑类240万元,损失类60万元。

根据该贷款组合各类贷款的历史迁移数据,得出其各等级的迁移率,构建迁移矩阵如表7-1所示。

表7-1 信贷资产等级迁移矩阵

分类	迁移后的分类				
	正常类	关注类	次级类	可疑类	损失类
正常类	80.75%	14.29%	1.86%	3.11%	0
关注类	0	70.18%	21.05%	8.77%	0
次级类	0	0	72.73%	18.18%	9.09%
可疑类	0	0	0	81.82%	18.18%
损失类	0	0	0	0	100.00%

根据具体测算,得出损失类贷款的回收率为20%,则相应的损失率为80%。计算组合中各类贷款的预计损失率如表7-2所示。

表7-2 各类贷款的预计损失率

类别	计算公式	值
正常类损失率	14.29%×3.36%＋1.86%×9.92%＋3.11%×14.55%＋0.00%×80%	1.12%
关注类损失率	21.05%×9.92%＋8.77%×14.55%＋0.00%×80%	3.36%
次级类损失率	18.18%×14.55%＋9.09%×80%	9.92%
可疑类损失率	18.18%×80%	14.55%
损失类损失率	0.8	80.00%

以次级类的预计损失率计算为例。根据表7-1,次级类贷款迁移后,分别有18.18%迁移到可疑类、9.09%迁移至损失类。根据表7-2,可疑类和损失类贷款的预计损失率分别为14.55%和80.00%。据此得出次级类的预计损失率为9.92%(18.18%×14.55%＋9.09%×80%)。

根据各类贷款账面余额和预计损失率,分别得出其预计风险损失额如表7-3所示。经评估,该贷款组合的总损失额为127万元。

表7-3 各类贷款预计损失额

金额单位:万元

分类	信贷资产	损失率	风险损失额
正常类	1 710	1.12%	19
关注类	315	3.36%	11
次级类	140	9.92%	14

(续表)

分类	信贷资产	损失率	风险损失额
可疑类	240	14.55%	35
损失类	60	80%	48
小计	2 465	5.14%	127

Markov模型是一种基于概率转移的数学模型,它假设系统在未来某个时刻的状态只取决于当前状态,而与过去的历史状态无关。在金融领域,常被用于分析具有不确定性的动态过程。在本书中,我们采用Markov模型估算各子层贷款的回收金额、平均回收期限及损失率。定义S为贷款的状态集合,用$S=\{N_1, N_2, N_3, N_4, N_5, N_6\}$来表示,其中$N_1, N_2, N_3, N_4, N_5, N_6$为依据风险程度划分的贷款子层。进一步按回收或损失情况,将S划分为两类:

非吸收状态:$T=\{N_1, N_2, N_3, N_4\}$
吸收状态:$A=\{N_5, N_6\}$

其中,集合A表示回收情况最差的损失贷款,集合T表示其他类贷款。定义P为状态转移矩阵,表示每隔1年各子层的转移情况,p_{ij}表示当前处于N_i状态、1年后处于N_j的概率,由此可得:

$$p_{ij} \geqslant 0, \sum_{i=1}^{6} p_{ij}=1 \ (i=1,2,3,4,5,6; j=1,2,3,4,5,6)$$

$$P=\begin{bmatrix} p_{11} & p_{12} & p_{13} & p_{14} & p_{15} & p_{16} \\ p_{21} & p_{22} & p_{23} & p_{24} & p_{25} & p_{26} \\ p_{31} & p_{32} & p_{33} & p_{34} & p_{35} & p_{36} \\ p_{41} & p_{42} & p_{43} & p_{44} & p_{45} & p_{46} \\ 0 & 0 & 0 & 0 & 1 & 0 \\ 0 & 0 & 0 & 0 & 0 & 1 \end{bmatrix} = \begin{bmatrix} Q & R \\ 0 & I \end{bmatrix}$$

其中,

$$Q=\begin{bmatrix} p_{11} & p_{12} & p_{13} & p_{14} \\ p_{21} & p_{22} & p_{23} & p_{24} \\ p_{31} & p_{32} & p_{33} & p_{33} \\ p_{41} & p_{42} & p_{43} & p_{44} \end{bmatrix}$$

$$R=\begin{bmatrix} p_{15} & p_{16} \\ p_{25} & p_{26} \\ p_{35} & p_{36} \\ p_{45} & p_{46} \end{bmatrix}$$

$$I=\begin{bmatrix} 1 & 0 \\ 0 & 1 \end{bmatrix}$$

若定义 N 为特征量（基本矩阵），且由下式表示：

$$N=[I-Q]^{-1}=\begin{bmatrix} m_{11} & m_{12} & m_{13} & m_{14} \\ m_{21} & m_{22} & m_{23} & m_{24} \\ m_{31} & m_{32} & m_{33} & m_{34} \\ m_{41} & m_{42} & m_{43} & m_{44} \end{bmatrix}$$

则计算矩阵 $N \times R$ 可得：

$$N \times R = \begin{bmatrix} b_{11} & b_{12} \\ b_{21} & b_{22} \\ b_{31} & b_{32} \\ b_{41} & b_{42} \end{bmatrix}$$

其中，b_{i1} 为子层 i 贷款迁移为损失的概率，b_{i2} 为子层 i 贷款迁移为回收的概率。

【案例 7-2】

DN 消费金融有限公司贷款价值评估

现有一家 DN 消费金融有限公司，需评估其发放的所有贷款业务。基于过往历史数据，该公司的加权平均资本成本为 5%，损失类贷款回款率为 40%，清收费用占回款金额的 10%，正常类贷款的平均回收时间为 6 个月，贷款平均年化利率为 15.40%，融资平均年化利率为 9%。根据该公司历年贷款回收情况，得到迁移率测算值如表 7-4 所示，迁移时间如表 7-5 所示。

表 7-4　DN 消费金融有限公司历年贷款迁移率情况

类型	五级分类	2020Y	TTM(2020)	2021Y	TTM(2022)	TTM(2024)
商品贷产品-POS	正常类	89.85%	95.38%	94.95%	95.99%	92.46%
	关注类	25.26%	38.62%	29.53%	37.90%	8.14%
	次级类	2.82%	7.40%	7.10%	6.85%	6.99%
	可疑类	0.00%	5.99%	6.62%	5.56%	8.02%
	损失类	0.50%	0.80%	0.90%	1.00%	1.20%
消费贷（持续经营）-Cash(Keep)	正常类	78.15%	83.75%	76.02%	75.76%	75.83%
	关注类	23.25%	27.39%	17.09%	20.55%	22.36%
	次级类	5.69%	7.33%	4.47%	3.96%	3.68%
	可疑类	0.00%	9.10%	6.42%	3.72%	2.93%
	损失类	1.20%	1.50%	1.80%	2.00%	2.50%
消费贷（停发产品）-Cash(Drop)	正常类	63.33%	78.78%	70.96%	71.66%	70.67%
	关注类	15.38%	25.11%	16.30%	18.93%	17.64%

(续表)

类型	五级分类	2020Y	TTM(2020)	2021Y	TTM(2022)	TTM(2024)
消费贷(停发产品)-Cash(Drop)	次级类	1.62%	8.05%	4.64%	3.45%	2.88%
	可疑类	0.00%	9.92%	6.06%	3.18%	3.51%
	损失类	0.80%	1.10%	1.30%	1.50%	2.00%
循环额度产品-HCP	正常类	91.56%	72.15%	94.06%	93.03%	94.41%
	关注类	77.43%	67.15%	34.18%	50.34%	54.36%
	次级类	84.36%	73.02%	51.45%	38.57%	43.03%
	可疑类	99.31%	17.15%	15.90%	10.02%	9.28%
	损失类	2.00%	2.50%	3.00%	3.50%	4.00%

表 7-5 DN 消费金融有限公司历史贷款迁移时间

起始状态	迁移到正常类 (m_{i1})	迁移到关注类 (m_{i2})	迁移到次级类 (m_{i3})	迁移到可疑类 (m_{i4})
正常类	0.0	1.2	2.0	3.0
关注类	0.8	0.0	1.5	2.5
次级类	0.5	1.0	0.0	1.8
可疑类	0.3	0.7	1.2	0.0

定义 $T(N_i)=m_{i1}+m_{i2}+m_{i3}+m_{i4}$，表示状态 i 贷款转化为损失或回收的平均时间。根据贷款评估值＝正常贷款回收本息＋损失贷款清收价值＋损失贷款预计收息金额－贷款对于融资的利息，可得：

$$贷款估值 = \sum_{产品}\left(X_t b_2 \times (1+T(N_i) \times 15.4\%) + \frac{X_t b_1 \times B \times (1-F)}{(1+r)^{t+T(N_i)}} + X_t b_1 \times \left(\frac{T(N_i)}{2} \times 15.4\%\right) - X_t \times T(N_i) \times 9\%\right)$$

其中，X_t 表示评估时点贷款总额，$b_1=[b_{11},b_{21},b_{31},b_{41}]^T$ 表示各状态迁移至损失类的概率，$b_2=[b_{12},b_{22},b_{32},b_{42}]^T$ 表示各状态迁移至正常类的概率，r 表示资金成本，t 表示平均回款时间，B 为损失类贷款的回款率，F 为清收费用。综上，根据 DN 消费金融有限公司基于表内发放的贷款额 1 625 492.29 万元，可得贷款评估值为 947 601.94 万元，损失率约 41.70%。

7.1.2 滚动率模型

滚动率模型本质上是迁移率模型的特殊形式，可用于估算信用卡透支贷款组合的预计风险损失额。该方法将信用卡透支贷款余额分成正常及若干个逾期子层，并据此计算其从一个子层到另一个子层的滚动率,账户余额基于客观一致的标准,从一个逾期子层流向更差的逾期子层,直至核销阶段。

具体计算步骤如下:第一,收集某一时段(通常为 12 个月或 24 个月)正常及逾期的信用卡透支贷款余额信息;第二,计算每个逾期子层的滚动率;第三,根据历史滚动率(平均或趋势)得出报告日后期间的滚动率;第四,基于估计的滚动率和报告日的有关余额,计算报告日后期间估计的逾期金额和预计损失金额以及总损失额。

7.2 应收款项

应收款项是企业拥有的在未来获取现金、商品或劳务的债权资产,是企业重要的流动资产。按照资产的变现速度,应收款项可分为流动性应收款项和非流动性应收款项。前者指企业在日常生活经营中形成的期限小于 1 年的债权,包括因销售商品或提供劳务产生的应收款项、购进商品或接受劳务产生的应收款项、投资活动引起的应收款项和其他活动产生的应收款项。后者是企业拥有的、约定回收期限超过 1 年的应收款项,如长期应收款。可见从时间线来讲,应收款项同时包含已经发生的和将来发生的债权资产。现对资产评估业务中常见的几类应收款项作详细介绍。

(1) 应收账款。它是企业由于采用赊销方式销售商品或提供劳务而享有的向购货或接受劳务的单位或个人收取款项的权利。它是以商业信用为基础,以购销合同、商品出库单、发票和发运单等书面文件为依据而确认的。应收账款具体包括发票上注明的销售价格、增值税和代垫运杂费等,应当根据实际发生的交易价格入账。应收账款中最终无法收回的款项称为坏账,由此产生的损失称为坏账损失。一般情况下,只有确实证明收不回的应收账款才将其确认为坏账。坏账情况会对评估值产生直接影响。

(2) 应收票据。它主要核算企业持有的尚未到期兑现的商业汇票,按承兑人的不同,可分商业承兑汇票和银行承兑汇票。考虑到应收票据期限较短,利率较低,折合成现值手续较麻烦,现行企业会计制度规定,应收票据一律按票据面值入账。对于尚未到期的票据,企业以支付贴现息为代价,将票据的收款权转让给银行或其他金融机构,提前取得现金的方式,即是应收票据贴现。其中,企业贴给银行的利息称为贴现息,所用的利率称为贴现率,票据到期值与贴现息之差称为贴现所得。

(3) 预付账款。它是企业在采购材料、商品或接受劳务过程中,按照合同的规定预付给供应单位或者提供劳务的单位的款项。对于预付账款,付款方拥有在短期内获得收款方提供规定的商品或劳务的权利。如果预付账款的效用在评估基准日前已全部体现,不能在评估基准日后为企业带来价值,评估人员就不应对其再作评估。

(4) 其他应收款。它指企业除产品销售、劳务供应等款项以外的其他业务引起的结算款项,如应收股利、应收利息、应收的各种赔款罚金、出租包装物的租金、应向职工收取的各种垫付款项、备用金、存出保证金等。其中,应收股利和应收利息属于投资活动引起的应收款项,评估通常在清查核实账面余额的基础上,扣除可能的坏账损失来确定。但通常来讲,应收股利和应收利息发生坏账损失的可能性相对较小,如有确凿证据表明因被投资(或债券发行)单位原因无法支付股利(或利息)而逾期挂账,企业一般需要采用合适的方法(如个别认定法等)计提坏账准备。评估时需要关注相关证据,以预计有关回收损失。

7.2.1 个别认定法

个别认定法是指企业在对应收款项计提坏账准备时,会针对各个明细账户上的欠款客户逐一进行偿债能力和信用度调查,通过分析、估计各个客户的偿债概率(或可收回水平),测算可能发生的坏账损失,进而确定应收款项评估值的方法。针对不同的债务人,我们应依据其偿还能力及信用状况的具体程度,给出适用的损失比率,而非对所有债务人都采用相同的损失比率。个别认定法适用于欠款金额大、需重点关注的债务人(或者说与其他款项情况不同且存在特殊风险的债务人),但当债务人数量较大时,该方法耗时偏多,不一定是最佳选择。

【案例 7-3】

SR 科技开发有限公司应收款项价值评估

现须对 SR 科技开发有限公司的流动资产价值进行评估。评估对象及范围为该公司的所有应收款项。按照 SR 公司提供经××事务所审计后的 2016 年 9 月 30 日的会计报表反映,资产的账面值总计为 363 214 583.23 元(其中流动资产 360 418 630.53 元),负债合计为 343 173 597.14 元,股东权益为 20 040 986.09 元。

根据评估目的、评估对象、价值类型、资料收集情况等相关条件(具体略),我们确定本次评估采用个别认定法。

(1) 应收账款。应收账款账面价值 4 750 000.00 元,其中账面余额 5 000 000.00 元,坏账准备 250 000.00 元,系应收××中心的办公楼款,即项目八期建造款,账龄为 1~2 年。评估人员通过检查原始凭证、基准日后收款记录、发函询证及相关的文件资料等方式确认款项的真实性,了解款项收回的可能性及坏账的风险。应收账款期末余额均属正常款项,故以经核实的账面余额确认为评估价值,坏账准备按零值计算。应收账款评估价值为 5 000 000.00 元,评估增值 250 000.00 元,增值率为 5.26%。

(2) 其他应收款。其他应收款的账面价值为 128 502 123.54 元,其中账面余额 129 388 804.45 元,坏账准备 886 680.91 元,内容包括关联方往来款、保证金、押金等。其中账龄在 1 年以内的有 128 899 942.06 元,占总金额的 99.62%;账龄在 1~2 年的有 5 000.00 元,占总金额的 0.004%;账龄在 3~5 年的有 470 282.39 元,占总金额的 0.366%;账龄在 5 年以上的有 13 580.00 元,占总金额的 0.01%。

评估人员核对了明细账与总账的一致性,并通过检查原始凭证、发询证函、基准日后收款记录及相关的文件资料等方式确认款项的真实性,了解款项收回的可能性及坏账的风险。经分析,其他应收款期末余额属正常款项,未发现款项无法收回形成坏账的情形,以经核实的账面余额确认为评估价值,坏账准备按零值计算。其他应收款评估价值为 129 388 804.45 元,评估增值 886 680.91 元,增值率为 0.69%。

7.2.2 账龄分析法

账龄分析法是按应收款项拖欠时间的长短,分析判断可收回金额和坏账的一种方法。

该方法假定,应收款项的账龄与其出现坏账损失的可能性呈正相关,账龄越长,越容易出现坏账损失。账龄分析法的具体操作步骤如下:首先,将应收款项按照账龄分组;其次,根据不同分组的坏账损失资料,确定各组的预计坏账损失比例;最后,计算评估基准日各账龄下的应收款项预计坏账损失,进而得出全部应收款项的预计坏账损失及应收款项评估值。账龄分析法可以单独使用,也可以结合迁移率模型进行测算。

【案例 7-4】

FQ 企业应收账款价值评估

现须对 FQ 企业的应收账款坏账损失进行评估。已知该企业在评估基准日应收账款的账面余额为 900 万元,其具体账龄分组如表 7-6 所示。

表 7-6 应收账款账龄分组

单位:元

欠款单位	金额	账龄		
		1年以下	1~3年	3年及以上
A	3 032 000	1 611 000	1 042 000	379 000
B	3 410 000	3 031 000	379 000	0
C	1 554 000	1 175 000	284 000	95 000
D	1 004 000	815 000	189 000	0
合计	9 000 000	6 632 000	1 894 000	474 000

资产评估专业人员调取了 FQ 企业在评估基准日之前,不同账龄分组应收账款的回收资料,经分析得到预计的损失率如表 7-7 所示。

表 7-7 各账龄分组应收账款的预计回收损失率

账龄	预计回收损失率
1年以下	4%
1~3年	20%
3年及以上	45%

各账龄分组应收账款的预计回收损失按下式计算:

某账龄组应收账款预计回收损失总额＝该账龄组应收账款账目余额×
对应的预计回收损失率

将各账龄分组下的损失额度加总可得,FQ 企业在评估基准日应收账款的预计回收损失总额为 857 380 元。具体计算如表 7-8 所示。

表 7-8 应收账款预计回收损失金额

金额单位:元

账龄	应收金额	预计回收损失率	回收损失金额
1年以下	6 632 000	4%	265 280

(续表)

账龄	应收金额	预计回收损失率	回收损失金额
1~3年	1 894 000	20%	378 800
3年及以上	474 000	45%	213 300
合计	9 000 000		857 380

【案例 7-5】

CH 集团应收账款价值评估

现须对 CH 集团的应收账款预期信用损失进行评估。已知该集团客户群由众多客户构成,无法对每一笔应收账款的信用风险进行单独跟踪。因此根据历史经验,我们将"账龄"作为该应收账款组合的重要信用风险特征,使用账龄构造减值矩阵模型,通过"五步法"计算 2019 年应收账款的预期信用损失。

第一步,统计近 5 年应收账款账龄情况。选取同一地区、具有类似信用风险特征的零售客户,对近四年应收账款的账龄分布情况进行统计,汇总结果如表 7-9 所示。

表 7-9 应收账款账龄分组

单位:万元

账龄	2015年12月31日	2016年12月31日	2017年12月31日	2018年12月31日	2019年12月31日
1年以内	571 724.57	231 722.57	42 916.81	43 032.69	45 598.76
1~2年	1 613.84	3 653.24	4 705.16	2 345.60	2 556.94
2~3年	1 128.13	681.78	2 536.86	3 110.72	1 170.67
3~4年	195.87	578.36	561.10	2 132.33	2 637.28
4~5年	378.67	184.72	242.14	162.79	1 925.66
5年以上	6 506.61	6 744.11	6 596.41	2 616.18	2 604.36
其中:上年年末账龄为5年以上、本年继续迁移部分	6 503.84	6 506.61	6 508.07	2 444.54	2 447.23
总计	581 547.69	243 564.78	57 558.48	53 400.31	56 493.67

第二步,计算近四年应收账款迁移率及其平均值,如表 7-10 所示。

表 7-10 各账龄分组应收账款的迁移率

账龄	2015年至2016年迁移率	2016年至2017年迁移率	2017年至2018年迁移率	2018年至2019年迁移率	4年平均迁移率	代码
1年以内	0.64%	2.03%	5.47%	5.94%	3.52%	A
1~2年	42.25%	69.44%	66.11%	49.91%	56.93%	B
2~3年	51.27%	82.30%	84.05%	84.78%	75.60%	C
3~4年	94.30%	41.87%	29.01%	90.31%	63.87%	D

(续表)

账龄	2015年至2016年迁移率	2016年至2017年迁移率	2017年至2018年迁移率	2018年至2019年迁移率	4年平均迁移率	代码
4~5年	62.72%	47.83%	70.88%	96.53%	69.49%	E
5年以上	100.00%	96.50%	96.51%	93.54%	96.64%	F

注：当年迁移率为上年末该账龄余额至下年末仍未收回的金额占上年末该账龄余额的比重。如：2015年12月31日一年以内余额为571 724.57万元，至2016年12月31日仍未收回的部分会迁移至账龄1~2年，金额为3 653.24万元，可计算得出迁移率为0.64%(3 653.24/571 724.57)。

第三步，根据各账龄段的应收账款迁移率，计算各账龄段的应收账款损失率，如表7-11所示。

表7-11 各账龄分组应收账款的历史损失率

账龄	历史损失率	公式(字母仅为表7-10相关内容的代码)
1年以内	0.65%	$H = A \times B \times C \times D \times E \times F$
1~2年	18.46%	$I = B \times C \times D \times E \times F$
2~3年	32.43%	$J = C \times D \times E \times F$
3~4年	42.89%	$K = D \times E \times F$
4~5年	67.15%	$L = E \times F$
5年以上	96.64%	$M = F$

第四步，根据前瞻性信息(如宏观环境、行业分析、企业内部状况)对应收账款损失率进行调整。公司认为由于2020年宏观经济增速放缓会对应收账款的回收情况产生一定的负面影响，基于以往的经验和判断，预计预期损失率很可能比历史损失率高3%~5%，最终取平均值4%计算预期坏账损失。

第五步，计算各账龄组别的预期损失金额，如表7-12所示。经评估，CH集团的应收账款预期信用损失总额为6 332.56万元。

表7-12 各账龄分组应收账款的预期损失率与损失金额

金额单位：万元

账龄	2×19年12月31日余额(I)	历史损失率(J)	预期损失率 $K = J \times (1+4\%)$	预期信用损失 $L = I \times K$
1年以内	45 598.76	0.65%	0.68%	308.07
1~2年	2 556.94	18.46%	19.20%	490.89
2~3年	1 170.67	32.43%	33.72%	394.80
3~4年	2 637.28	42.89%	44.61%	1 176.44
4~5年	1 925.66	67.15%	69.84%	1 344.87
5年以上	2 604.36	96.64%	100.50%	2 617.49
合计	56 493.67			6 332.56

7.2.3　坏账比例法

坏账比例法是依据企业在评估基准日前若干年的实际坏账损失额占应收账款余额的比例,确定其预计回收损失比例,再以此确定企业应收账款预计回收损失金额的方法。其中,坏账指用债务人的名下财产进行清偿后仍欠下的款项,或债务人长时间不还的款项。具体可以用以下公式表示：

$$应收账款的预计回收损失 = 应收账款余额 \times 预计回收损失比例 \qquad (7-2)$$

坏账比例法的核心优点是操作简单,但缺点是在处理上比账龄分析法更为笼统,并不考虑应收款项的构成及内部差异。同时,若待估企业在历史年度不能及时清理应收项目,提供不出合理的坏账处理记录资料,就无法测算历史回收损失比例。需要注意的是,坏账比例反映的是正常情况下的回收损失,对于因特殊原因造成的坏账损失,评估人员应当在计算时作出相应调整甚至删除。

【案例 7-6】

XV 企业应收账款回收损失评估

现须对 XV 企业的应收账款损失进行评估。已知该企业在评估基准日的应收账款账面余额为 1 100 万元,评估基准日前 5 年的应收账款及坏账损失统计资料如表 7-13 所示。

表 7-13　历史年度坏账损失情况表

单位:元

年度	应收账款余额	处理坏账额
第 1 年	1 675 000	223 000
第 2 年	2 736 000	80 000
第 3 年	2 792 000	134 000
第 4 年	3 406 000	93 000
第 5 年	2 391 000	11 000
合计	13 000 000	541 000

根据历史数据,计算被评估企业的应收账款历史回收损失比例。

被评估企业的应收账款历史回收损失比例 = 评估前 5 年发生的坏账金额

÷评估前 5 年应收账款余额×100%

= 541 000÷13 000 000×100% = 4.16%

将上述 4.16% 作为该企业在评估基准日应收账款的预计回收损失比例,可得：

评估基准日应收账款的预计回收损失 = 应收账款余额×预计回收损失比例

= 11 000 000×4.16% = 457 600(元)

由此,XV 企业在评估基准日的应收账款预计回收损失金额为 457 600 元。

7.2.4 信用分析法

信用分析就是依据一定标准,评价、分析债务人的偿债能力,以及履约意愿等信用特征,以判断其信用状况的过程。应收账款评估所采用的信用分析法,就是采用信用分析的思路和方法,对反映债务人经济状况或影响其信用状况的指标,分别赋予一定权重,通过计算得出相关信用综合分值或违约概率值,以确定应收账款评估价值的方法。

Z计分模型就是一种信用分析评估方法,它是爱德华·阿特曼设计的破产预测模型。该模型认为流动性、盈利性、杠杆比率、偿债能力和活跃性是影响借款人违约概率的因素,并采用流动资本/总资产、留存收益/总资产、息税前收益/总资产、股权市值/总负债账面值和销售收入/总资产指标来综合反映这些因素。运用数理统计方法和贷款案例数据,构建有关贷款违约风险的分辨函数如下:

$$Z = C_1(X_1) + C_2(X_2) + C_3(X_3) + C_4(X_4) + C_5(X_5) \quad (7\text{-}3)$$

式中,C_i——与X_i对应的系数,$i=1,2,3,4,5$。

不同性质的企业,对应不同形式的Z计分模型。模型设计者针对上市公司、非上市公司和非制造企业,给出了C系数取值不同的Z计分模型,对各类Z计分模型也提供了不同的Z值评判标准参数,评估人员可以根据Z值与标准参数的比较判断相关债务人的违约风险水平。

7.2.5 其他方法

应收款项中的其他评估方法主要针对特定类型展开,如按贴现息评估应收票据价值。具体而言,它指对尚未到期的票据,按评估基准日到银行可得到的贴现值确定其评估值的方法。

应收票据贴现是指持票人在票据到期之前,通过支付贴现息将票据的收款权让渡给银行或其他金融机构,提前取得现金的行为。在贴现业务中所使用的利率称为贴现率,贴现日至到期日的期间为贴现期,持票人支付的贴现息依据票据的到期值、贴现率和贴现期计算,到期值与贴现息之差为票据贴现所得。计算公式如下所示:

$$应收票据评估值 = 票据到期值 - 贴现息 \quad (7\text{-}4)$$

式中,贴现息=票据到期值×贴现率×贴现期。

【案例 7-7】

SS 企业商业汇票价值评估

现须对 SS 企业的一张面值为 300 万元的商业无息汇票进行评估。已知该汇票到期日为 2×16 年 9 月 30 日,评估基准日为 2×16 年 3 月 31 日,由此确定贴现期为 180 天。贴现率按月息 4‰计。

贴现息=票据到期值×贴现率×贴现期=300×(4‰÷30)×180=72(万元)
　　应收票据评估值=票据到期值-贴现息=300-72=228(万元)

由此,该商业汇票的价值为 228 万元。

7.3 货币资金

货币资金是指企业拥有的,以货币形式存在的资产,包括现金、银行存款和其他货币资金。其中,其他货币资金包括外埠存款、银行汇票存款、银行本票存款、信用证保证金存款、信用卡存款、存出投资款等。企业在获得现金投资、接受现金捐赠、取得银行借款、销售产品后取得货款收入等情况下,会产生货币资金的流入;在购买材料、支付工资、支付其他费用、归还借款以及上缴税金等情况下,会形成货币资金的流出。货币资金是企业中最活跃的资金,流动性强,是企业的重要支付手段和流通手段,也是企业流动资产的重要组成部分。在评估实务中,我们通常采用成本法对货币资金进行评估,即在假定现金不存在大量物理损耗、银行存款和其他货币资金也忽略违约风险的情况下,将经专业审计与核实后的账面价值作为评估值。

【案例 7-8】

UT 科技开发有限公司货币资金价值评估

现须对 UT 科技开发有限公司的货币资金价值进行评估。评估对象及范围为该公司的所有货币资金。按照 UT 公司提供经××事务所审计后的 2×16 年 9 月 30 日的会计报表反映,资产的账面值总计为 363 214 583.23 元(其中流动资产 360 418 630.53 元),负债合计为 343 173 597.14 元,股东权益为 20 040 986.09 元。

根据评估目的、评估对象、价值类型、资料收集情况等相关条件(具体略),我们确定本次评估采用成本法。

货币资金包括现金、银行存款和其他货币资金,账面价值为 23 004 385.52 元,其中:现金 32 569.29 元、银行存款 22 871 398.67 元、其他货币资金 100 417.56 元。

(1) 现金。现金账面值为 32 569.29 元,存放在公司财务部。评估人员在财务处负责人和出纳人员的陪同下对评估现场工作日的现金进行了盘点,按照基准日至盘点日现金收支总额,倒推至基准日余额,并同现金日记账和总账账户余额核对,金额无误。以核实后的账面值确认为评估值,现金评估值为 32 569.29 元。

(2) 银行存款。银行存款账面值为 22 871 398.67 元,共有 9 个人民币账户。评估人员核对了银行对账单、企业银行存款余额调节表,对大额的账户进行了函证,并获得回函确认,经核实账表均相符。经核实后,未有影响净资产的未达账项。以经核实后的账面价值确认为评估价值,银行存款评估价值为 22 871 398.67 元。

(3) 其他货币资金。其他货币资金账面价值为 100 417.56 元,系公司存放于银行的按揭贷款保证金。评估人员核对了相关对账单,对全部账户进行了函证,并获得回函确认,经核无误。以经核实后的账面价值确认为评估价值,其他货币资金评估价值为 100 417.56 元。

综上,UT 公司的货币资金评估价值为 23 004 385.52 元,其中:现金 32 569.29 元、银行存款 22 871 398.67 元、其他货币资金 100 417.56 元。

本章小结

金融资产评估方法的多样性与延伸性，是值得长期探讨的议题。本章选取贷款、应收款项和货币资金为主要对象，详细介绍了它们各自适用的，有别于收益法、市场法和期权定价法的评估方法，具体包括迁移率模型、个别认定法、账龄分析法、坏账比例法、成本法等。综合而言，这些方法都从各类金融资产本身的特点出发，考虑资产的风险及其已造成的与未来可能造成的损失，由此最终确定评估值。从难度上来讲，这些方法的评估原理较收益法、市场法和期权定价法更为直观，操作步骤更为简单，工作量通常也相对少一些，但它们是金融资产评估方法论体系中不可或缺的组成部分。

课程思政

金融资产具有鲜明的政治属性，这首先体现在国家经济主权方面。货币发行权是国家经济主权的集中体现，1948年人民币诞生时即宣告"解放区的货币，从它产生的第一天开始，即与金银脱离关系"，1949年《中国人民政治协商会议共同纲领》进一步明确，"金融事业应受国家严格管理，货币发行权属于国家"。这些历史实践表明，人民币依靠政权信用和客观经济规律站稳脚跟，成为中国金融体系的根基。中国金融资产评估行业经历了三个重要发展阶段：一是革命建设时期（1921—1977年）。党在苏区发行货币、设立国家银行，奠定金融评估雏形。毛泽东将"调整金融关系"写入《陕甘宁边区施政纲领》，强调金融是"组织全部经济生活的重要环节"。这一时期的评估实践主要为革命战争服务，形成了艰苦奋斗、勤俭节约的金融作风。二是改革开放时期（1978—2011年）。伴随社会主义市场经济体制建立，资产评估行业蓬勃发展。邓小平提出"金融搞好了，一着棋活，全盘皆活"的重要论断。在这一时期，资产评估在国企改制（如美的、格兰仕）、企业上市（如粤海集团、广汽集团）等领域发挥了关键作用。三是新时代高质量发展阶段（2012年至今）。党的十八大以来，行业聚焦现代金融体系建设，评估领域拓展至绿色金融、数据资产等新质生产力范畴。2016年《资产评估法》实施，标志着行业进入依法治理新时代。同时，行业积极参与财会监督体系建设，成为防范金融风险的"专业卫士"。

思考题

1. 请简述迁移率模型的评估思路与技术要点。
2. 应收款项包括哪些？其评估方法主要有哪些？
3. 请简述个别认定法的评估思路与优缺点。
4. 请简述账龄分析法、坏账比例法的评估思路与技术要点。
5. 应收票据的评估方法有哪些？它们的评估思路是怎样的？
6. 货币资金包括哪些？其评估思路是怎样的？

 **练习题**

扫码做题

 **拓展材料**

【拓展材料7-1】雪球期权价值评估

第 8 章 CHAPTER 8

金融不良资产评估

与第 7 章的逻辑关系

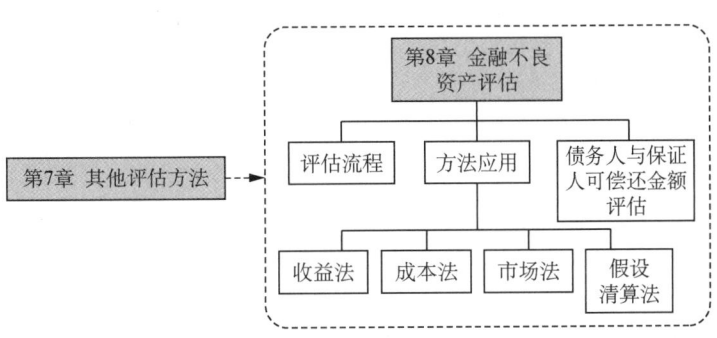

学习目标

① 熟悉不良资产的评估流程；
② 掌握收益法在不良资产评估中的运用；
③ 熟悉成本法在不良资产评估中的运用；
④ 熟悉市场法在不良资产评估中的运用；
⑤ 掌握假设清算法在不良资产评估中的运用；
⑥ 熟悉信用和保证类不良资产的估值。

 导入材料

2023 年不良债权市场分析

随着《国务院办公厅关于进一步盘活存量资产扩大有效投资的意见》及原银保监会《关于引导金融资产管理公司聚焦主业积极参与中小金融机构改革化险的指导意见》的印发，各金融机构加大了不良资产的处置力度，通过多种手段防范化解金融风险。截至 2023 年三季度，中国商业银行和年初相比保持着不良贷款余额上升、不良贷款率下降的状态。同时，关注类贷款的余额处于平缓上升通道中，关注类贷款比例平缓下降。综合来看，商业银行的整体资产质量有所提升。该情况预示着 2023 年商业银行不良资产的处置效率较高，银行不良资产风险有所释放。

此外，经过这一年银行不良资产的大力处置及低效资产的有效盘活，2023 年大

型商业银行、股份行和农商行的不良率有不同程度的下降,其中农商行的不良率降幅最大。城商行和民营银行的不良率则有所上升,未来银行不良债权的供给结构预计会发生一定变化,城商行和民营银行对不良资产的处置力度或将有所增加。

从债权市场的整体情况来看,2023年持牌机构招标规模约为18 615亿元,同比下降6.2%,非持牌机构招标规模约为1 934亿元,同比上升11.0%;银行成交规模约为4 007亿元,同比上升0.7%,资产管理公司成交规模约为3 787亿元,同比下降1.0%,非持牌机构成交规模约为2 334亿元,同比上升15.3%。2023年全年债权市场的招标规模波动向下,波动较大,一季度整体处于上升趋势,二季度中达到峰值后回落,三季度中开始反弹,整体规模水平低于2022年全年。债权成交规模波动相对较小,整体维持在较高水平。成交规模在四季度先回落后反弹。债权成交规模整体高于去年,市场流动性相较于去年有所增强。

从全国的区域市场情况来看,在AMC债权招标方面,广东省规模约为3 037亿元,占比16.3%;江苏省规模约为2 036亿元,占比10.9%;河南省规模约为1 420亿元,占比7.6%。在银行债权成交方面,山东省规模约为659亿元,占比16.4%;广东省规模约为464亿元,占比11.6%;浙江省规模约为406亿元,占比10.1%。在AMC债权成交方面,浙江省规模约为748亿元,占比19.8%;广东省规模约为552亿元,占比14.8%;山东省规模约为336亿元,占比8.9%。

对不良资产债权价值进行评估,是以尽职调查为前提的,评估人员根据评估模型,明确评估对象、确定价值类型后,选择合适的评估方法,根据方法对应的技术路线,对潜在回收价值进行评定估算。其中,评估方法在整个评估过程的量化分析环节中担当着重要角色。相比于其他资产的评估,不良资产评估存在着较为明显的特殊性,故而在各相关学科的技术手段的基础上,按照不良资产自身特点和运作规律,逐渐形成了一整套专属的方法体系和技术路线。

资料来源:由编者参考浙商资产研究院的相关年报编写。

在金融资产领域,有一类相对特殊的资产——金融不良资产,针对它们的评估工作是以既定经济事实为前提的,即评估对象为金融机构持有的无法正常产生收益、存在违约风险或者已经违约的资产。通常,金融不良资产主要包括不良贷款、呆账、坏账、逾期贷款等。由于不良资产会降低金融机构的资产质量,影响其盈利能力和资本充足率,金融机构会采取多种措施来管理和处置不良资产,以减少损失、降低风险。这些措施一般包括债务重组、资产出售、坏账核销、资产证券化等,金融不良资产评估就是这些措施实施过程中的重要一环。

8.1 评估流程

通常而言,金融不良资产评估在流程上包括确定有效资产和负债、选择合理价值类型、计算一般债权受偿比例、分析不良债权的受偿金额及受偿比例、特殊事项说明、出具评估报告等步骤。其中,尽职调查、评估分析与评估审核是重点环节。下面将围绕这三个重点步骤进行介绍。

8.1.1 尽职调查

不良资产尽职调查的内容主要包括档案资料的核查、债务人(保证人)的调查、股权企业的调查、抵(质)押物、抵债物的调查等。评估人员应根据尽职调查结果进行真实定价,不得以意向投资者的报价、受托方的保底清收金额等为主要依据进行简单定价。

首先,档案资料的核查重点是债权形成资料、借款资料、保证资料、抵(质)押资料、诉讼资料、债权不良认定资料、其他重要资料的完整性、真实性、有效性。

第一,档案资料完整性核查。

(1) 贷款资料。核实贷款法律文件资料的完整性,包括借款合同、借款借据/借款转存凭证、借款展期/变更协议、催收通知及回执等表明债权债务关系的重要档案资料是否完整;是否存在瑕疵,列明瑕疵情形(如合同未加盖公章、公章与债权人不符等)。

(2) 保证资料。核实保证贷款法律文件资料的完整性,包括贷款本息余额及相应的保证合同或最高额保证合同、借据、对保证人的催收函(催收通知)、确认函(回执)、公告及与保证人的重要往来信函、会议纪要等。

(3) 抵(质)押资料。核实抵(质)押贷款法律文件资料的完整性,包括贷款本息余额及相应的合同、借据、抵(质)押物清单、抵(质)押合同、抵(质)押登记文件、质押物保管文件、抵(质)押物产权文件及抵押物评估报告等相关文件资料等。抵(质)押物产权文件包括抵(质)押他项权利证明或抵押物登记证明、土地使用权证、房产证、股东证明或投资协议、划拨地土地主管部门批准证书及相关文件等权属相关资料等。

第二,合同资料法律有效性核查。

(1) 贷款有效性判断。有效贷款应同时具备以下条件:有借款合同等能够证明债权债务关系存在的证明文件原件;有相关会计凭证;未超过诉讼时效(最近一次催收通知及回执、催收公证文书、还款承诺或还款计划、实际还款或扣收凭证等催收证据未超过两年)。如相应债权涉及诉讼、执行或破产的,应未超过相应的法定期间(法定期间包括但不限于上诉期间、申请执行期间、破产债权申报期间等)。

(2) 保证有效性判断。有效保证的判定应同时考虑以下标准:是否有保证合同等能够证明保证关系存在的证明文件原件,是否在保证期内主张了权利且未超过诉讼时效;借款合同、担保合同中是否有禁止债权转让或者有条件转让债权的限制性条款(如:要求转让行为取得相关义务人同意等);保证合同与主合同是否具有对应关系。

(3) 抵押有效性判断。有效抵押存在两大必备条件:一是有抵押合同等能够证明抵押关系存在的证明文件原件;二是抵押合同符合《中华人民共和国担保法》(简称《担保法》)规定的生效要件(如为《担保法》生效后设定的抵押,须完成抵押登记)。在实操中,抵押的有效性主要还受到以下几个方面的影响:关注抵(质)押合同与主合同的对应关系;抵(质)押登记文件与相关担保合同约定的抵(质)押物(权利)的对应关系;抵押人与财产所有人的对应关系;关注借款合同、担保合同中是否有禁止债权转让或者有条件转让债权的限制性条款(如要求转让行为取得相关义务人同意等)。

其次,有关债务人(包括保证人)的调查则包括基本情况、经营情况、财务及主要资产情况和债权清收情况。

第一,基本情况。评估人员应重点了解债务人成立情况及工商部门年检情况、债务人的性质,债务人的历史沿革、重组、改制情况,如已重组改制,应了解重组改制的时间及发生的资产置换、转移及转让情况等;了解债务人的主管部门、股东出资(股东名称、出资金额、出资比例、是否足额出资)以及实际控制人等变化情况,包括债务人与保证人之间的关系,债务人是否为公司关联单位,股东是否足额出资;了解债务人领导班子情况及人员构成情况,公司与其联系情况、联系方式;了解债务人有无逃债行为,如债务企业资产被掏空或债务企业主体变更导致公司债权悬空;关注该债权是否为公司共有债权,了解债务人、保证人和关联第三人配合程度及历史回收情况。

第二,经营情况。评估人员应了解债务人所处行业、技术装备水平,债务人的对外投资及收益情况,债务人近两年经营情况及盈利情况,对亏损企业的亏损原因进行分析,判定企业是否具有可持续发展的前景;了解债务人目前经营状况(维持经营、半停业、停业、租赁经营、破产、其他);了解债务人是否仅靠出租资产获取的租金收入维持生计;了解债务人是否已注销、吊销、关闭、解散,是否属于政策性破产名单中的企业,是否已列入全国企业兼并破产和职工再就业工作领导小组编制的《全国国有企业关闭破产工作总体规划》企业名单。如果债务人已经破产,评估人员还要了解破产工作进度、破产方案,非政策性破产是否存在有效抵押,政策性破产是否存在具有代偿能力的有效保证。

第三,财务及主要资产情况。评估人员可通过分析、了解企业资产、负债情况,确定有效资产和负债,为资产评估提供参考。其具体包括是否具有债务人的经注册会计师审计的财务资料,债务人的财产构成情况;是否具有大额未抵押固定资产及可回收的应收款项;是否存在研发类无形资产;债务人负债结构及金融机构借款情况,是否有大额未支付税费、应付职工薪酬及工程优先款,分析或有负债情况。

第四,债权清收情况。评估人员应了解债务人、保证人还款情况、还款意愿及拖欠债务的原因,债务重组计划、还款方案及主要还款来源,其他资产变卖还款的可能性;了解债务人、保证人的母公司、主管单位或政府部门帮助解决债务的可能性,分析其代偿原因、代偿能力等。

最后,针对抵(质)押物(抵债物)的调查主要涉及以下内容。

第一,抵(质)押权情况。评估人员应了解抵(质)押方的相关信息、抵(质)押物是否多次抵(质)押、是否属于最高额抵(质)押、第一抵(质)押权人;了解抵押手续是否合法有效,抵(质)押物是否已被第三方申请扣押、冻结或采取其他保全措施,是否需进行法律诉讼以防范其他债权方对抵(质)押方的诉讼。若抵(质)押权无效或有瑕疵,评估人员应了解无效及瑕疵原因(如是否已经合法登记,能否找到相关登记证明,国土资源和房屋管理部门是否能确认抵(质)押权的有效性,且不会有更高级或同级的抵(质)押权的阻碍等)。

第二,抵(质)押物情况。评估人员应了解抵(质)押物名称、抵(质)押物地址、数量,抵押资产的具体明细构成,抵押贷款时是否进行过评估及评估机构名称、当时的评估价值;了解抵押物权证(土地使用权证、房产证等)是否完整,如果抵押物权证不完整,还要了解取得合法可转让权证的可能性和预计支付的费用;了解抵(质)押物所欠税费的情况;了解抵押资产有何环保因素需要考虑;了解抵押物的现状、资产已使用年限、预计使用年限,随着抵押物价值在经营过程中的下降是否有补充抵押物或提供其他保证措施的情况,抵押物是否有被挪用的情况,抵押物是否灭失及其原因,是否有补救措施等。

第三,抵(质)押物变现情况。评估人员应了解抵押物最近评估、评估时间及目前状态;了解近期当地类似的资产买卖交易及交易价格情况;了解抵押物是否容易变卖及潜在购买者;了解是否存在抵押物即将被政府征用、收回或类似情形(如抵押土地因闲置期间较长即将被政府无偿收回);了解抵押物是否存在处置障碍,抵押物所有者、当地政府和法院是否支持抵押物转移),抵(质)押物的预期转让价格,分析抵(质)押物可变现价值。

8.1.2 评估分析

不良资产评估应在尽职调查的基础上,分析各种可能的变现来源和处置策略的可实现性,模拟最可能实现的处置策略,预测相应的处置回收额、处置费用和处置回收期,充分考虑交易结构、地域经济、行政部门、司法环境等对后续资产管理、经营和处置的影响。在覆盖成本和风险可控的前提下,评估人员需合理估算资产的静态价值以及采取技术手段提升资产质量后的动态价值。

评估人员在评估时应根据债权、股权、实物等不同资产自身的特点,综合考虑相关政策、市场情况等环境因素,分析资产的权属状况、相关企业经营现状及前景、以往评估情况、类似交易案例等因素,采用适当的评估方法进行估价。若发现资料缺失、信息不详实等问题,则须进行补充尽职调查,即根据所需资料信息类型,有针对性地通过查阅档案、外部调查、访谈等环节进一步搜集并完善尽职调查资料和信息。

债权资产按贷款形态可分为信用债权、抵(质)押债权、保证债权三类资产。原则上,债权资产价值等于债务人信用债权资产价值、抵(质)押债权资产价值、保证债权资产价值三者之和。但若债权资产价值大于债权金额,则按债权金额确定债权资产价值。下文将针对这三类债权资产,分别介绍其评估分析工作。

(1) 信用债权资产价值分析。

第一,若能够获得债务企业经审计财务报表,则评估人员应通过分析企业的实际偿债能力,预测信用债权资产的回收价值。具体而言,评估人员可采用假设清算法进行分析,即假设对债务人进行清算偿债,从企业总资产中剔除不能用于偿债的无效资产,从总负债中剔除实际不必偿还的无效负债,按照企业清算过程中的偿债顺序,考虑债权的优先受偿,进而分析信用债权资产所能获得的受偿金额。计算公式如下:

停产(业)企业信用债权资产价值=信用债权金额×停产(业)企业信用债权回收率

(8-1)

式中,停产(业)企业信用债权回收率=(总资产-应收及预付账款损失-待摊费用-待处理损失-其他潜在性损失-应交税费-已设定抵(质)押权资产-应付工资-应付福利-其他应优先偿还的债权)÷(总负债+或有负债-应交税费-已设定抵(质)押债权-应付工资-应付福利-其他应优先偿还的债权)×100%。

生产经营企业信用债权资产价值=信用债权金额×生产经营企业信用债权回收率

(8-2)

式中,生产经营企业信用债权回收率=(总资产-应收及预付账款损失-待处理损失-长期投资损失-应交税费-已设定抵(质)押权资产-应付工资-其他应优先偿还的债权)÷(总负债＋或有负债－应交税费－已设定抵(质)押债权－应付工资－其他应优先偿还的债权)×100％。

对债务企业资产中的固定资产、存货(特别是大宗原材料)等，评估人员应采用计提固定资产减值准备和存货跌价准备后的净值。相关财务报表中未计提相关准备金或计提明显不足的，应根据资产的可变现净值进行调整。按实际生产能力计算，开工率不足30％的，参照停产(业)企业计算信用债权回收率。

第二，若不能获得债务企业财务报表或财务报表未经审计，则评估人员应根据尽职调查情况，评估、评价其实际可用于清偿债权的有效资产的可变现净值以及债务人负有偿债义务的实际负债(包含各种潜在负债)，参考前述公式，预测信用债权资产的回收价值。必要时，评估人员可参考外部中介机构对债务企业的偿债能力分析结果，来确定不良资产价值。

(2) 抵(质)押债权资产价值分析。

抵(质)押债权资产价值采用企业偿债能力分析和抵(质)押资产评估相结合的方式进行测算。具体公式如下：

$$
\begin{aligned}
\text{抵(质)押债权资产价值} = &(\text{抵(质)押资产可变现净值} - \text{优先我方债权受偿的债权金额}) + \\
&\text{未受偿债权} \times \text{信用债权回收率}
\end{aligned}
$$

(8-3)

估算抵(质)押资产可变现净值时，评估人员应充分考虑抵(质)押资产的市场价值，法院拍卖、组织变卖该资产对价格的影响，诉讼或申请执行、法院拍卖、组织变卖资产所发生的费用等因素。

(3) 保证债权资产价值分析。

保证债权资产价值采用债务人偿债能力分析和保证人偿债能力分析相结合的方式进行测算。第一，若能够获得债务人、保证人的经审计财务报表，评估人员可按照债权资产价值分析中能够获得报表的分析方法进行分析。第二，若不能获得债务人、保证人的财务报表或财务报表未经审计，评估人员可按照债权资产价值分析中不能获得报表的方法确定资产价值。第三，对于尚未掌握回收线索的资产，评估人员可参考历史经验估算资产回现比率。其中，第一种情况的常用公式如下：

$$
\begin{aligned}
\text{一般保证债权资产价值} = &\text{整体保证债权金额} \times \text{债务人信用债权回收率} + \\
&\text{未清偿保证债权} \times \text{保证人信用债权回收率}
\end{aligned}
$$

(8-4)

若连带责任保证债权的债务人偿债能力高于保证人，则按一般保证计算该保证债权的回收价值。否则，按以下公式计算：

$$
\begin{aligned}
\text{连带责任保证债权资产价值} = &\text{整体保证债权金额} \times \text{保证人信用债权回收率} + \\
&\text{未清偿保证债权} \times \text{债务人信用债权回收率}
\end{aligned}
$$

(8-5)

针对一组打包在一起的资产，我们常采用资产包定价的方法进行估值。该方法须综合考虑各级政策、外部市场等环境因素，了解法律权利的有效性、内部估值报告与尽职调查报告、债务人(担保人、相关责任人)或承债式兼并方的偿债意愿、企业经营状况、资产的公允价值与交易案例等方面的情况。在收购价格定价分析时，评估人员应同时考虑交易对手情况、竞争策略、交易结构、处置资源等因素；在资产处置定价分析时，评估人员应同时考虑市场招商情况与潜在投资者报价等因素,关注交易的可行性、项目盈亏及处置时机等。资产包定价通常根据资产包的类型和债权数量,选择逐户定价加总法或抽样定价法进行分析。具体不同种类不良贷款的估值方式比较如表 8-1 所示。

表 8-1 不同种类不良贷款的估值方式比较

项目	对公贷款	个人抵押类	小微贷款	信用卡类	个人消费贷
同质化程度	★	★★★	★★	★★★★	★★★★
数量级	★	★★★	★★	★★★★	★★★★
单笔金额	★★★★	★★	★★★	★	★
回收率	★★★	★★★★	★★★	★★	★
尽调方式	逐笔尽调	抽样尽调	逐笔尽调	静态池历史尽调	抽样尽调
抵押物情况	多类型	单一类型	多类型	无抵押	无抵押/有抵押
回收来源	抵押物处置+借款人及担保人回收	抵押物处置及催收回款	抵押物处置+借款人及担保人回收	以催收为主进行回款	催收为主,有些看二押或借款人情况而定
资产包定价	逐户定价加总法	抽样定价法	逐户定价加总法	抽样定价法	抽样定价法

注:★表示同一特征下各类不良贷款的程度高低,★越多代表该不良贷款的相应特征较其他不良贷款更为突出。

对于抵押物类型多样且债权同质化程度较低的资产包,评估人员应采用逐户定价加总法进行估算。在对资产包中的所有债权进行尽调后,评估人员应逐户对债权进行估值,并将各债权估值之和作为资产包的价值。

对于笔数众多、资产同质性高、单笔资产占比较小的资产包,评估人员可以采用抽样定价法进行估算。具体应结合历史数据与资产池特点,按照重要性原则和分层抽样原则,对资产包进行抽样尽调与分析。其中,分层抽样常考虑的因素主要包括借款人年龄、贷款逾期天数、贷诉讼状态、抵押物类型、抵押物登记状态等。在完成抽样后,评估人员需要对样本资产和未抽样资产分别进行处理,具体如下:①针对样本资产,评估人员应逐户对债权进行定价,并根据定价结果,推算各类样本资产的回现比率(各类样本资产预计回现金额/各类样本资产债权金额)。②针对未抽样资产,评估人员应将超过诉讼时效、有效法律文件缺失等不具备回收价值的资产,定价为零。在剔除定价为零的资产后,评估人员应对剩余资产进行分类,并根据同类样本资产回现比率或经验数据推算剩余未抽样资产的价值。

8.1.3 评估审查

核价是对不良资产尽职调查和评估环节的过程、方法及逻辑性的审核。审核内容主要包括业务团队开展尽职调查的程序是否合规,是否尽可能获得了关于资产评估的有效信息,资产的评估依据、方法和评估结果,尽职调查中获得的资产信息与评估结果是否存在有机联系等方面。评估审查具体可分为过程审核、方法审核及逻辑审核。

(1) 过程审核。审查人员审核业务团队是否依据公司相关要求开展尽职调查工作;是否按要求进行非现场尽职调查、现场尽职调查和外围调查,逐户采集相关基础信息和评估数据资料;是否根据获取的尽调信息进行评估;是否准备好规范的、条理清晰的、有据可依的审核材料供核价小组审核。

(2) 方法审核。审查人员审核业务团队依据买方尽职调查采集信息对拟收购资产采用的评估方法是否科学合理。其主要包括:对预计处置策略、预计处置回收来源、预计处置回收金额、预计处置成本和预计处置时间的测算是否合理、客观;是否充分考虑预计处置障碍、预计回收金额的可实现性;是否充分考虑相关风险等因素。

(3) 逻辑审核。逻辑审核是统计审核的一种方法。它是指对统计资料和统计报表中各项数字之间有无合理或相互矛盾之处的审核。由于统计数据本身存在着一定的逻辑关系与规律,评估人员可采用历史比较、定额分析和关联审核的方法,通过思维推理来判断各数据是否符合客观实际及规律。审查人员应审核业务团队在尽职调查中获得的资产信息与评估结果是否具有较强的逻辑性与勾稽关系。

8.2 评估方法

8.2.1 收益法

通常,将借由收益途径估算不良资产的方法称为偿债来源分析法。它是以通过诉讼执行债务主体的有效资产为假设前提,尽可能穷尽债权所涉及的全部受偿来源,分析每一个受偿来源的受偿可能性,判断可受偿金额,汇总全部受偿来源的可受偿金额的现值,作为债权的价值的方法。

偿债来源分析法主要适用于如下情况:①债务主体拥有有效资产,且通过诉讼程序,能够执行其资产偿还债务;②债务主体资产庞大,或银行持有的债权与其总资产相比,所占比重较小;③无法取得债务主体的财务资料或所取得的财务资料不具有参考性,但已掌握了其主要的资产信息或资产线索。

该方法的评估程序主要包括以下内容。

(1) 调阅债权、债务关系形成及其维权情况的全部档案资料,明确债权结构及其有效性。所谓的债权结构是指债权总额中所包含抵押债权、保证债权、信用债权或其他可追偿的权益及其金额。

(2) 进行现场勘察和外围调查,了解债务主体的经营状况、资产状况、产品状况,查验工商注册登记状态、房产土地的登记状态、主要资产的抵押登记状态,寻找各种可能供偿债的资产线索,并核实其权属关系。

(3) 分析各类债权所对应的可能受偿来源的范围和现状,包括:①抵(质)押债权所对应抵(质)押物的明细、权属、现状等,其他优先债权所对应的偿债来源。②保证债权所对应保证人的偿债来源,如保证人可供查封的有效资产或保证人在假设清算途径下的偿债能力等。③一般债权(包含信用债权及剩余受偿的优先债权和保证债权)的偿债来源,包括但不限于已被查封或可以供查封的资产。归债务人所有、未设定抵押也未被其他债权人查封的或抵押无效的,如无法确定是否被其他债权人查封,则假设为未被查封。④其他可追偿的权益的被追偿人可查封的有效资产等偿债来源。具体各类债券可能的受偿来源如图8-1所示。

(4) 测算各种偿债来源的可变现现值,分析确定可偿债金额,汇总为债权价值。具体

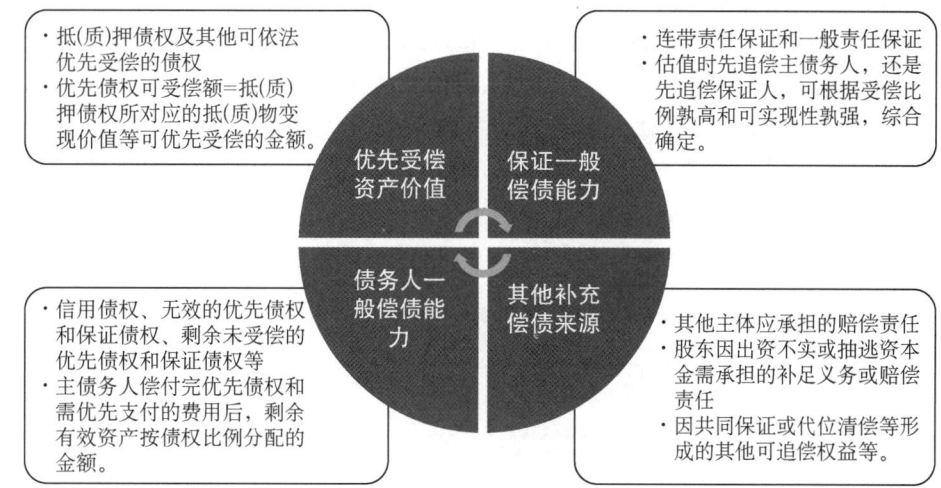

图 8-1 不同债权的偿债来源分析

偿债来源法的计算公式如下：

$$P = \sum_{t=1}^{n} \frac{R_t - C_t}{(1+i)^t} \tag{8-6}$$

式中，P——不良资产评估评估值；

i——折现率，折现率应当充分考虑资金成本、股东回报要求；

R_t——第 t 年追偿回收金额，回收金额有最高、最低、最可能几种情况，原则上以最可能回收值测算；

C_t——第 t 年处置费用。

公式(8-6)中的折现率指全部投资资本的回报率，它考虑投资持有期间所有收益和投资结束后抵押物转售收益的变动，是包括贷款和权益资本在内的组合报酬率。其具体采用税前加权平均资本成本来估算，计算公式如下：

$$i = K_d \times \frac{D}{D+E} + K_e \times \frac{D}{D+E} \tag{8-7}$$

式中，K_d——债务融资对应的资本成本；

K_e——不良资产投资年化税前收益率，通常在 $10\% \sim 15\%$；

D——债务融资金额；

E——自有资金投入金额。

当考虑对不良资产进行快速变现时，我们可利用变现折扣率进行估价。它反映的是不良资产价值与市场价值之间的差距。具体公式如下：

$$资产快速变现价值 = 资产市场价值 \times 变现折扣率 \tag{8-8}$$

式中，

$$变现折扣率 = \frac{处置回收金额}{市场价值}$$

【例题 8-1】 偿债来源法的应用

某 AMC 拟收购一笔债权,债权本金 2 000 万元,利息 210 万元,经分析该笔债权已进入执行阶段,预计 1 年内可回收抵押物拍卖款 1 500 万元,预计支付律师费及其他处置费用 50 万元。担保人目前尚为勉强经营,根据初步访谈,担保人愿意在抵押物处置完毕后,分 2 年代偿 600 万元。债务人无其他偿债能力。AMC 目前平均融资成本 5.6%,预计资产负债率 75%,股东税前要求回报率为 15%。

解:计算折现率采用加权资本成本的方式,即:

$$i = 5.6\% \times 75\% + 15\% \times 25\% = 7.95\%$$

$$P = \frac{1\,500 - 50}{1 + 7.95\%} + \frac{300}{(1 + 7.95\%)^2} + \frac{300}{(1 + 7.95\%)^3}$$
$$= 1\,343.21 + 257.44 + 238.48$$
$$= 1\,839.14(元)$$

我们在运用偿债来源分析法时,主要需要注意四个要点:①该法是以诉讼债务主体,并执行其有效资产为假设前提的,法律调查和权属界定是该方法应用的基础。②有效的抵押物和已查封资产是最优先的受偿来源。③已明确未抵押或抵押无效同时也未被查封的资产,理论上具有通过诉讼查封取得优先受偿权的可能;未确定是否抵押或查封的资产,理论上也存在通过诉讼查封取得优先受偿权的可能;但上述可能均存在一定的不确定性,所以在评估过程中可以综合各种已知信息,分析判断各种情况发生的概率。④在不良资产处置实践中,各地区的信用环境、司法制度、市场情况以及政府干预程度都存在一定差异,即使已查封的资产也会出现执行难的问题,所以在确定查封资产的价值时可以参考当地实际,适当考虑执行难度对债权回收的时间成本、执行成本及执行可能性的影响。

8.2.2 成本法

成本法在不良资产评估中的应用主要包括逆减法与成本加和法两种方法。在对商业收购的不良资产包进行评估时,资产管理公司通过竞价或协议受让资产包,自行清收并享有资产包清收的全部收益、承担全部风险,清收回款一般高于收购金额,毛利率较高,此时可以采用逆减法进行评估。具体估算思路为:在不良资产毛利的基础上,减去管理费用、财务费用、营业税金与所得税,再扣除适当的税后利润,得到评估结果。而成本加和法是通过加总各项资产的历史成本来确定评估值的方法。两者的计算公式分别如式(8-9)和式(8-10)所示:

$$P = C + C \times R \times (1 - F) \times (1 - e) - B \tag{8-9}$$

式中,P——评估结果;

C——收购金额;

R——整包处置收益率;

F——管理费用、财务费用、全部税金占营业收入的比例;

e——净利润折减率;

B——已清收回款金额。

其中,处置收益率通常参照企业历史处置收益水平和同行业水平,综合考虑来确定,已处置的资产包按实际处置价格确定收益;管理费用率、财务费用率和所得税率参照企业历史管理费用、财务费用和所得税占营业收入的比例及未来发展情况来确定;营业税金利率按企业实际应纳税利率确定;净利润折减率根据各资产包处置期限分别确定。

$$P = 账面余额 \times 价格指数 + 账面余额 \times (1+资金成本)^{持有期限} + 费用 + 利润$$
$$利润 = 账面余额 \times 处置净收益率 \tag{8-10}$$

式中,$(1+内部收益率)^n = 1+处置净收益率;$

n——不良处置周期。

【例题 8-2】 逆减法的应用

某 AMC 公司 2×16 年 1 月 1 日从银行购得不良资产包一个,原始收购成本为 2.10 亿元,账面余额 1.50 亿元,截至 2×17 年 6 月 30 日清收回款共计 0.75 亿元。经评估人员分析统计,某 AMC 公司处置收益率参照企业历史处置收益水平及同行业水平综合考虑确定为 30.00%;管理费用率、财务费用率和所得税率参照企业历史管理费用、财务费用和所得税占营业收入的比例及未来发展情况分别确定为 5%、8%、9%;营业税金利率按企业实际应纳税利率确定为 5.60%;净利润折减率根据各资产包清收进度确定为 30%。

解:$P = 2.10 + 2.10 \times 30\% \times (1 - 5\% - 8\% - 5.60\% - 9\%) \times (1 - 30\%) - 0.75 = 2.10 + 0.32 - 0.75 = 1.67$(亿元)

【例题 8-3】 成本加和法的应用

某 AMC 公司于 2×16 年 6 月 30 日从银行购得不良资产包一个,原始收购成本为 2.10 亿元,账面余额 1.50 亿元。根据 AMC 公司统计,2×17 年 6 月 30 日的不良资产包与 2016 年同期相比,不良资产价格指数[①]为 1.50,该公司平均资金成本为 5.60%,持有期间发生费用 0.10 亿元,参考公司历史资产包净收益率为 8%。

解:$P = 1.50 \times 1.50 + 1.50 \times 5.60\% + 0.10 + 1.50 \times 8\% = 2.55$(亿元)

8.2.3 市场法

市场法在金融不良资产评估中的操作原理与其他金融资产是完全类似的。首先,通过定性分析掌握待估债权资产的基本情况和相关信息,确定其价值的相关影响因素;其次,选取若干近期发生的、与待估债权资产类似的处置案例,量化分析各影响因素;最后,通过适当方法选取主要因素作为比较依据,确定待估债权资产的修正系数,并对参考案例的处置价值进行修正,进而得出待估债权资产的价值。市场法估算不良资产主要有交易案例比较法和债项评级法两种方法。

第一,交易案例比较法主要适用于可以对债权资产进行因素定性分析、并存在可供比较的债权资产交易案例的情形。若不良资产含有抵(质)押物,则不允许单独采用该种方法。具体操作程序如下。

(1)对债权资产进行定性分析。主要借助如下资料:债权债务关系形成及其维权情况的全部档案资料;不良资产历史形成、造成损失的原因、企业经营状况、五级分类资料;

---

① 可通过查阅复旦浙商中国不良资产行业发展指数报告获得。

从当地政府相关部门(如工商、土地、房产等部门)或债务人主管部门获取的有关债务人或债务责任关联方的信息;现场实地勘察情况、债权处置人员的市场调查、询价资料等。评估人员可通过分析这些资料,确定影响债权资产价值的各种因素。

(2) 选择交易案例。评估人员通常需要选择三个及以上债权形态、债务人性质、行业及交易条件相近的债权资产处置案例作为参照。评估人员应当确认参照物与分析对象具有合理可比性。

(3) 对分析对象和参照物之间进行比较因素调整。具体比较因素包括但不限于:债权情况(包括不良资产时间、本息结构、剥离形态等),债务人情况(包括行业、性质、规模、地域等),不良资产的市场状况,交易情况(包括处置方式、交易批量、交易时间、交易动机等)。当交易案例样本较多时,评估人员可以通过统计分析确定主要比较因素,剔除影响较弱的因素。

(4) 比较与量化指标差异,并据此确定债权资产价值。

第二,债项评级法是根据中国人民银行《贷款风险分类指导原则》和相关政策法规,结合公司处置实际,以债务人信用质量为基础,并考虑担保人代偿能力、抵(质)押物价值,以每笔贷款为基本计量单位逐一评估,得出债务人的还款能力,对资产质量进行分类评估的方法。

债项评级法可用于不良资产收购及收购后的日常管理。当评估过程中存在诸多不确定性因素,采用其他评估方法难以进行定量分析的情况下,评估人员可以采用债项评级法来评估不良资产,评估结论应为可变现价值。具体操作程序如下。

(1) 搜集企业(含保证人)的财务、经营状况等资料,并完成分析,根据"内部评级标准"判断待估债项的类别。

(2) 对评估中介机构出具的抵(质)押物资产评估报告进行审核,考量使用评估中介机构的评估结果的可能性与合理性。

(3) 对搜集的保证人资料进行分析,根据保证人的资产负债情况,确定基本受偿率,并从企业所属行业、企业经济性质、注册资本、所处地域、债务年度、本息结构、经营状况这七个方面(即 $K_1 \sim K_7$)对受偿率进行因素调整,逐笔计算出保证贷款受偿率。具体公式如下:

$$债权受偿额 = 债权额 \times 基本受偿率 \times \prod_{i=1}^{7} k_i \qquad (8-11)$$

(4) 对搜集的主债务人资料进行分析,根据主债务人的资产负债情况,确定基本受偿率,并同样从前述七个方面对受偿率进行因素调整,按公式(8-11)计算出信用贷款受偿率。如保证人为一般保证人,则将保证贷款纳入信用贷款,按主债务人的基本情况计算信用贷款受偿率,保证贷款未受偿部分再按保证人的基本情况计算保证贷款受偿率。

(5) 加总抵(质)押物、保证贷款和信用贷款的评估情况,得出最终的债权受偿额评估值。

8.2.4 假设清算法

假设清算法是在假定企业破产清算情形下,计算债权和股权清偿率的一种评估方法。

当清算情形下企业的有效资产大于有效负债，则股东权益大于零，且债权可得到全额受偿；若有效资产小于有效负债，则股东权益归于零，债权价值则存在贬损。运用该方法评估金融债权资产的一般程序如下。

(1) 收集评估对象的资料，明确评估工作思路及尽职调查工作的内容。评估人员应通过尽职调查(包括现场勘察和法律调查)，获取债务主体近期的财务资料(包括财务报表、资产明细、负债明细等)和资产现状。

(2) 根据债务人经营状态和具体评估目的，选用适当的快速变现折扣率，对其资产和负债进行评估，并确定优先扣除项目。具体操作如下：①剔除无效资产(须阐述理由并附证明材料)，确定可供偿债的有效资产评估总额。②扣除抵押资产评估额，如抵押物评估额小于抵押债权，剩余债权转入一般债权参与受偿，又如抵押物评估额大于抵押债权，超过部分转入有效资产参与分配。③剔除无效负债，确定有效负债。④扣除优先受偿负债，包括应付工资、应付福利费、养老统筹金、住房公积金、应交税款、各种保险等。⑤扣除清算过程中需优先支付的费用(须阐述扣除理由并附证明材料)，如清算费用等。⑥计算负债。具体公式如下：

$$一般负债总额 = 负债总额(包括合理的或有负债转化而来的有效负债) - 无效负债 - \\ 抵押负债 - 优先受偿负债 + 未受偿抵押负债 \tag{8-12}$$

(3) 计算一般债权受偿比例。具体公式如下：

$$一般债权受偿比例 = (有效资产评估总额 - 抵押资产评估额 - 优先受偿负债 - \\ 需优先支付的费用 + 抵押资产评估超额部分)/一般受偿负债总额 \tag{8-13}$$

(4) 确定不良债权的优先受偿金额和一般债权受偿金额。具体如下：

$$一般债权受偿金额 = (不良债权总额 - 优先债权受偿金额) \times 一般债权受偿比例 \tag{8-14}$$

(5) 确定保证债权的补充受偿金额，并分析不良债权的受偿金额及受偿比例。具体公式如下：

$$受偿比例 = 不良债权受偿金额 / 不良债权总额 \tag{8-15}$$

式中，

不良债权受偿金额 = 优先债权受偿金额 + 一般债权受偿金额 + 保证债权受偿。

(6) 分析或有收益、或有损失等其他因素对受偿比例的影响，确定不良债权从该企业可以获得的受偿比例，并对特别事项进行说明。

【案例 8-1】

JY 公司不良债权价值分析

JY 资产管理公司拟处置金融不良资产 4 500 万元，其中厂房抵押贷款 2 000 万元，其余均为信用贷款。为了确定债权价值，特委托评估公司对债务企业偿债能力进行分析评估。评估公司经过调查发现：债务企业已处于关停状态，生产难以恢复；能够取得较齐全的财务会计资料，债务企业有效资产为3 500万元，有效负债为6 000万元；清算及中介费按照有效资产的2%进行扣除；需要优先偿还的一般债务包括应付工资、应付福利费、应交税费等合计共90万元。

债务企业以机器设备抵押给金融机构获得贷款1 000万元，重估后价值为750万元。在拟处置的债权中，本次厂房评估结果为2 100万元。现对该不良债权进行价值分析。

根据以上表述可知，JY公司有效资产3 500万元，有效负债6 000万元。

债务企业与其他金融机构的抵押贷款1 000万元，对应抵押资产评估值为750万元，抵押物评估值小于抵押债权，故优先偿还抵押债务750万元。债务企业与JY资产管理公司的抵押贷款2 000万元，对应抵押资产评估值为2 100万元，抵押物评估值大于抵押债权，故优先偿还抵押债务1 000万元。合计优先偿还抵押债务750+2 000=2 750(万元)。

优先偿还一般债务90万元，优先扣除的费用项目：清算及中介费=3 500×2%=70(万元)。

资产项优先扣除项目=优先偿还抵押债务+优先偿还一般债务+优先扣除的费用项目=2 750+90+70=2 910(万元)。

负债项优先扣除项目=优先偿还抵押债务+优先偿还一般债务=2 750+90=2 840(万元)。

一般债权受偿比例=(有效资产-资产项优先扣除项目)/(有效负债-负债项优先扣除项目)=(3 500-2 910)/(6 000-2 840)=18.67%。

债务企业与JY资产管理公司的抵押贷款2 000万元，对应抵押资产评估值为2 100万元，抵押物评估值大于抵押债权，故不良债权的优先受偿金额为2 000万元，超过部分并入有效资产参与分配。

不良债权的一般债权受偿金额=(不良债权总额-优先债权受偿金额)×一般债权受偿比例=(4 500-2 000)×18.67%=466.77(万元)。

不良债权受偿金额=优先债权受偿金额+一般债权受偿金额=2 000+466.77=2 466.77(万元)。

不良债权受偿比例=不良债权受偿金额/不良债权总额=2 466.77/4 500=54.82%。

故该资产管理公司拟处置金融不良资产4 500万元(其中抵押贷款2 000万元)，可变现价值不低于54.82%。有效资产小于有效负债，故股东权益价值为零。

8.3 债务人与保证人可偿还金额评估

8.3.1 债务人可偿还金额评估

债务人可偿还金额的测算可按图8-2进行，具体包括通过资产偿还和通过现金流偿还两种情况。

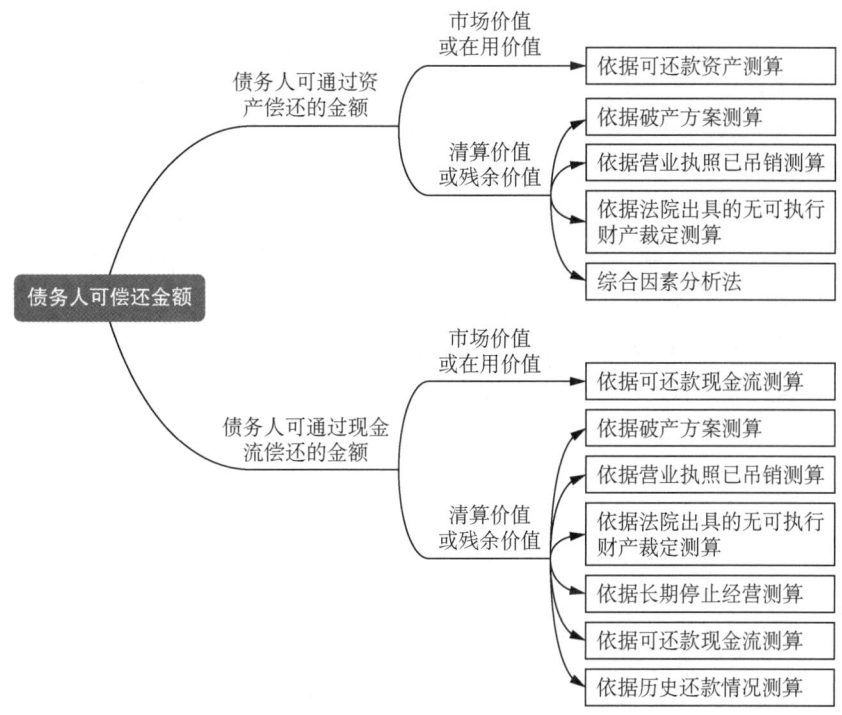

图 8-2 债务人可偿还金额测算框架图

(1) 评估债务人可通过资产偿还的金额。

第一,如债务人具有持续经营能力,通过债务重整有可能恢复正常,评估人员应优先核算债务人可用于还款的资产,并按照各项负债比例进行分配。具体公式如下:

$$
\begin{aligned}
债务人可通过资产偿还金额 = & (不良资产本金 - 该笔不良资产可通过债务人名下的抵(质) \\
& 押物、查封物优先偿还金额)/(债务人总负债 - 债务人须偿还的 \\
& 优先债权本金) \times (债务人总资产的市场价值或在用价值 - \\
& 债务人须偿还的优先债权的本金)
\end{aligned}
$$

(8-16)

式中,债务人须偿还的优先债权本金 = Min(债务人用于偿还优先债权的抵(质)押物及查封物的市场价值或在用价值,优先债权本金)。

示例:某债务人在某 AMC 不良资产本金余额为 2 亿元,抵押物房产市场价值为 1 亿元,经尽职调查核实,该债务人总资产的市场价值为 20 亿元,其中设定抵(质)押的资产市场价值为 10 亿元;总负债为 15 亿元,其中优先债权本金 6 亿元。经测算,债务人须偿还的优先债权本金 = min(10, 6) = 6(亿元),债务人可通过资产偿还金额 = (2-1)/(15-6)×(20-6) = 1.56(亿元)。

第二,如债务人存在以下情况中的一项或几项:经营不善、处于停产或半停产状态、入不敷出、还款意愿不足、进入诉讼阶段、进入破产阶段等,评估人员应按照不同方法对债务人可通过资产偿还的金额进行评估。

① 如管理人已对债务人出具破产重整或破产清算方案,评估人员应根据具体债权申

报方案,测算债务人通过资产可偿还金额。

示例:某债务人在某 AMC 不良资产本金余额为 2 亿元,担保方式为信用,经债权申报,破产管理人认定为普通债权,破产清算方案中指出,普通债权按照 0.3% 的比例予以现金清偿,债务人可通过资产偿还金额 = 2 亿元 × 0.3% = 60(万元)。

② 如债务人未进入破产阶段或暂无破产方案,但营业执照已吊销,或法院出具无可供执行资产裁定,评估人员对该债务人可通过资产偿还的金额可评估为零。

③ 如债务人未进入破产阶段或暂无破产方案、营业执照未吊销、不具备上述裁定时,评估人员应使用综合因素分析法进行评估。具体公式如下:

债务人可通过资产偿还金额 = (不良资产本金 − 该笔不良资产可通过债务人名下的抵(质)
押物、查封物优先偿还金额)/(债务人总负债 − 债务人须偿还
的优先债权本金) × (债务人总资产的清算价值或残余价值 −
债务人须偿还的优先债权的本金)

(8-17)

式中,债务人须偿还的优先债权本金 = Min(债务人用于偿还优先债权的抵(质)押物及查封物的清算价值或残余价值,优先债权本金)。同时,资产的清算价值、残余价值,按照对优先受偿金额的清算价值、残余价值的评估方法进行测算。

示例:某债务人在某 AMC 不良资产本金余额为 2 亿元,抵押物房产清算价值为 0.5 亿元,经尽职调查核实,该债务人总资产的清算价值为 10 亿元,其中设定抵(质)押的资产清算价值为 5 亿元;总负债为 15 亿元,其中优先债权本金 6 亿元。经测算,债务人须偿还的优先债权本金 = min(5,6) = 5(亿元),债务人可通过资产偿还的金额 = (2 − 0.5)/(15 − 5) × (10 − 5) = 0.75(亿元)。

④ 如债务人未进入破产阶段或暂无破产方案、营业执照未吊销、不具备上述裁定,且因客观条件,综合因素分析法所需数据无法全部取得或核实,评估人员可通过分析核心资产负债的方法进行评估。具体公式如下:

债务人可通过资产偿还的金额 = (本笔不良资产本金 − 本笔不良资产项下通过债务人名下的
抵(质)押物、查封物优先偿还金额)/(债务人刚性负债 −
债务人须优先偿还的刚性负债金额) ×
(债务人核心资产的清算价值或残余价值 −
债务人须优先偿还的刚性负债金额)

(8-18)

式中,债务人须优先偿还的刚性负债金额 = Min(债务人须优先用于偿还刚性负债的抵(质)押物及查封物的清算价值或残余价值,债务人须优先偿还的刚性负债本金)。同时,资产的清算价值、残余价值,按照对优先受偿金额的清算价值、残余价值的评估方法进行测算。

示例:某债务人在某 AMC 不良资产本金余额为 2 亿元,抵押物房产清算价值为 0.5 亿元,该债务人核心资产的清算价值为 3 亿元,全部核心资产均对外设定抵(质)押;刚性负债为 10 亿元,其中优先债权本金 6 亿元。经测算,债务人须偿还的优先债权本金 = min(3,6) = 3(亿元),债务人可通过资产偿还金额 = (2 − 0.5)/(10 − 3) × (3 − 3) = 0 亿元。

(2) 评估债务人可通过现金流偿还的金额。

第一,如债务人具有持续经营能力,通过债务重整有可能恢复正常,评估人员应优先核算债务人可还款现金流总额,并按债权金额比例分配,对可用于偿还本笔不良资产的现金流进行评估。具体公式如下:

债务人可通过现金流偿还金额＝不良资产金额/债务人刚性负债总金额×
（债务人过去 N 年经营活动产生的现金流量净额之和＋
债务人过去 N 年投资活动产生的现金流量净额之和）

(8-19)

式中,N——处置该笔不良资产所需年数。

示例:某债务人在某 AMC 不良资产本金余额为 2 亿元,该债务人刚性负债总金额 10 亿元,过去 N 年经营活动产生的现金流量净额之和为 1 亿元,过去 N 年投资活动产生的现金流量净额之和为－0.5 亿元,债务人可通过现金流偿还金额＝2/10×(1－0.5)＝0.1(亿元)。

第二,如债务人存在以下情况中的一项或几项:经营不善、处于停产或半停产状态、入不敷出、还款意愿不足、进入诉讼阶段、进入破产阶段等,评估人员应按照不同方法对债务人可通过现金流偿还的金额进行评估。

① 如管理人已对债务人出具破产重整或破产清算方案,评估人员应根据具体债权申报方案,测算债务人通过现金流可偿还的金额。

示例:某债务人在某 AMC 不良资产本金余额为 2 亿元,经债权申报,管理人将其全额认定为有财产担保债权,对应的破产重整方案为全额留债,并明确还款计划为重整后 10 年内分期清偿,则债务人可通过现金流偿还金额等于未来 N 年的还款金额计划金额,并可按照实际还款情况进行修正。

② 如债务人未进入破产阶段或暂无破产方案,但营业执照已吊销,或法院出具无可供执行资产裁定,或已长期停止经营,评估人员对该债务人可通过现金流偿还的金额可评估为零。

③ 如债务人未进入破产阶段或暂无破产方案、营业执照未吊销、不具备上述裁定、未停止经营,评估人员应核算债务人可还款现金流总额,并按债权金额比例分配,对可用于偿还本笔不良资产的现金流进行评估。具体公式如下:

债务人可通过现金流偿还金额＝不良资产金额/债务人刚性负债总金额×
（债务人过去 N 年经营活动产生的现金流量净额之和＋
债务人过去 N 年投资活动产生的现金流量净额之和）

(8-20)

式中,N——处置该笔不良资产所需年数。

示例:某债务人不良资产本金余额为 2 亿元,该债务人刚性负债总金额 10 亿元,过去 N 年经营活动产生的现金流量净额之和为 1 亿元,过去 N 年投资活动产生的现金流量净额之和为－0.5 亿元,债务人可通过现金流偿还金额＝2/10×(1－0.5)＝0.1(亿元)。

④ 如债务人未进入破产阶段或暂无破产方案、营业执照未吊销、不具备上述裁定、未停止经营,但因客观条件导致上述方法所需数据无法全部取得或核实,评估人员可按照债务人历史还款情况进行综合分析,具体公式如下:

借款人可通过现金流偿还的金额＝max(债务人过去 N 年累计压降本笔不良资产金额,

债务人过去 N 年累计压降全部刚性负债金额/

全部刚性负债金额×本笔不良资产金额)

(8-21)

式中,N——处置该笔不良资产所需年数。

示例:某债务人在某 AMC 不良资产本金余额为 2 亿元,过去 N 年累计压降该笔不良资产本金 0.1 亿元,该债务人刚性负债总金额 10 亿元,过去 N 年累计压降刚性负债 1 亿元,债务人可通过现金流偿还金额＝max(0.1,1/10×2)＝0.2(亿元)。

8.3.2 保证人可代偿金额评估

对保证人可代偿金额进行评估时,评估人员须分别计算保证人可通过资产偿还金额与保证人可通过现金流偿还金额,并加总确定估值。保证人具体分为公司保证人及自然人保证人两类。保证人可代偿金额评估框架如图 8-3 所示。如涉及多个保证人,须分别测算可代偿金额并加总。

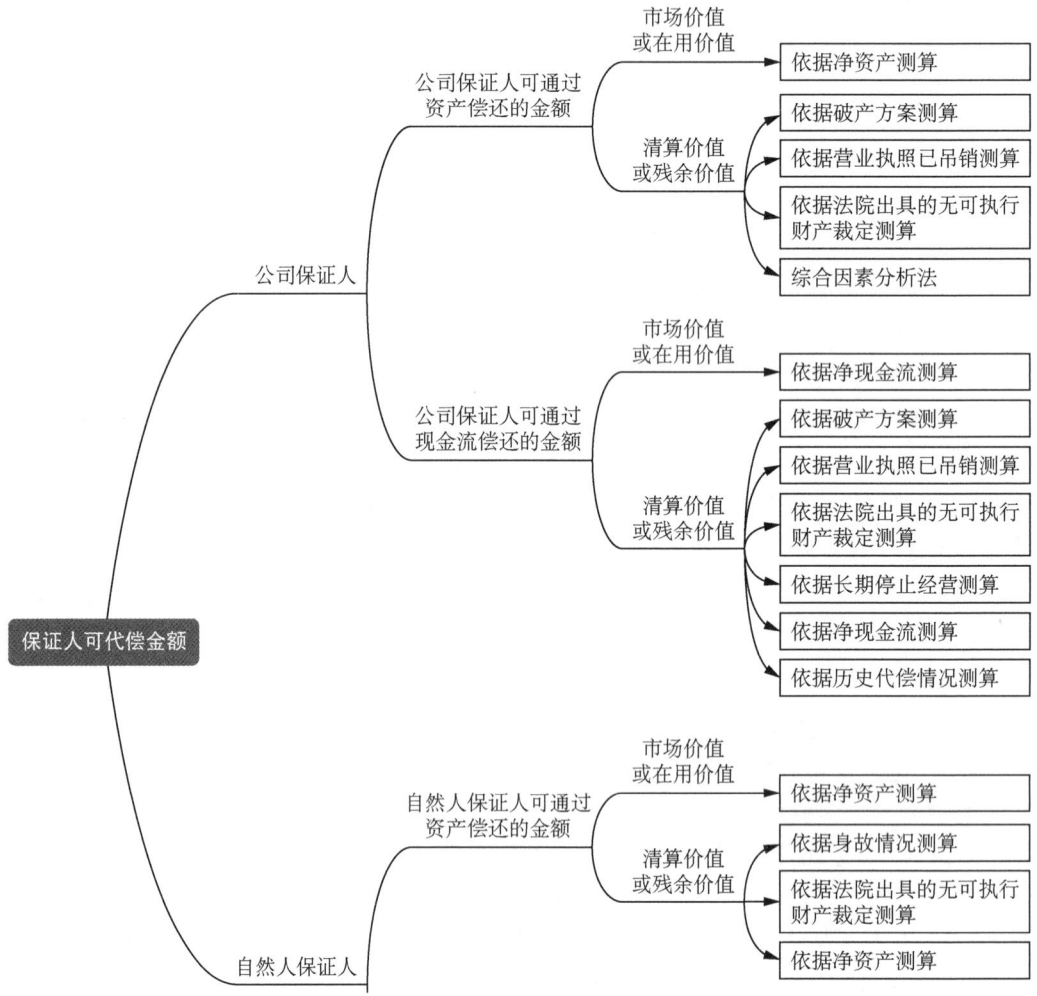

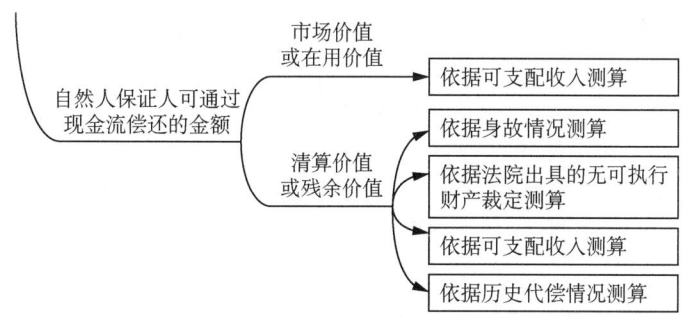

图 8-3 保证人可代偿金额评估框架图

（1）评估公司保证人可通过资产偿还的金额。

第一，如公司保证人具有持续经营能力，通过债务重整有可能恢复正常，评估人员应优先核算公司保证人净资产，以对外保证担保金额比例进行分配，对可用于代偿本笔不良资产的金额进行评估。具体公式如下：

公司保证人可通过净资产代偿金额＝公司保证人对本笔不良资产保证担保金额／
公司保证人对外保证担保总金额×
公司保证人净资产的市场价值或在用价值

(8-22)

示例：某债务人在某 AMC 不良资产本金余额为 2 亿元，公司保证人对全额提供连带责任保证担保。该公司保证人对外保证担保总金额为 10 亿元，总资产市场价值为 40 亿元，总负债为 35 亿元，净资产使用价值为 5 亿元，公司保证人可通过净资产代偿金额＝2/10×5＝1(亿元)。

第二，如公司保证人存在以下情况中的一项或几项：经营不善、处于停产或半停产状态、入不敷出、还款意愿不足、进入诉讼阶段、进入破产阶段等，评估人员应按照不同方法对公司保证人可通过资产偿还的金额进行评估。

① 如管理人已对公司保证人出具破产重整或破产清算方案，评估人员应按照该方案测算公司保证人通过资产可代偿金额。

示例：某债务人在某 AMC 不良资产本金余额为 2 亿元，担保方式为某公司保证担保，该公司保证人已进入破产程序，某 AMC 向管理人申报担保债权，经管理人认定为普通债权，破产清算方案中指出，普通债权按照 0.3％ 的比例予以现金清偿，则公司保证人可通过资产代偿金额＝2×0.3％＝60(万元)。

② 如公司保证人未进入破产阶段或暂无破产方案，但营业执照已吊销，或法院出具无可供执行资产裁定，评估人员对该公司保证人可通过资产偿还的金额可评估为零。

③ 如公司保证人未进入破产阶段或暂无破产方案、营业执照未吊销、不具备上述裁定时，评估人员应核算公司保证人净资产，并以对外保证担保金额比例进行分配，对可用于代偿本笔不良资产的金额进行估算。具体公式如下：

公司保证人可通过净资产代偿金额＝公司保证人对本笔不良及问题资产保证担保金额／
公司保证人对外保证担保总金额×
公司保证人净资产的清算价值或残余价值

(8-23)

式中,资产的清算价值、残余价值,按照对优先受偿金额的清算价值、残余价值的评估方法进行测算。

示例:某债务人在某 AMC 不良资产本金余额为 2 亿元,公司保证人对全额提供连带责任保证担保。该公司保证人对外保证担保总金额为 10 亿元,总资产清算价值为 20 亿元,总负债为 35 亿元,净资产清算价值为 −15 亿元,公司保证人可通过净资产代偿金额 = 2/10×(−15) = −3(亿元),由于按照公式计算结果小于零,该公司保证人可通过净资产代偿金额以零计算。

④ 如公司保证人未进入破产阶段或暂无破产方案、营业执照未吊销、不具备上述裁定,且因客观条件,上述方法所需数据无法全部取得或核实,评估人员可通过分析核心资产负债进行评估。具体公式如下:

$$
\begin{aligned}
&\text{公司保证人可通过资产代偿的金额} = (\text{本笔不良资产本金} - \text{本笔不良资产可通过保证人名下}\\
&\qquad\text{的抵(质)押物、查封物的清算价值或残余价值})/\\
&\qquad(\text{公司保证人刚性负债金额} - \text{公司保证人须优先偿还的}\\
&\qquad\text{刚性负债金额} + \text{公司保证人对外保证担保金额}) \times\\
&\qquad(\text{公司保证人核心资产的清算价值或残余价值} -\\
&\qquad\text{公司保证人须优先偿还的刚性负债金额})
\end{aligned}
\tag{8-24}
$$

式中,公司保证人须优先偿还的刚性负债金额 = Min(保证人优先用于偿还刚性负债的抵(质)押物及查封物的清算价值或残余价值,保证人须优先偿还的刚性负债本金)。同时,资产的清算价值、残余价值,按照对优先受偿金额的清算价值、残余价值的评估方法进行测算。

示例:某债务人在某 AMC 不良资产本金余额为 2 亿元,抵押物清算价值为 0.5 亿元,公司保证人对全额提供连带责任保证担保。该公司保证人对外保证担保总金额为 10 亿元,核心资产清算价值为 10 亿元,全部对外设定抵(质)押;刚性负债为 15 亿元,其中优先债权金额为 8 亿元。公司保证人须优先偿还的刚性负债金额 = Min(10,8) = 8(亿元),公司保证人可通过资产代偿金额 = (2−0.5)/(15−8+10)×(10−8) = 0.18(亿元)。

(2) 评估公司保证人可通过现金流偿还的金额。

第一,如公司保证人具有持续经营能力,通过债务重整有可能恢复正常,评估人员应核算公司保证人净现金流,并以对外担保金额比例进行分配,对可用于代偿本笔不良资产的金额进行评估。具体公式如下:

$$
\begin{aligned}
&\text{公司保证人可通过现金流代偿金额} = \text{公司保证人对本笔不良资产保证担保金额}/\\
&\qquad\text{公司保证人对外保证担保总金额} \times\\
&\qquad\text{公司保证人过去 } N \text{ 年累计现金及现金等价物净增加额}
\end{aligned}
\tag{8-25}
$$

式中,N——处置该笔不良资产所需年数。

示例:某债务人在某 AMC 不良资产本金余额为 2 亿元,公司保证人对全额提供连带责任保证担保。该公司保证人对外保证担保总金额为 10 亿元,过去 N 年累计现金及现金等价物净增加额为 1 亿元,公司保证人可通过现金流代偿金额 = 2/10×1 = 0.2(亿元)。

第二,如公司保证人存在以下情况中的一项或几项:经营不善、处于停产或半停产状态、入不敷出、还款意愿不足、进入诉讼阶段、进入破产阶段等,评估人员应按照以下方法对公司保证人可通过现金流代偿的金额进行评估。

① 如公司保证人进入破产阶段,或营业执照已吊销,或已长期停止经营,或法院出具无可供执行资产裁定,评估人员对该公司保证人可通过现金流偿还的金额可评估为零。

② 如公司保证人不符合上述情况,评估人员应核算保证人净现金流,并以对外担保额比例进行分配,对可用于代偿本笔不良资产的金额进行评估。具体公式如下:

$$
\begin{aligned}
公司保证人可通过现金流代偿金额 =\ & 公司保证人对本笔不良及问题资产保证担保金额/ \\
& 公司保证人对外保证担保总金额 \times \\
& 公司保证人过去 N 年累计现金及现金等价物净增加额
\end{aligned}
$$
(8-26)

式中,N——处置该笔不良资产所需年数。

示例:某债务人在某 AMC 不良资产本金余额为 2 亿元,公司保证人对全额提供连带责任保证担保。该公司保证人对外保证担保总金额为 10 亿元,过去 N 年累计现金及现金等价物净增加额为 1 亿元,公司保证人可通过现金流代偿金额 = 2/10×1 = 0.2(亿元)。

③ 如因客观条件导致上述方法所需数据无法全部取得或核实,评估人员方可按照公司保证人历史代偿情况进行综合分析。具体公式如下:

$$
\begin{aligned}
公司保证人可通过现金流代偿的金额 =\ & \mathrm{Max}(公司保证人过去 N 年累计代偿本笔不良 \\
& 资产金额,公司保证人过去 N 年全部代偿金额 \times \\
& 公司保证人对本笔不良及问题资产保证担保金额/ \\
& 保证人全部对外保证担保金额)
\end{aligned}
$$
(8-27)

式中,N——处置该笔不良资产所需年数。

示例:某债务人在某 AMC 不良资产本金余额为 2 亿元,某公司保证人对全额提供连带责任保证担保。该公司保证人对外保证担保总金额为 10 亿元,过去 N 年累计代偿本笔不良资产金额为零,过去 N 年全部代偿金额为 0.5 亿元,公司保证人可通过现金流代偿金额 = $\mathrm{Max}(0, 0.5 \times 2/10)$ = 0.1(亿元)。

(3) 评估自然人保证人可通过资产代偿的金额。

第一,如自然人保证人具有持续经营能力,通过债务重整有可能将还款能力恢复正常,评估人员应优先核算自然人保证人净资产的市场价值或在用价值,以对外保证担保金额比例进行分配,对可用于代偿本笔不良及问题资产的金额进行评估。具体公式如下:

$$
\begin{aligned}
自然人保证人可以其资产代偿金额 =\ & 自然人保证人对本笔不良资产保证担保金额/ \\
& 自然人保证人对外保证担保总金额 \times \\
& (自然人保证人资产的市场价值或在用价值 - \\
& 须优先偿还的债务)
\end{aligned}
$$
(8-28)

式中,资产包括但不限于现金及等价物、房产、汽车、上市公司股权、非上市公司股权(扣除该自然人保证人持有的债务人及公司保证人股权)等。

示例:某债务人在某 AMC 不良资产本金余额为 2 亿元,某自然人保证人对全额提供连带责任保证担保。该自然人保证人对外保证担保总金额为 10 亿元,名下仅一套房产,市场价值为 0.1 亿元,该房产已经对外设定抵押,按揭贷款余额 0.02 亿元,自然人保证人可以其资产代偿金额 $=2/10\times(0.1-0.02)=0.016$(亿元)。

第二,如自然人保证人存在以下情况中的一项或几项:身故或自身进入诉讼阶段,或旗下企业经营不善、处于停产或半停产状态、入不敷出、还款意愿不足、进入诉讼阶段、进入破产阶段等,评估人员应按照不同方法对自然人保证人可通过资产代偿的金额进行评估。

① 如自然人保证人身故或法院出具无可供执行资产裁定,评估人员对该自然人保证人可通过资产代偿金额评估为零。

② 如不具备上述裁定,评估人员应核算自然人保证人净资产的清算价值或残余价值,以对外保证担保金额比例分配,对可用于代偿本笔不良及问题资产的金额进行评估。具体公式如下:

$$
\begin{aligned}
\text{自然人保证人可以其资产代偿金额} = &\ \text{自然人保证人对本笔不良资产保证担保金额}/ \\
&\ \text{自然人保证人对外保证担保总金额} \times \\
&\ (\text{自然人保证人资产的清算价值或残余价值} - \\
&\ \text{须优先偿还的债务})
\end{aligned}
$$

(8-29)

式中,资产包括但不限于现金及等价物、房产、汽车、上市公司股权、非上市公司股权(扣除该自然人保证人持有的债务人及公司保证人股权)等。

示例:某债务人在某 AMC 不良资产本金余额为 2 亿元,某自然人保证人对全额提供连带责任保证担保。该自然人保证人对外保证担保总金额为 10 亿元,名下仅一套房产,清算价值或残余价值为 0.05 亿元,该房产已经对外设定抵押,按揭贷款余额 0.02 亿元,自然人保证人可以其资产代偿金额 $=2/10\times(0.05-0.02)=0.006$(亿元)。

(4) 评估自然人保证人可通过现金流代偿的金额。

第一,如自然人保证人具有持续经营能力,通过债务重整有可能将还款能力恢复正常,评估人员应核算自然人保证人可支配收入净额,并以对外保证担保金额比例进行分配,对可用于代偿本笔不良资产的现金流进行评估。具体公式如下:

$$
\begin{aligned}
\text{自然人保证人可以其现金流代偿金额} = &\ \text{自然人保证人对本笔不良资产保证担保金额}/ \\
&\ \text{自然人保证人对外保证担保总金额} \times \\
&\ \text{自然人保证人过去 } N \text{ 年可支配收入净额}
\end{aligned}
$$

(8-30)

式中,N——处置本笔不良资产所需年数。

示例:某债务人在某 AMC 不良资产本金余额为 2 亿元,某自然人保证人对全额提供连带责任保证担保。该自然人保证人对外保证担保总金额为 10 亿元,过去 N 年可支配收入净额约 0.01 亿元,自然人保证人可以其现金流代偿金额 $=2/10\times0.01=0.002$(亿元)。

第二,如自然人保证人存在以下情况中的一项或几项:身故或自身进入诉讼阶段,或旗下企业经营不善、处于停产或半停产状态、入不敷出、还款意愿不足、进入诉讼阶段、进入破产阶段等,评估人员应按照不同方法对自然人保证人可通过资产代偿的金额进行评估。

① 如自然人保证人身故或法院出具无可供执行资产裁定,评估人员对该自然人保证人可通过现金流代偿的金额可评估为零。

② 如不符合上述情况,评估人员应核算自然人保证人可支配收入净额,并以对外保证担保金额比例进行分配,对可用于代偿本笔不良资产的现金流进行评估。具体公式如下:

$$自然人保证人可以其现金流代偿金额 = 自然人保证人对本笔不良资产保证担保金额 / 自然人保证人对外保证担保总金额 \times 自然人保证人过去 N 年可支配收入净额 \tag{8-31}$$

式中,N——处置该笔不良资产所需年数

示例:某债务人在某 AMC 不良资产本金余额为 2 亿元,某自然人保证人对全额提供连带责任保证担保。该自然人保证人对外保证担保总金额为 10 亿元,过去 N 年可支配收入净额约 0.01 亿元,自然人保证人可以其现金流代偿金额 = 2/10 × 0.01 = 0.002(亿元)。

③ 如因客观条件导致上述方法所需数据无法全部取得或核实,评估人员可按照自然人保证人历史代偿情况进行综合分析。具体公式如下:

$$自然人保证人可通过现金流代偿的金额 = \mathrm{Max}(自然人保证人过去 N 年累计代偿本笔不良及问题资产金额,自然人保证人过去 N 年全部代偿金额 \times 自然人保证人对本笔不良资产保证担保金额 / 自然人保证人全部对外保证担保金额) \tag{8-32}$$

式中,N——处置该笔不良资产所需年数。

本章小结

本章主要介绍了债权类不良资产的评估逻辑、方法与操作。其中,偿债来源分析法是目前估算不良资产的主要方法,它通过分析标的不良资产的各个偿债来源,进而估算不良资产的价值。该方法体现了不良资产评估的本质,即对可追偿财产线索的价值判断。成本法和市场法通常被视作不良资产快速评估的替代方法,应用面较有限。成本法主要是利用逆减法和成本加和法,对存量不良资产包进行估值。市场法则通过选取价值比较因素,并对其进行修正,以得出待估债权资产价值的一种分析方法。它通常适用于信用类债权的估值。假设清算法是在假定企业破产清算情形下计算债权和股权清偿率的一种评估方法。

> **课程思政**
>
> 中国特色社会主义金融的本质特征是坚持以人民群众为中心的价值取向。习近平总书记指出:"我们党的性质宗旨和国家政权的性质职能,决定了我国的金融事业是为了人民、造福人民的事业,与美国等西方国家的金融是为资本服务、为少数有钱人服务的本质截然不同"。这一根本立场决定了金融资产的创造、流转与价值实现必须服务于人民群众的根本利益。在实践层面,金融资产的人民性主要体现在三个方面:一是普惠金融产品(如小额信贷资产、农业保险)需服务于民生保障与脱贫成果巩固;二是养老金融资产(如养老金投资组合、养老保险产品)关系人民群众的养老安全,其价值评估需坚持审慎原则;三是绿色金融资产(如碳排放权、绿色债券)需体现"绿水青山就是金山银山"的生态文明理念。评估实践中需关注金融资产在创造就业、改善民生、促进共同富裕中的社会价值,避免纯粹技术主义倾向。相关研究显示,在我国分行业每提升 100 万元增加值所新增的就业人数中,金融业和房地产业均低于其他行业,尤其远低于住宿和餐饮业,以及居民服务、修理和其他服务业。这一数据提醒我们,金融资产的价值评估必须考量其带动就业、服务实体经济的实际效果,而非单纯的财务回报。

思考题

1. 如何根据企业存续情况选择合适的不良资产评估模型?
2. 假设清算法的使用前提有哪些?
3. 请比较分析教材中的评估思路与中评协发布的《金融不良资产评估指导意见》(2017 版)中的评估思路差异,并参考其他实体性评估准则的格式,尝试修订《金融不良资产评估指导意见》(2017 版)。
4. 某金融企业聘请评估机构对其拥有的金融不良资产进行评估,资产类型为债权资产,评估机构采用假设清算法进行分析。该债权总额为 5 000 万元,其中抵押贷款为 2 200 万元,其余为信用贷款。经过进一步调查可知,2 200 万元抵押贷款对应的抵押物为机器设备,本次机器设备评估值为 2 000 万元小于贷款金额。经过计算得到,一般债权受偿比例为 0.3,不考虑或有收益等其他因素对受偿比例的影响。要求:
   (1) 简述假设清算法的适用范围。
   (2) 简述该方法中有效资产和有效负债包括的内容。
   (3) 根据所提供的条件,计算该不良债权的受偿比例为多少?

扫码做题

 拓展材料

【拓展材料8-1】广州市HT有限公司等2户债权价值分析报告

【拓展材料8-2】不良资产证券化次级份额认购中的评估

【拓展材料8-3】个人不良贷款业务中的评估方法

参考文献

[1] 福布斯. 2023中国香港富豪榜[EB/OL]. (2023-02-23)[2024-12-09]. https://www.forbeschina.com/lists/1800.

[2] 复旦浙商. 复旦浙商中国不良资产行业发展指数报告[R]. 复旦大学与浙江省浙商资产管理有限公司联合发布, 2019.

[3] 国际评估准则理事会. 国际评估准则2017[M]. 北京:经济科学出版社, 2017.

[4] 联合资信. 2023年应收账款ABS市场运行情况及发展趋势分析[EB/OL]. (2024-03-25)[2024-12-09]. https://www.fxbaogao.com/detail/4194984.

[5] 全国人大常委会. 中华人民共和国担保法[S]. 1995.

[6] 全国人大常委会. 中华人民共和国公司法[M]. 北京:中国法制出版社, 2023.

[7] 威廉·D. 米勒. 金融资产评估[M]. 北京:经济科学出版社, 2001.

[8] 徐丹丹, 杨志明. 金融资产评估[M]. 北京:高等教育出版社, 2020.

[9] 杨大楷. 金融资产评估[M]. 上海:上海财经大学出版社, 2009.

[10] 约翰·道恩斯, 乔丹·艾略特·古德曼. 金融与投资辞典[M]. 6版. 丁研, 郑英豪, 译. 上海:上海财经大学出版社, 2008.

[11] 杨子江, 张晓涛, 江劲松, 等. 金融资产评估[M]. 北京:中国人民大学出版社, 2003.

[12] 中国人民银行. 贷款风险分类指导原则(试行)[S]. 1998.

[13] 中国资产评估协会. 资产评估价值类型指导意见[S]. 2017.

[14] 中国资产评估协会. 实物期权评估指导意见(试行)[S]. 2017.

[15] 中国资产评估协会. 资产评估执业准则——企业价值[S]. 2017.

[16] 中国资产评估协会. 资产评估准则[M]. 北京:经济科学出版社, 2017.

[17] 中国资产评估协会. 资产评估执业准则——资产评估方法[S]. 2019.

[18] 中华人民共和国财政部. 企业会计准则[S]. 北京:财政部, 2017.

[19] 中华人民共和国国务院. 中国国民经济核算体系(2016)[S]. 北京:国家统计局, 2017.

[20] 中华人民共和国财政部. 企业会计准则第22号——金融工具确认和计量[S]. 2006.

[21] 中华人民共和国财政部. 资产评估基本准则[S]. 2017.

[22] 中华人民共和国财政部. 企业数据资源相关会计处理暂行规定[S]. 2023.

[23] 赵立新, 刘萍. 上市公司并购重组企业价值评估和定价研究[M]. 北京:中国金融出版社, 2011.

[24] 赵立新, 刘萍. 上市公司并购重组市场法评估研究[M]. 北京:中国金融出版

社,2012.

[25] 郑振龙. 金融工程(第五版)[M]. 北京:高等教育出版社,2018.

[26] 滋维·博迪. 投资学[M]. 汪昌云,张永骥,译. 北京:机械工业出版社,2018.

[27] BLACK F, SCHOLES M. The pricing of options and corporate liabilities[J]. Journal of Political Economy,1973,81(3):637-654.

[28] BLUME M E. Betas and their regression tendencies[J]. The Journal of Finance, 1975,30(3):785-795.

[29] CHAFFE III D B H. Option pricing as a proxy for discount for lack of marketability in private company valuations[J]. Business Valuation Review,1993, 12(4):182-188.

[30] COX J C, ROSS S A, RUBINSTEIN M. Option pricing:A simplified approach [J]. Journal of Financial Economics,1979,7(3):229-263.

[31] FINNERTY J D. An average-strike put option model of the marketability discount [J]. Journal of Derivatives,2012,19(4):53.

[32] FISCHER B, MYRON S. The pricing of options and corporate liabilities[J]. The Journal of Political Economy,1973,81(3):637-654.

[33] LONGSTAFF F A. How much can marketability affect security values?[J]. The Journal of Finance,1995,50(5):1767-1774.

[34] MOLODOVSKY N, MAY C, CHOTTINER S. Common stock valuation: Principles, tables and application[J]. Financial Analysts Journal,1965,21(2): 104-123.

[35] STOCKDALE S R, JOHN J. BVR's Guide to discounts for lack of marketability [M]. NY:Business Valuation Resoure,2013.

[36] SUNDER S. Stock price and risk related to accounting changes in inventory valuation[J]. The Accounting Review,1975,50(2):305-315.

索引
INDEX

一、例题与案例

第1章　金融资产评估概述 ……………………………………………………… 001
第2章　金融资产评估的基本方法 ……………………………………………… 016
　【例题2-1】上市普通股价值评估 ………………………………………………… 019
　【例题2-2】非上市普通股价值评估 ……………………………………………… 019
　【例题2-3】一次性还本付息债券价值评估 ……………………………………… 020
　【例题2-4】分期付息债券价值评估 ……………………………………………… 020
　【例题2-5】上市普通股价值评估 ………………………………………………… 024
　【例题2-6】非上市普通股价值评估 ……………………………………………… 024
　【例题2-7】不支付股息时的期权价值评估 ……………………………………… 029
　【例题2-8】支付股息时的短期期权价值评估 …………………………………… 029
　【例题2-9】支付股息时的长期期权价值评估 …………………………………… 030
第3章　收益法：权益视角 ……………………………………………………… 041
　【案例3-1】MF公司股权回报率计算 …………………………………………… 047
　【例题3-1】戈登模型的应用 ……………………………………………………… 051
　【例题3-2】股息增长率的计算 …………………………………………………… 051
　【案例3-2】SR公司股权价值评估 ………………………………………………… 052
　【例题3-3】两阶段股利贴现模型的应用 ………………………………………… 053
　【案例3-3】PG公司股权价值评估 ………………………………………………… 054
　【例题3-4】三阶段股利贴现模型的应用 ………………………………………… 057
　【案例3-4】KL公司股权价值评估 ………………………………………………… 058
　【例题3-5】稳定增长的股权自由现金流贴现模型的应用 ……………………… 063
　【例题3-6】两阶段股权自由现金流贴现模型的应用 …………………………… 065
　【案例3-5】KL公司股权价值评估（与［案例3-4］连贯）……………………… 066
第4章　收益法：企业视角 ……………………………………………………… 072
　【例题4-1】稳定增长企业自由现金流贴现模型的应用 ………………………… 076
　【例题4-2】两阶段企业自由现金流贴现模型的应用 …………………………… 077
　【案例4-1】PE公司溢余现金计算 ………………………………………………… 081

204

第 5 章　市场法 ··· 093
- 【案例 5-1】回归法调整 HZ 银行市净率 ······································· 106
- 【案例 5-2】其他方法调整 W 银行市盈率 ····································· 108
- 【案例 5-3】交易时间调整示例 ··· 112
- 【案例 5-4】MJ 公司拟股权转让 WF 基金公司全部权益 ··················· 116

第 6 章　期权定价法 ··· 127
- 【例题 6-1】期权内在价值与时间价值的关系 ································ 139
- 【例题 6-2】欧式看涨期权和看跌期权的计算 ································ 146
- 【例题 6-3】准美式期权的计算 ·· 147
- 【案例 6-1】LS 可转债评估 ··· 149
- 【案例 6-2】AK 公司购股权证评估 ··· 152
- 【案例 6-3】YB 企业债转股评估 ·· 154
- 【案例 6-4】W 银行股票缺少流动性折扣估算（与［案例 5-2］连贯）··· 154

第 7 章　其他金融资产评估方法 ··· 159
- 【案例 7-1】TJ 银行贷款评估 ·· 162
- 【案例 7-2】DN 消费金融有限公司贷款价值评估 ··························· 165
- 【案例 7-3】SR 科技开发有限公司应收款项价值评估 ······················ 168
- 【案例 7-4】FQ 企业应收账款价值评估 ······································· 169
- 【案例 7-5】CH 集团应收账款价值评估 ······································· 170
- 【案例 7-6】XV 企业应收账款回收损失评估 ································· 172
- 【案例 7-7】SS 企业商业汇票价值评估 ·· 173
- 【案例 7-8】UT 科技开发有限公司货币资金价值评估 ····················· 174

第 8 章　金融不良资产评估 ··· 177
- 【例题 8-1】偿债来源法的应用 ·· 186
- 【例题 8-2】逆减法的应用 ·· 187
- 【例题 8-3】成本加和法的应用 ·· 187
- 【案例 8-1】JY 公司不良债权价值分析 ······································· 189

二、补充材料与拓展材料

第 1 章　金融资产评估概述 ··· 001
- 【补充材料 1-1】金融资产的定义汇总（按时间线）························ 003
- 【补充材料 1-2】评估对象（客体）示例 ······································ 007
- 【补充材料 1-3】假设前提及特殊情况调整说明示例 ······················· 010
- 【拓展材料 1-1】金融资产评估的发展历程 ··································· 015
- 【拓展材料 1-2】S 评估事务所违规操作案例 ································ 015

第 2 章　金融资产评估的基本方法 ·· 016
- 【补充材料 2-1】不同情况下的收益法公式 ··································· 022
- 【补充材料 2-2】不同情况下的市场法公式 ··································· 025
- 【补充材料 2-3】不同情况下的 B-S 模型计算公式 ·························· 031

【补充材料2-4】价格乘数的不同指标 ……………………………………… 036
【拓展材料2-1】成本法：SX旅游公司拟转让YC公司及其下属子公司债权 …… 040
【拓展材料2-2】资产基础法：TY公司拟股权转让HX矿业公司全部权益（以流动资产为例）………………………………………………………… 040

第3章 收益法：权益视角 …………………………………………………… 041
【补充材料3-1】收益的其他典型形式：经济增加值 …………………………… 044
【补充材料3-2】风险系数的常用计算方法 ……………………………………… 048
【补充材料3-3】风险系数的常用调整方法 ……………………………………… 049
【拓展材料3-1】D银行股份有限公司增资扩股涉及股东全部权益价值评估 …… 071

第4章 收益法：企业视角 …………………………………………………… 072
【补充材料4-1】关于溢余现金的证监会反馈示例 ……………………………… 082
【拓展材料4-1】云南XY股份有限公司拟对云南XC有限公司增资涉及的云南XC有限公司股东全部权益价值评估 ………………………………… 092
【拓展材料4-2】甘肃FZ股份有限公司拟发行股份及支付现金购买资产涉及的甘肃FD有限责任公司股东全部权益价值评估 ……………………… 092

第5章 市场法 ………………………………………………………………… 093
【补充材料5-1】《资产评估准则》有关价值比率的要求 ……………………… 098
【补充材料5-2】使用第三方数据库须注意的问题 ……………………………… 099
【补充材料5-3】可比公司的数量确定 …………………………………………… 100
【补充材料5-4】可比案例选择的若干问题 ……………………………………… 100
【补充材料5-5】针对非经营性资产的处理 ……………………………………… 101
【补充材料5-6】德勤关于价值比率及可比公司选择的经验总结 ……………… 104
【补充材料5-7】流通性折扣的计算基数 ………………………………………… 110
【补充材料5-8】控制权与流动性因素的披露问题 ……………………………… 111
【补充材料5-9】未完成交易的选取 ……………………………………………… 115
【补充材料5-10】交易案例的时间跨度 …………………………………………… 115
【拓展材料5-1】AC证券公司股权价值评估 …………………………………… 126
【拓展材料5-2】ZM集团股权价值评估 ………………………………………… 126
【拓展材料5-3】WB影视公司股权价值评估 …………………………………… 126

第6章 期权定价法 …………………………………………………………… 127
【拓展材料6-1】BM公司汇率掉期评估 ………………………………………… 158
【拓展材料6-2】HF公司股票期权公允价值评估 ……………………………… 158
【拓展材料6-3】流通受限股权评估 ……………………………………………… 158

第7章 其他评估方法 ………………………………………………………… 159
【拓展材料7-1】雪球期权价值评估 ……………………………………………… 176

第8章 金融不良资产评估 …………………………………………………… 177
【拓展材料8-1】广州市HT有限公司等2户债权价值分析报告 ……………… 201
【拓展材料8-2】不良资产证券化次级份额认购中的评估 ……………………… 201
【拓展材料8-3】个人不良贷款业务中的评估方法 ……………………………… 201

附 录
APPENDIX

一、核心公式

1. 收益法

$$PV = \sum_{t=1}^{n} \frac{R_t}{(1+r)^t}$$

1) 按收益的增长情况分

零增长模型：$PV = \sum_{t=1}^{n} \frac{CF_1}{(1+r)^t}$

固定增长模型：$PV = \sum_{t=1}^{n} \frac{CF_0(1+g)^t}{(1+r)^t}$

分阶段增长模型：$PV = \sum_{t=1}^{n_1} \frac{CF_t}{(1+r_1)^t} + \sum_{t=n_1+1}^{n_2} \frac{CF_t}{(1+r_2)^{t-n_1}(1+r_1)^{n_1}} + \cdots$

2) 按评估对象分

股利贴现模型：$PV = \sum_{t=1}^{\infty} \frac{DPS_t}{(1+ke)^t}$

股权自由现金流模型：$PV = \sum_{t=1}^{\infty} \frac{FCFE_t}{(1+ke)^t}$

企业自由现金流模型：$PV = \sum_{t=1}^{\infty} \frac{FCFF_t}{(1+WACC)^t}$

($PV_S = PV - PV_D$)

2. 市场法

$$PV = P_{可比资产} \times k$$

市盈率：$P/E = $ 股价 / 每股收益
市净率：$P/B = $ 股价 / 每股账面价值
销售倍数：$P/S = $ 股价 / 每股净销售收入
企业价值倍数：$EV/EBITDA = $ 企业价值 / 息税折旧摊销前利润

3. 期权定价法

1) 不支付股息时

欧式看涨期权：$c = SN(d_1) - Xe^{-r_f(T-t)}N(d_2)$

欧式看跌期权：$p = Xe^{-r_f(T-t)}N(-d_2) - SN(-d_1)$

式中：$d_1=\dfrac{\ln(S/X)+t(r_f+\sigma^2/2)}{\sigma\sqrt{T-t}}$，$d_2=d_1-\sigma\sqrt{T-t}$

2) 支付股息时

欧式看涨期权：$c=Se^{-q(T-t)}N(d_1)-Xe^{-r_f(T-t)}N(d_2)$

欧式看跌期权：$p=Xe^{-r_f(T-t)}N(-d_2)-Se^{-q(T-t)}N(-d_1)$

式中：$d_1=\dfrac{\ln(S/X)+t(r_f-q+\sigma^2/2)}{\sigma\sqrt{T-t}}$，$d_2=d_1-\sigma\sqrt{T-t}$

3) 期权平价定理

不支付股息时：$c+Xe^{-r_f(T-t)}=p+S$

支付股息时：$c+D+Xe^{-r_f(T-t)}=p+S$